学前教育理论与实践教学研究

◎ 杨 璞 著

辽宁大学出版社 | 沈阳
Liaoning University Press

图书在版编目（CIP）数据

学前教育理论与实践教学研究/杨璞著. --沈阳：
辽宁大学出版社，2023.7
ISBN 978-7-5698-1285-5

Ⅰ.①学…　Ⅱ.①杨…　Ⅲ.①学前教育－教育理论②
学前教育－教育研究　Ⅳ.①G61

中国国家版本馆 CIP 数据核字（2023）第 126872 号

学前教育理论与实践教学研究

XUEQIAN JIAOYU LILUN YU SHIJIAN JIAOXUE YANJIU

出　版　者：辽宁大学出版社有限责任公司
　　　　　　（地址：沈阳市皇姑区崇山中路 66 号　　邮政编码：110036）
印　刷　者：河北万卷印刷有限公司
发　行　者：辽宁大学出版社有限责任公司
幅面尺寸：170mm×240mm
印　　　张：15.5
字　　　数：269 千字
出版时间：2023 年 7 月第 1 版
印刷时间：2023 年 7 月第 1 次印刷
责任编辑：张　茜
封面设计：韩　实
责任校对：郝雪娇

书　　　号：ISBN 978-7-5698-1285-5
定　　　价：88.00 元

联系电话：024-86864613
邮购热线：024-86830665
网　　　址：http://press.lnu.edu.cn

前　言

　　学前教育学是一门多领域交叉融合的学科，体现了人类对学前儿童的发展与教育的重视。学前教育是终身学习的开端，是国家教育体系的重要组成部分，是重要的社会公益事业。办好学前教育，关系亿万儿童的健康成长，关系千家万户的切身利益，关系国家和民族的未来。近年来，政府对学前教育及学前教育师资培养越来越重视，学前教师专业化建设呈现出前所未有的新局面。

　　本书是关于研究"学前教育理论与实践教学"的专著。面对新的发展形势与要求，本书遵循学前儿童身心发展规律，坚持科学教学，在新知识观的理念下，着力创设适宜的教育环境，从学前儿童的实际出发去发掘教学赖以展开的资源。本书以学前教育基本原理为主线，力求体现学前教育理论研究的前沿信息。同时，立足于学前教师专业发展的现实需要，注重实践能力的培养，强调理论与实践的融合，制订学前教学目标，完善学前教师综合知识结构。

2022 年 10 月

目 录

第一章 学前教育概述 ···001

　第一节 学前教育的概念、任务与性质 ·······················001

　第二节 学前教育的目标与基本原则 ··························003

　第三节 学前教育活动环境的创设 ······························009

第二章 学前教育主体分析 ··017

　第一节 学前儿童 ···017

　第二节 学前教师 ···020

　第三节 师生有效互动 ··029

第三章 学前教育教学的基本理论与应用 ···················039

　第一节 幼儿园集体教学文化的建构 ··························039

　第二节 学前教育回归生活课程的分析 ·······················070

　第三节 建构主义理论在幼儿园课程中的运用分析 ·······085

第四章 学前儿童活动 ··095

　第一节 小组活动 ···095

　第二节 区域活动 ···099

　第三节 主题活动 ···106

第五章 寓教于乐：学前儿童游戏 ·······························113

　第一节 学前儿童的游戏性及其创造性 ·······················113

　第二节 学前儿童游戏的教学价值 ····························120

　第三节 学前儿童"学"与"玩"的融合 ·······················129

　第四节 学前儿童游戏中的教师介入分析 ····················137

第六章　智润童心：学前儿童教育活动实践 ································ 141

　　第一节　学前儿童语言教育活动实践 ································ 141

　　第二节　学前儿童科学教育活动实践 ································ 149

　　第三节　学前儿童社会教育活动实践 ································ 156

第七章　携手相伴：幼儿园、家庭和社区的协同合作 ················ 165

　　第一节　幼儿园与社区资源的合作 ································ 165

　　第二节　幼儿园亲职教育的实施 ·································· 174

　　第三节　关于家庭教育与家园合作的思考 ························ 183

　　第四节　幼儿园、家庭和社区的协同教育策略 ···················· 201

第八章　赢在未来：高校学前教育专业的设置与人才培养 ············ 211

　　第一节　我国学前教育课程模式的演变 ························· 211

　　第二节　学前教育专业艺术综合实践课教学 ····················· 219

　　第三节　学前教育学生专业认同与就业选择对策分析 ············· 231

参考文献 ··· 239

第一章　学前教育概述

第一节　学前教育的概念、任务与性质

一、学前教育的概念

学前教育是教育活动的最初阶段，是人生第一个教育阶段。广义的学前教育是指所有对学龄前儿童身心发展有影响的活动。它来自社会、学校、家庭等各个方面。狭义的学前教育是指专门的学前教育机构（如托儿所、幼儿园等）对学前儿童所实施的教育。

二、学前教育的任务

学前教育作为一项社会实践活动，不仅关系着学前儿童的发展，还影响着教育事业的整体发展、各个家庭的幸福和社会的稳定与进步。具体来说，学前教育有以下任务：

（一）学前教育肩负着对学前儿童进行保育和教育，促使他们在德、智、体、美等方面全面发展的任务

第一，做好对学前儿童的保育工作。保育就是对儿童身体健康的呵护、日常生活的照料。学龄前期的儿童，尤其是3周岁以前的儿童，身体仍处于成

长发育初期，他们缺乏独立生活和自我保护的能力，需要成年人提供生活照料服务，无论是在家庭背景下还是在社会环境中，均是如此。第二，对学前儿童开展初步的德、智、体、美等方面的教育，为他们的全面发展奠定良好的基础。学龄前期是儿童身心发展的一个关键时期，恰当的教育能帮助他们获得良好的身体素质、行为习惯、学习兴趣以及基本生活知识和初步技能，使他们更好地发展。

（二）作为教育事业的发端，学前教育承担着为儿童后续学习做好准备的任务

学前教育作为我国学制的第一阶段，是基础教育的有机组成部分，必然对我国教育事业的整体发展，尤其是基础教育的发展具有重要的作用。因此，学前教育应承担为儿童后续学习做好准备的任务，通过帮助儿童做好上小学的准备（包括社会适应性、学习适应性、身体素质以及良好的学习与行为习惯、态度和能力等方面的准备），让儿童顺利适应小学的学习和生活。

（三）学前教育承担着提高家庭生活质量与保障家庭幸福的任务

每个孩子都连接着一个或几个家庭。孩子健康成长和发展是决定家庭生活和谐幸福、影响家庭生活质量的一个关键性因素。我国儿童的入园率正在逐步上升，学前教育机构承担着从时间上为家长参加工作和学习提供便利的任务。在家长普遍重视孩子发展和早期教育的当今时代，学前教育质量更成为家长关注的核心，直接关系着家长能否放心地工作、安心地学习。同时，学前教育通过承担儿童教育与保育工作，将儿童父母尤其是女性从家庭中解放出来，促进了女性就业，有助于改善女性的经济地位、家庭地位和社会地位，提高家庭生活质量。

三、学前教育的性质

（一）在学校教育体系中，学前教育是基础教育的组成部分

《中华人民共和国宪法》第一章第十九条规定："国家举办各种学校，普及初等义务教育，发展中等教育、职业教育和高等教育，并且发展学前教育。"这说明，学前教育是我国教育体系的组成部分。

此外，《中华人民共和国教育法》（以下简称《教育法》）第二章第十七条规定："国家实行学前教育、初等教育、中等教育、高等教育的学校教育制度。"这说明，在学校教育制度当中，学前教育是与初等教育、中等教育和高等教育并列的教育体系，是我国教育制度的重要组成部分，对于普及基础文明、提高人口素质和增强我国综合国力都具有不可替代的作用。

（二）从对社会的影响看，学前教育是社会公益事业

我国的学前教育是从福利性事业发展而来的。幼儿园作为企事业单位的福利机构，为员工的子女提供学前教育。现在，虽然很多幼儿园从企事业单位剥离出来，原有的福利性质逐渐减退或消失，但学前教育的福利性和公益性、不以营利为目的一直是国家所倡导的。例如，国务院《关于当前发展学前教育的若干意见》中提出："发展学前教育，必须坚持公益性和普惠性。"自2011年起，我国连续实施了三期学前教育三年行动计划，而每一期都以"坚持公益普惠"为基本原则。这充分说明，我国倡导学前教育的社会公益性，努力建立公益性的学前教育事业。

第二节 学前教育的目标与基本原则

一、学前教育的目标

学前教育的目标代表了社会经济的发展对人才规格的需求，也代表了心理学、教育学等社会科学的研究进展，同时体现出家庭对儿童的期望。《幼儿园工作规程》对我国学前教育目标有了新的诠释，表达了现代社会和未来社会对新一代人才规格的需求。

（一）学前教育目标概述

1.学前教育目标的内涵

学前教育目标是教育目标在学前教育阶段的具体化，是国家对幼儿园提出的培养人的规格和要求，是全国各类学前教育机构统一的指导思想。

我国学前教育的目标是"对幼儿实施体、智、德、美全面发展的教育，促进其身心和谐发展"。"全面"指体、智、德、美发展的整体性，缺一不可；"和谐"指体、智、德、美的有机性，不可分割。"全面和谐发展"是学前教育目标的核心要求，既是教育活动的出发点，也是教育活动的归宿。学前教育只有全面实施素质教育，才能满足幼儿终身学习和未来发展的需要。这一目标体现了国家对新一代人才要求的总方向，是确定幼儿园教育任务、评估幼儿园教育质量的根本依据。国家通过这一目标对全国幼儿园教育进行领导和调控。

2.学前教育目标的意义

（1）学前教育目标对学前教师的思想和观念具有导向、激励作用。学前教师是学前教育活动的组织者，是学前教育活动方向的把控者。可以说，对教育活动真正起导向作用的是扎根于教师意识中的教育目标。有了明确的教育目标，教育活动才能有统一的目标和步调，有统一的衡量教育结果的标准和指标。因此，应用学前教育目标影响教师，使之具有明确的目标意识，并以这种意识去选择教育内容、教育方法、教育手段，设计教育情境。

（2）学前教育目标对教育过程具有指导、调控作用。学前教育目标是教育过程的调控器，它使整个教育过程都围绕并指向教育目标。由于学前教育目标提供了学前教育的发展方向和质量要求，教育者在按照一定的教育目标对幼儿进行教育时，能更好地促进幼儿的发展，改变其自然盲目状态的发展过程，或者摆脱各种不符合教育目标行为的干预，按照教育目标的要求来培养幼儿，为其成为一名合格的社会成员打好基础。

（3）学前教育目标对幼儿发展具有规范、评价作用。学前教育目标指明了幼儿发展的领域和基本范围，描绘了幼儿发展的蓝图。在学前教育实践工作中，评价教育行为是否有效、教师工作成绩的高低以及在教育活动中幼儿成长状况如何，都是通过学前教育目标来检验的。可以说，学前教育目标是衡量学前教育成效的尺度，也是衡量幼儿发展的尺度。因此，学前教育目标是学前教育评价体系的基础。

（二）我国学前教育目标的结构体系

在国家学前教育总目标的宏观指导下，学前教育通过"综合—分析—综合"的思维过程形成了纵横交叉、有机结合的目标系统。

1.纵向结构

学前教育目标从纵向的逻辑关系来分解，可划分为四个层次。通过层层具体化，转化为对幼儿的可操作性的发展要求。学前教育目标的层次不同，其可操作性也有所区别。越是具体的、下位的目标越具有可操作性。上位目标只有分解为下位目标，才能得以实施。

（1）学前教育总目标。学前教育总目标由国家制定并通过法规或其他行政性文件颁布，在全国范围内具有指导价值。这一层次的目标概括性强，较为宏观，可操作性低，是一种较为原则性的目标。

（2）学段目标。学段目标是素质发展目标的具体化，由一系列相互联系、逐步递进的单元目标构成。教育活动和幼儿发展具有连续性、阶段性的特点，是一个循序渐进、螺旋上升的运转过程，也是幼儿素质不断由"现有发展区"向"最近发展区"持续递进的过程。因此，学前教育要制定不同的学段目标。学段目标包括各年龄班的学年目标和学期目标，即综合性地规定每个学段的教学内容、教学要求、主要教育活动与幼儿发展的预期目标等。

（3）单元教育目标。单元教育目标即以科学知识为主导、以事物的发展规律和幼儿的思维逻辑为序，把学段规定的教育领域内容确定为一个个主题的排列组合，形成循序渐进、有机结合的系列性单元教育活动。每个单元教育目标可包括若干个具体教育活动目标，可以是综合性的，也可以是侧重于某个学科领域的内容。学前教育过程中，让幼儿获得的认知、经验、技能以及个性、社会性品质等要求，都体现在单元教育目标中。

（4）教育活动目标。教育活动目标又称教育行为目标。它是指某一个具体的教育活动所要达到的结果，或者所引起的幼儿行为的变化。它是单元教育目标的具体化，是一种具有可操作性的目标。学前教育任务和培养目标都要通过一个个的具体教育活动来实现。不管如何组合，具体活动目标都要落实学段目标和贯彻单元教育目标，并密切联系幼儿身心发展的实际水平和新需求。学前教育目标只有细化成教育活动目标才能贯彻到具体的教育过程中，才能落实到幼儿的发展上。

2. 横向结构

横向结构是指上述每一种纵向层次的学前教育目标都可以从三个横向角度加以确定，分别形成内容目标结构、领域目标结构和发展目标结构。

（1）内容目标结构。从学前教育内容来看，每一种纵向层次的目标都包括体育、智育、德育和美育目标。这四个方面的目标相互联系、有机结合，形成内容目标结构。

（2）领域目标结构。从学前教育活动来看，每一种纵向层次的目标都可分为健康、语言、社会、科学、艺术等领域的目标，从而形成领域目标结构。

（3）发展目标结构。从幼儿身心素质发展来看，每一种纵向层次的目标都包括情感、认知与能力等方面的目标，从而形成发展目标结构。

上述目标有机地构成了教育目标结构体系。幼儿园教育目标体系，见表1-1。学前教育总目标主导其他目标，其他目标在纵向或横向上层层落实，分别围绕总目标运转，充分发挥着"卫星"的作用。

表1-1　幼儿园教育目标体系

领域目标	情　感	认　知	能　力
健康	培养健康的生活态度，提高参加体育活动的兴趣	了解健康、安全的基本常识	发展基本动作，培养自我服务技能
语言	增进用语言进行表达和交流的意愿，培养阅读的兴趣	理解日常用语，了解阅读的基本常识	发展言语交往技能，增强对语言文字的敏感性
社会	培养良好的社会性情感和积极的生活态度	丰富社会生活经验，发展社会认知能力	培养基本的交往技能和良好的社会行为习惯
科学	培养对科学现象进行探究的情感	增进对周围事物、现象之间以及人与自然之间联系的认识	培养运用感官发现和解决简单问题的能力
艺术	萌发初步的感受美、表现美的情趣	初步感受自然美和艺术美	能用自己喜欢的方式进行艺术表现活动

二、学前教育的基本原则

教育原则是反映教育规律、在教育系统内部制约和指导教育的基本法则和标准。学前教育的基本原则包括两个部分：一部分是与其他教育阶段，如中、小学教育共有的，如尊重儿童的人格尊严和合法权益的原则、发展适宜性原则、因材施教原则等；另一部分是它所独有的、与其他教育不同的特殊原则，具体如下。

（一）保教结合的原则

"保教结合"是我国幼儿教育的一大特色，也是幼儿园一贯坚持的原则。这是由幼儿身心发展的统一性所决定的，也是学前教育工作规律所要求的。贯彻保教结合原则是我国教育方针在学前教育中的具体体现。贯彻这一原则，应当注意以下两点。

1.保育和教育是幼儿园两大方面的工作

保育主要是为幼儿的生存、发展创设有利的环境和提供物质条件，给予幼儿精心的照顾和养育，使其身体和技能获得良好的发展，促进其身心健康发展；教育则重在培养幼儿良好的行为习惯、态度，发展幼儿的认知、情感、能力，引导幼儿学习必要的知识技能等。这两个方面构成了幼儿园教育的全部内容。

2.保育和教育工作互相联系、互相渗透

幼儿园保育和教育不可分割的关系是由幼教工作的特殊性和幼儿身心发展的特点决定的。虽然保育和教育有各自的主要职能，但并不是截然分离的。教育中包含了保育的成分，保育中也渗透着教育的内容。保育和教育不是分别孤立地进行的，而是在统一的教育目标指引下，在同一个教育过程中实现的。在实践中应做到"教"中有"保"，"保"中有"教"，两者并举、有机结合，将其渗透于幼儿的一日生活和全部教育活动之中，统一在幼儿的全面发展上。

教师应从幼儿身心发展的特点出发，在全面、有效地对幼儿进行教育的同时，重视对幼儿的照顾和保护，保教结合，确保幼儿健康、全面地发展。

（二）以游戏为基本活动的原则

基本活动是指在人生的某个阶段，出现频率最高、对人的生存发展最有价值、最适合所在年龄阶段的活动。幼儿生理学、心理学的研究成果以及大量的实践经验表明，游戏符合幼儿身心发展的特点，能满足幼儿的需要，还能有效促进幼儿发展，具有其他活动所不能替代的教育价值。贯彻以游戏为基本活动的原则，应当注意以下两点。

1.游戏是儿童最好的学习方式

幼儿园以游戏为基本活动符合现代学前教育的基本原理。对于幼儿来说，游戏也是一种学习，且是一种更重要、更适宜的学习。幼儿在游戏中感知和探索周围世界，模仿和演练社会行为规范。各种游戏活动为幼儿身体、智能、道德品质、情感的创造性发展提供了学习的平台，是他们成长的重要手段。幼儿园必须从时间、场地、玩具材料及教师指导等方面保证幼儿各种游戏的正常开展。

2.游戏是学前教育内容与形式的结合

游戏既是学前教育活动的内容，又是学前教育实施的途径。教学活动中，教师可以通过游戏的形式巩固幼儿所学的知识、技能；在游戏中培养幼儿的自主性，以达到激发幼儿学习兴趣的目的，使之产生愉快的情绪体验，增强教育效果。为使学前教育活动更能满足幼儿的需要，更能发挥教育的作用，必须寓教育于游戏之中，把游戏的因素渗透到各种教育活动中，将游戏形式贯穿于教育活动的全过程。

（三）发挥一日生活整体教育功能的原则

幼儿园一日生活包括由教师组织的活动（如幼儿的生活活动、劳动活动、教学活动等）和幼儿的自主自由活动（如自由游戏、区域活动等）。一日生活中的各种活动是完成体、智、德、美全面发展教育的需要，具有保育和教育的双重意义。合理安排幼儿的一日生活是幼儿学习与发展的基本保证，贯彻这一原则，应当注意以下两点。

1. 教育生活化

教育生活化是指将富有教育意义的生活内容纳入课程领域。例如，课程安排按照学前教育机构生活的自然秩序展开，课程内容可以依据节日顺序展开，或者依据时令、季节变化规律展开，加强教育同生活的联系，将学前儿童在各种情境中的经验加以整合，不论是在日常生活中学习积累的，还是在非日常生活中应该了解和认识的，都纳入课程组织结构加以统整。此外，活动的内容选择、活动的实施等都要注意生活化。

2. 生活教育化

生活教育化是指将学前儿童已经获得的原有经验在生活中进行适时引导，以促进学前儿童的发展。在成人看来并不重要的小昆虫、小石子、树叶等各种各样的自然物都是学前儿童眼中的宝贝。教师若能对学前儿童的世界加以观察，并将这些内容有效地组织起来，会使学前儿童在感知生活的过程中得到发展。因此，教育活动设计不仅是课堂教学活动的设计，还应该包括一日活动的各个环节，寓教育于一日活动中，及时抓住机会对幼儿实施教育，通过帮助幼儿组织已经获得的零散的生活经验，使幼儿的经验系统化、完整化。

在幼儿园里，教师要全面负责幼儿的保育工作，不仅要照料幼儿的生活起居、饮食睡眠，指导他们进行身体锻炼，关心他们的身心健康，还要指导他们开展游戏、劳动、散步等各项活动，促进他们在智力、情感、社会文化等方面的发展。要想贯彻"一日生活皆教育"的理念，教师就必须全面了解幼儿在各年龄段和各领域的行为发展，重视学习环境的创设，使幼儿真正在与环境材料的互动中学习；还要丰富活动资源，细化一日生活的具体要求，在过渡环节精心设计，寻求幼儿自主与教师安排的平衡点，努力使幼儿的学习与发展得到具体落实。

上述各条原则是密切联系、相互渗透、不可分割的整体，教师在学前生活实践中应当综合运用，并将其贯穿于学前教育的全过程。

第三节　学前教育活动环境的创设

环境创设是对儿童施加影响的一种途径，也是幼儿园课程的重要构成部分。它的特殊性在于，它既是隐性课程的重要组成部分，也是显性课程的重要组成部分。幼儿园环境创设是一个过程性的、动态性的活动。幼儿园环境创设不仅是对儿童生活环境和学习环境的创造、设置，还是一种课程资源，环境的教育价值蕴藏其中。因此，本书将幼儿园环境创设作为一种课程资源、一个学习和探究的过程来探讨。在幼儿园环境创设的过程中，教师应以儿童为主体，教师与儿童共同参与，从而引导儿童主动探究学习，激发儿童成长的内发动力。

自近代第一所学前教育机构诞生之日起，创设什么样的学前教育活动环境已经进入教育家的研究视野，成为他们重点关注的问题之一。因为环境不仅是儿童成长的条件，还是支持儿童成长和发展的重要教育资源。1816年，英国空想社会主义者欧文创办了新拉纳克幼儿学校，这是世界上最早的学前教育机构。欧文非常重视儿童性格的养成，并把它与良好的学校环境创设联系在一起。他"在学校周围建立游戏场，开设宽阔的娱乐房间，幼儿教室布置以动物为主的图画、地图和采集的自然界实物"[①]。教师经常带儿童去野外、田园、森林，让他们认识周围的事物，通过儿童与环境的接触和游戏代替在教室中的枯燥的学习。由此可以看出，欧文重视环境在儿童成长中发挥的作用，尽可能地提供条件和机会使儿童能够与真实的环境接触和互动，从而获得学习经验。

世界上第一所以"幼儿园"命名的机构是由德国教育家福禄贝尔创办的。在福禄贝尔创办幼儿园之时，欧洲已经出现了大量幼儿学校，但是这些幼儿学校并没有意识到儿童学习的独特性，带有严重的小学化倾向。福禄贝尔的目标

---

① 左彩云，李贺. 学前教育史 [M]. 武汉：华中师范大学出版社，2016：131.

是按照儿童的天性与需要创办一所"没有书本的学校",一所真正适合幼小儿童成长的学校,一所符合"儿童丰富、充沛、有活力的内在与外在生活"①的学校。于是,1837年福禄贝尔创办了自己的幼儿教育机构,并于1840年更名为"kindergarten",意为"儿童的花园"。顾名思义,幼儿园应该是有花有草有泥土的,要让儿童在充满自然气息的幼儿园里尽情游戏,与花鸟鱼虫嬉戏,与草木泥土接触,在自然中快乐成长,让幼儿园成为儿童精神自由的乐园。福禄贝尔认为,"一个幼儿园的基本含义在于它应当有可以让孩子参与的花园"②。人的生长和发展可以与自然的生长和发展相比较,幼儿园中花园的存在可以为儿童提供一个观察和比较的机会。除此以外,"儿童的花园"也指如同花园里的花草树木运用自己的力量去展现生命的美丽,儿童也是如此,即运用自己的力量展现自己内在最本质的精神力量。植物本身有其自然规律,儿童也是如此,在儿童教育中,成人要尊重儿童的天性,教育的主要目的在于维护儿童本性的自然展开。福禄贝尔对"kindergarten"所寄托的希望由此可见一斑。他希望儿童能够通过环境的滋养自发地生长,而不是仅仅依靠外力的作用。

蒙台梭利是继福禄贝尔之后的又一位伟大的儿童教育家,她最早的教育实践是从对特殊儿童的治疗工作开始的。她多次观察到一些有智力障碍的儿童在被关的屋子里乱抓乱爬。经过思考和研究,蒙台梭利认为这些被关在空无一物的屋子里的儿童,由于没有可操作的工具来锻炼手指,只能通过在地上乱抓乱爬活动他们的手指,以此来满足自身生理和心理的发展需要。在此基础上,她设计了针对特殊儿童的观察和教育方法,对特殊儿童进行运动和感觉训练,这对促进特殊儿童的心智发展有着显著的作用。从蒙台梭利的这段经历可以看出,儿童有动手操作的本能和需要,操作物品能够促进儿童心智的发展,将特殊儿童关在空无一物的屋子里,他们的本能和需要得不到满足,更加不利于发展。由此也证明了一个支持性的环境对儿童的发展有多么重要,环境能够为儿童提供满足其成长发展需要的条件。

蒙台梭利通过对儿童的观察、理解,结合自己的"儿童之家"的经验,形成了一套系统科学的环境教育方法。蒙台梭利关于儿童发展提出了"有吸收力的心灵"这一主张,她认为儿童的学习是无意识的学习,儿童的学习来自环境的暗示。学习是儿童"内在潜力"的展开,教育要为儿童提供一个学习环境,

---

① 罗瑶."幼儿园(Kindergarten)"一词的诞生及隐喻[J].教育学报,2014(1):88-94.
② 玛利亚·蒙台梭利.童年的秘密[M].霍力岩,译.北京:北京师范大学出版社,2017:218.

通过儿童与环境的互动，激发儿童"内在潜力"的自我展开。蒙台梭利重视为儿童的发展提供一个"有准备的环境"。所谓有准备的环境，"是教育科学的一部分，就像给孩子准备食物是健康科学的一部分一样"①。有准备的环境中不可缺少的就是蒙氏教具，这些教具给儿童提供了可操作性的材料，儿童通过自己的操作来掌握生活技能和学习能力。

蒙台梭利在她的著作里不断地论述环境的重要性并以"儿童之家"的实践经验详细地论述了儿童与环境的有效互动，环境对儿童生活和学习的重要作用。我们从她的著作中可以看出她对束缚儿童的传统教室环境的批判，并强调环境要给儿童以自由，支持儿童自主学习。教室的区域设置理念的产生来自建筑学的开放式教育空间设计。而教育空间的开放设计一开始关注的就是儿童的人格和情感，提倡为儿童提供一个开放、自由的空间，使儿童能够自主活动。

莫莉·哈里森是一位博物馆教育家，她在博物馆中设立了儿童教育部门，设计了开放式的教育空间。她认为学校应该是一个充满生命、活力和快乐的地方，儿童应该从活动中学习，即通过自己动手获得的经验来学习，而不是由别人告诉自己。

早期区域活动的设计者非常看重环境在儿童发展中的作用，强调儿童与环境的相互作用。由此看来，如今在幼儿园教育中经常提及的区域活动，最早也是以儿童为中心的。区域环境的设置是为了给儿童提供自主学习的环境，打破传统的整齐排列的教室，主张为儿童创造利于合作交流的开放式区域。随着时间的流逝，幼儿园环境创设的初衷早已被掩埋在历史尘埃之中。对于幼儿园环境创设最初的目的，我们不得而知，但是至少可以从教育家们创办教育机构的理念中看出他们对环境的重视，以及对让儿童在环境中主动、自发地学习的强调。从欧文到福禄贝尔，再到蒙台梭利，这些教育家一直在强调环境对儿童的重要性，都侧重于为儿童提供一个自主选择和学习的环境。因此，环境创设在幼儿教育中的重要性不言而喻。幼儿园环境是儿童生活和学习的空间，环境的创设本是为了促成儿童与环境的互动，后来才逐渐演变成了一种有目的、有计划的行为。

幼儿园环境不仅是儿童学习的空间，还是儿童生活的空间。归根结底，幼儿园环境创设是为儿童服务的，其核心是"儿童"，环境的创设必须牢牢把握这个核心。成人不一定要给儿童提出明确的要求，但可以利用环境来暗示儿

---

① 黄进.幼儿园区域活动的来源与挑战[J].学前教育研究，2014（10）：31-35,42.

童。幼儿园的一切活动都应该是为了儿童的发展而开展的，幼儿园环境创设更是如此。

目的是人们实践活动的依据，没有目的便没有教育。[①]教育是带有目的的，杜威的"教育无目的"论也并不是说教育真的没有目的，而是说教育没有外在的目的，教育的目的在于其本身。教育的目的应把握儿童内在的发展，而不是成人所赋予的外在的目的。

《幼儿园教育指导纲要（试行）》中指出："幼儿园应为幼儿提供健康、丰富的生活和活动环境，满足他们多方面发展的需要，使他们在快乐的童年生活中获得有益于身心发展的经验。"因此，幼儿园教育应该满足儿童的发展需要，使儿童获得有益经验。幼儿园环境创设是幼儿园教育的一部分，幼儿园环境创设的目的与幼儿园教育目的关系密切，幼儿园环境创设应该服务于幼儿园教育目的，满足幼儿的学习需要和促进幼儿的成长。如果幼儿园的教育目的纯粹是为了让幼儿学到更多的文化知识，并把学习知识的多少这一结果当作幼儿在幼儿园是否获得进步的依据，其他的概不考虑，那么幼儿园的环境创设只需要一间屋子，放置桌椅黑板，教师直接将知识灌输给幼儿，幼儿只需要不断进行背诵记忆即可。但显然不能如此，幼儿有其特殊的生理和心理发展特点，这注定了幼儿园教育的目的不能如此简单粗暴。况且人来到这个世界上，掌握知识并不是唯一的目的。

教育的目的在于教育过程本身，在于教育过程中的儿童，那么幼儿园环境创设的目的也应遵循儿童的发展规律。幼儿园环境创设的目的就是儿童，儿童的发展就是幼儿园环境创设的最终目的。每个幼儿园在进行环境创设的时候，都会带有一定的目的性，不论这个目的是外在的还是内在的。外在的目的倾向于环境的外观，环境为儿童预设好目标明确的学习材料，内在的目的关注儿童在环境创设中自己所获得的成长。幼儿园环境创设应该有目的，但这个目的不应该是完全明确、可供检测的，而应该是儿童内在的、心灵上的一种成长，是一个灵活的、渐进的发展过程。幼儿园环境创设的最终结果不应该是环境达到了某种程度，而是儿童在环境中获得了不同程度的成长。这种成长不是机械的、片面的成长，而是身体和心灵都在一种愉悦、舒适的支持性学习环境中的浸润式成长。环境创设的实质是基于儿童，为了儿童而进行的，而不是简单意义上的为了装饰教室、装饰幼儿园而进行的。

---

① 布雷钦卡.教育目的、教育手段和教育成功：教育科学体系引论[M].彭正梅，译.上海：华东师范大学出版社，2008：5.

环境创设始终是为了儿童的发展，脱离儿童的环境创设不过是取悦成人的装饰。幼儿园是儿童生活和学习的地方，幼儿园环境就是儿童生活和学习的空间，因而幼儿园环境创设要为儿童的生活和学习提供支持条件。综上所述，环境创设的目的应该是既满足儿童的学习需要，又促进儿童的成长。

一、满足儿童的学习需要

第一，儿童的未成熟状态使他们需要不断学习，以获得成长。相对于成人来说，儿童的生理和心理处于未成熟状态。面对陌生的外部世界，儿童需要学习技能以适应生活。

人类在出生之后需要学习一些必备的技能才能够使自己生存下去，并需要通过学习不断进行自我完善，以适应复杂的外部世界。人的发展是从未成熟逐渐走向成熟的过程，学前儿童生理和心理都处于未成熟状态，有很大的发展空间。杜威认为，未成熟状态的"未"字不是"一无所有或缺乏的意思"，而是"一种积极的势力或能力即向前生长的力量"①。同时，他指出，儿童的未成熟状态的特点就是其具有依赖性和可塑性。依赖性是指儿童依赖于成人以及周围的环境；可塑性是指儿童受环境的影响，具有很强的发展潜能，这种可塑性不是由外力随意塑造的，而是一种由内而外的自发的自我塑造，是儿童在环境影响下主动进行自我创造的结果。儿童虽然处于未成熟状态，但这种未成熟状态不是一张完全空白的纸，而是蕴藏着巨大的学习潜力，就像将海绵放在水中一样，儿童对其身处的环境具有极大的吸收力。

第二，儿童有学习的本能和兴趣。杜威指出，儿童具有四种本能：社交的本能、制造的本能、艺术的本能、探索的本能。这些本能也是兴趣，是儿童与生俱来的，是儿童与这个世界建立联系、获得经验的起点。社交的本能是以语言为基础实现的，艺术的本能是通过社交、制造和探索的过程实现的。在这一过程中，儿童与他人合作交流、动手动脑去操作、探索未知领域，迸发创意，展现自身的艺术天赋。儿童天生就是画家、诗人，并且总能抓住事物最本质的特征。世界在他们眼中是五彩缤纷的，他们的想法也总是千奇百怪的。儿童制作、创造的本能是通过游戏、运动的冲动表现出来的。儿童的游戏本性是与生俱来的，正如明代王守仁所言："大抵童子之情，乐嬉游而惮拘检。"

游戏精神贯穿于儿童的所有活动中，是儿童文化的核心。儿童在游戏中

---

① 杜威.民主主义与教育[M].王承绪，译.北京：人民教育出版社，1990：50.

运用工具去制造自己头脑中想要完成的东西，当儿童在头脑中想象即将完成的作品轮廓时，他的大脑就已经开始运作，开始运用已知的知识经验思考了。儿童着手制作和创造一件东西的过程，就是新旧经验同化和顺应的过程。

儿童对周围环境充满好奇并且有探索的愿望，受环境的吸引，他们对周围的事物有自己独特的思考。例如，哲学家马修斯在其著作《哲学与幼童》中便引述了一个6岁孩子对爸爸提出的问题："爸爸，我们怎么能知道一切不是一场梦呢？"[①]又如，"地球是怎么飘起来的？""月亮为什么总跟着我？"这些童稚又富有哲理的问题，体现了周围的一切事物都能够激起他们的好奇心。

儿童对外在世界有着探索的本能，这是由于人是从大自然中孕育而出的，天生就拥有亲自然性、亲生命性。儿童对环境的探索欲望就如同原始社会人类对环境的探索。米夏埃尔·兰德曼在其著作《哲学人类学》中也将原始人的思维与小孩类比，他提到："正如今天的小孩一样，原始人下意识地把自己的灵魂投射于大自然之中。"[②]人类漫长的幼年期给了个体更多的机会去探索，也给个体发展带来了更大的灵活性和可塑性，促使人类的认知、社会性的发展得以实现。在杜威之前，福禄贝尔也曾提出过儿童的四种本能，即活动的本能、认识的本能、艺术的本能、宗教的本能。本能是天生的，儿童的这些本能是源自内心的冲动，是一种本质的需要。杜威曾批判学校教育的重心在任何地方，就是不在"儿童自己即时的本能和活动之中"[③]。儿童有一些本能的冲动，幼儿园教育就应该为儿童实现这些冲动创造条件，满足儿童这些本能的、求发展的愿望。

第三，儿童的学习依赖于与环境的相互作用，这正是因为人类具有独特而漫长的儿童期。人类的基因编码系统与其他生物相比，开放程度较大，人类在儿童期具有令人惊叹的学习能力，但是由于儿童生理和心理的独特性，他们的学习更依赖于环境的帮助。从生理方面来讲，儿童的骨骼相对成人来说较柔软，骨化过程尚未完成；肌肉群发育不完善，大肌肉群先发育，小肌肉群后发育；大脑发育不成熟，神经系统的兴奋与抑制不平衡，易疲劳。从心理方面来讲，学前儿童记忆的突出特点就是直观形象，并且无意识记忆居多，因而儿童对具体直观和生动形象的事物、多感官参与的活动记忆效果较好。儿童的注意

---

① 马修斯.哲学与幼童[M].陈国容，译.北京：生活·读书·新知三联书店，2015：2.
② 兰德曼.哲学人类学[M].张乐天，译.上海：上海译文出版社，1988：15.
③ 杜威.杜威教育论著选[M].赵祥麟，王承绪，译.上海：华东师范大学出版社，1981：31.

力集中的时间不长，以再造想象为主，创造性想象还处于发展之中。因此，儿童不适宜枯燥单调的灌输学习。儿童的学习不是一般意义上的学习，"不是一种获取知识的事实性的心理行为，而是整体享用意义、炼制主体精神的规范行动或价值行动"①，是经验的积累和身心各方面的进步与发展。"儿童自出生后依据自己的需要和兴趣……与环境积极互动，主动吸收环境经验以生成自我、创造自我的过程，即儿童的学习过程。"②儿童心理功能的发展要通过有机体与环境的相互作用来实现，因而环境对人的发展具有不可替代的作用。儿童存在学习的需要，而儿童的学习又依赖于与环境的互动过程，环境创设恰好能够为儿童提供这样的机会来满足儿童内在的、本质的学习需要。

二、促进儿童的成长

幼儿园环境为儿童提供成长的空间。"教育就是不问年龄大小，提供保证生长或充分生活的条件的事业。"③幼儿园教育要为儿童的生长提供有利条件，杜威认为学校教育的价值在于"它创造继续生长的愿望到什么程度"④。儿童的成长需要适宜的生活空间，幼儿园的环境就是儿童成长和生活的空间。幼儿园环境创设也是幼儿园教育的一部分，幼儿园环境创设是帮助幼儿园教育为儿童创造满足其生长愿望的有利条件。儿童在这一条件下，主动地、内发地成长，这种成长更多的是精神方面的进步。如果说儿童是幼苗，那么环境就是幼苗赖以生存的土壤，能够为儿童提供成长所需的"养分"。幼儿园环境应该让儿童"感受到美好，具有愉悦感"⑤。儿童的心灵较敏感和脆弱，教育要为儿童提供精神保育，为儿童营造能够进行自由活动的空间，并通过最大限度的自由活动促进儿童由内而外地自然成长。

儿童的成长来源于经验的积累。儿童的成长来自自身经验的积累，而经验的积累依赖于儿童的大脑、双手与环境的相互作用。教育即生长，而"生长"是内发的，是由内而外的一种发展。教育并不是像货车装载货物一样往脑

① 金生鈜.学校教育生活之于儿童的意义：对儿童享用教育生活的现象学解释 [J].教育研究，2018，39(6)：8-15.

② 张更立.从"占有"到"生成"：儿童学习观的转换 [J].华东师范大学学报（教育科学版），2016,34（2）：76-81.

③ 佐伯."作为学习能力的学力" [J].教育展望，1990（9）：12.

④ 杜威.民主主义与教育 [M].王承绪，译.北京：人民教育出版社，1990：60.

⑤ 约翰·杜威.民主主义与教育 [M].王承绪，译.北京：人民教育出版社，1990：62.

袋里灌输知识，而是个体积极地建构自身经验的过程，个体知识的自我建构需要与环境相互作用。就像植物的生长离不开土壤一样，儿童内发地、主动地生长也离不开环境。儿童是在其不断丰富的经验中逐渐成长起来的，而环境能够促进儿童经验的改造，儿童的经验在与环境的相互作用中进行重组，生成新的经验。

幼儿园环境创设的过程就是儿童动手、动脑，积累经验的过程，儿童的成长就是"自身与他的环境相互的功能性的反应和相互影响"①。幼儿园环境创设的过程是人与环境相互作用的过程，儿童与真实环境的不断磨合，不仅有利于其掌握生活技能，在新环境的刺激之下，新旧经验相互碰撞融合，还有利于儿童认知的进一步发展。因此，幼儿园环境创设要以促进儿童的成长为目的。

总的来说，幼儿园环境创设的目的一方面是满足儿童的学习兴趣和需要，另一方面是提供有利条件促进儿童的成长，为儿童的生活、成长营造适宜空间。这两点都是围绕儿童进行，以儿童自身为目的的，而不是其他成人赋予的外在于儿童的目的。外在于儿童的目的是成人站在自身的角度为儿童安排一切，成人容易忽视儿童认知的独特性，无视儿童在幼儿园的主体地位而进行的环境创设，即成人文化视角下的幼儿园环境创设，以此为视角的环境创设是机械的、僵化的，所做的一切看起来是为了儿童，但是细究起来，仍是以儿童本身之外为目的，违背了幼儿园环境创设的真正目的，致使幼儿园环境创设走入误区。

---

① 夸美纽斯.大教学论 [M].傅任敢，译.北京：教育科学出版社，1999：82.

第二章　学前教育主体分析

第一节　学前儿童

学前儿童的发展是学前教育的出发点，学前教育的根本任务是为幼儿一生的发展打好基础。因此，为促进儿童正常发展，教师必须了解儿童身心发展的规律，树立正确的儿童观和教育观。

一、儿童观概述

儿童观是指人们对待儿童的观点的总和，对儿童的本质和生长发展过程的总看法，涉及儿童的特征、权利与地位，儿童期的意义以及教育和儿童发展之间的关系等问题。儿童是受教育者，是教育过程中的要素，是教育目标指向结果的反映者，因而对儿童的看法、态度的不同，会导致对构成教育过程要素认识的差异，进而出现不同的教育目标、教育策略、教育行为。可以说，儿童观同教育观、教师观是密切相关的，并在一定程度上对教育观、教师观产生影响。

二、科学儿童观的内涵

科学儿童观是开展学前教育工作的前提，应以儿童身心发展的基本规律为出发点，以社会发展的需要和社会对未来一代的期待为引导。《幼儿园教师专业标准（试行）》（以下简称《专业标准》）在"对幼儿的态度与行为"和"幼儿发展知识"两个领域对学前教师如何正确看待与对待幼儿问题提出了九条基本要求，为评价学前教师是否具备科学的儿童观提供了具体的评价依据。

科学儿童观包含以下几个主要观点。

（一）学前儿童是稚嫩的个体

学前儿童独立性差，饮食起居都需要成人的妥善安排和照料，且免疫力较低，易患病，患病后全身反应比较强烈。幼儿的语言能力尚未发展完全，常受限于语言能力不足而无法清楚表达自己的意思。同时，学前儿童爱探索，对任何事物都感到新奇，但又缺乏安全意识。这些都需要成人的精心照料和细心呵护。

（二）学前儿童是独立的个体

学前儿童虽然年龄小，但他们和学前教师一样都是社会的公民，具有独立的社会地位，依法享受各项社会权利，应该得到全社会的关爱和保护。1989年，联合国《儿童权利公约》指出儿童有以下基本权利：

（1）生存权——儿童享有其固有的生命权、健康权和获得基本生活保障的权利。

（2）发展权——儿童享有充分发展其全部体能和智能的权利，未成年人有权接受正规和非正规的教育，有权享有促进身体、心理、精神、道德等全面发展的生活条件。

（3）受保护权——儿童享有不受歧视、虐待和忽视的权利。

（4）参与权——儿童有权参与家庭和社会生活、就影响他们生活的事项发表意见。

例如，在幼儿园里，有个简单的模仿游戏很受幼儿欢迎，即教师说："请你跟我这样做。"幼儿说："我就跟你这样做。"可有一天，黄老师正带着孩子们玩这个游戏，琳琳突然站起来说："老师，我不想像你那样做！"黄老师一听愣住了，马上停下来问为什么。琳琳摇摇头说："就是不想！我想和老师做不一样的动作。"听完后，黄老师想，如果拒绝琳琳，她一定不想继续玩儿下去了。于是，她说："那好，琳琳就和老师做不一样的动作吧。"

游戏又开始了，琳琳做的每一个动作都和老师的不一样，老师拍手，她就做舞蹈动作；老师学小山羊，她就学小花猫……慢慢地，好多孩子低声说着："老师，我也不想跟你做一样的动作。"看到孩子们对游戏规则变化比较感兴趣，黄老师说："好，我们把儿歌改成请你跟我这样做，我不跟你这样做，每个小朋友的动作都要跟老师的不一样。"游戏重新开始，孩子们特别认真，他们创编了许多平时没有做过的动作。游戏结束后，孩子们仍然十分兴奋，都说："老师，这样真好玩！"黄老师认为，这样的变化比单纯地模仿更吸引孩子的注意力，可以带动每一个孩子都参与游戏，使孩子的反应能力、想象力和创造力都得到了发展。

（三）学前儿童是主动发展的个体

儿童的发展，除了受遗传、环境、教育等客观因素影响外，还取决于自身的能动性。这种能动性体现在儿童的独立性、自主性和创造性等方面。学前儿童不是简单装载知识、技能的容器，任何影响必须经过儿童主体的主动体验、吸收、转化才能生效。儿童的发展自始至终都是一种主体的自我调节活动。作为积极的学习者，他们本能地喜欢探索，在与环境的互动中不断丰富原有经验，主动建构自己的精神世界。学前儿童有自己的想法，并有权把想法体现在自己的生活和学习中，有权选择自己的学习形式和想法的表现方式。在学习活动中，学前儿童的主体地位表现为其为学习活动的管理者、实施者和决策者。

（四）学前儿童是完整发展的个体

儿童身心发展具有整体性，儿童发展除了有健康的身体外，还有丰富的精神世界，我们必须高度重视其在身体、认知、品德、情感、个性等方面的全面发展。幼儿的发展是整体联系的而非孤立的，其身心各方面的发展都会相互影响。例如，健康的幼儿在参与各项活动时都会表现得较为活跃，学习动机更强，与别人交往时也会表现出愉快的情绪；心情愉快的幼儿，学习动机较强，这不仅可以提高智能，还可以促进其良好的社会行为；社会行为表现良好的幼儿，往往会得到成年人和小朋友的赞许与鼓励，这不但可以加强幼儿对人、对事的信心，也可以鼓励他们朝着良好的方向发展。除此之外，幼儿园还要为幼儿提供健康的、丰富的生活和活动环境，以满足幼儿多方面发展的需要。

（五）学前儿童是有差异性的个体

由于遗传素质、环境与教育以及主观努力和实践的不同，同一年龄段的儿童在身心发展方面存在着差异。这种差异主要表现在：不同儿童同一方面的发展速度和水平各不相同，不同儿童不同方面发展的相互关系各不相同，不同儿童个体心理特征方面有差异。这些不同的个体特点表现了儿童未来不同的发展趋势。学前教师应该注意儿童的个别差异，做到"因材施教""长善救失"，使儿童的个性得到充分发展，成为有专长、富于个性的人才。

第二节　学前教师

一、学前教师概述

"教师"一词具有双重含义，既指一种社会职业角色，又指这一角色的承担者。1993 年 10 月颁布的《中华人民共和国教师法》和 1995 年 3 月颁布的《中华人民共和国教育法》指出，学前教师是在幼儿园履行教育职责、对幼儿身心施行特定影响的专业教育工作者，担负着培养社会主义事业的建设者和接班人、传播精神文明、提高全民族素质的历史使命。

2011 年 12 月颁布的《专业标准》是国家对合格幼儿园教师专业素质的基本要求，是幼儿园教师开展保教活动的基本规范，是引领幼儿园教师专业发展的基本准则，是幼儿园教师培养、准入、培训、考核等工作的主要依据。《专业标准》中提出了"幼儿为本、师德为先、能力为重、终身学习"四个基本理念。

（一）学前教师观的内涵

（1）学前教师是我国教师队伍中一股朝气蓬勃的力量，是儿童发展的促进者，应该受到全社会的关心和尊重。

（2）学前教师从事的是幼儿早期启蒙工作，这是一项需要全身心投入且必须具有广博学识的工作。学前教师从事的是保育和教育工作，也是科学和艺术工作。

（3）学前教师从事的是一项需要童心、爱心和责任心的工作，他们的工作关系到幼儿的未来、社会的未来。

（4）学前教师是研究者、开创者，应关注儿童、了解儿童、理解儿童、研究儿童，并以创新精神与儿童互动、对话。

（5）学前教师是一份专门的职业，需要掌握不断更新的专业知识、技能和方法，没有科学的武装就不会有科学的成效。

（二）学前教师应享有的权利

（1）进行保育教育活动，开展保育教育改革和实验的权利。

（2）从事科学研究、学术交流，参加专业的学术团体，在学术活动中充分发表意见的权利。

（3）指导幼儿的学习和发展，评定幼儿成长发展的权利。

（4）按时获取工资报酬，享受国家规定的福利待遇的权利。

（5）参与幼儿园民主管理的权利。

（6）参加进修或者其他方式培训的权利。

（三）学前教师应履行的义务

（1）遵守宪法、法律和职业道德，为人师表。

（2）贯彻国家的教育方针，遵守规章制度，执行幼儿园保教计划，履行聘约，完成工作任务。

（3）按国家规定的保教目标，组织、带领幼儿开展有目的、有计划的教育活动。

（4）关心、爱护全体幼儿，尊重幼儿人格，促进幼儿的全面发展。

（5）制止有害于幼儿的行为或其他侵犯幼儿合法权益的行为，批评和抵制有害于幼儿健康成长的现象。

（6）不断提高思想政治觉悟和教育教学业务水平。

二、学前教师的专业素养

一位幼教专家曾经说过："生命是宝贵的，而学前教师却是从事启发生命工作的。"成为一名合格的学前教师，承担起这份责任，不仅要具有良好的职业道德、稳定的心理素质，还要具有扎实的专业知识、精湛的职业技能。

（一）职业道德素养

道德素养是教师魅力的核心，是教师对学生、事业及自己的态度在其言行中的反映。道德素养并不是一项单纯的性格或特质，而是多方面的综合呈现，它是通过长期的教育实践而形成和发展的各种品质的总和。学前教师应具备的道德素养主要表现在以下几方面。

1. 爱岗敬业

忠诚于人民教育事业，是学前教师爱岗敬业的本质要求。对学前教育事业的热爱，主要来自学前教师对教育事业在社会发展中地位与作用的认同。只有把学前教育同民族的振兴和现代化建设的成败联系起来，才能对教育事业有深刻的认识。认识得越深，爱得越深，爱得越深，干劲越大。学前教师还要有无私奉献的精神。学前教师的劳动成果主要体现在幼儿的成长中，没有奉献精神是干不好学前教育工作的。只有当一个人享受自己的工作时，他才能够充分发挥自己的潜能，体验到工作乐趣和自我价值。享受自己的工作，从工作中获得乐趣，这才是爱岗敬业的最高境界。

2. 为人师表

为人师表是学前教师树立威信的必要条件，是学前教师做好教育工作的重要保证。学前教师表现出怎样的思想品德、行为举止，对可塑性强、模仿性强的幼儿起着直接的影响和熏陶作用。幼儿每天大部分时间都生活在幼儿园这个环境中，与学前教师朝夕相处，他们的游戏、学习、生活都由学前教师指导、管理和培养。幼儿总是习惯于模仿学前教师的言行，并把自己的言行同学前教师的言行相比较、鉴别，由此判断自己的言行。可以说，在幼儿人格萌芽、形成和逐步发展的过程中，学前教师人格始终是一种"无言之教"。它作为一种自觉的非权力性、非强制性的教育影响，制约着幼儿道德信念体系的形成和道德行为模式的建立。

3. 严谨治学

严谨治学要求学前教师树立优良学风，刻苦钻研业务，不断学习新知识，探索学前教育教学规律，改进教育教学方法，提高教育教学水平和科研水平。一般来说，学前教师掌握的知识可以胜任学前教学工作，但是随着时代的进步、科技的发展、新知识的不断涌现，学前教师应树立终身学习的观念，做永远的学习者。

4. 团结协作

正确处理教育活动中的各种关系，这是教育过程本身的需要，也是学前教师个体发展不可缺少的条件。因此，学前教师要树立团队观念，以此来协调个人与集体、个人与他人之间的关系。学前教师之间要互相尊重，团结协作，密切配合。学前教师要严于律己，宽以待人；要维护其他教师的威信，尊重他人的劳动；要虚心学习，取人之长，补己之短。

（二）心理素质

学前教师的心理素质指在教育活动中内隐的间接对幼儿产生影响的心理品质。学前教师是幼儿身心发展中的"重要他人"，幼儿处在心理成长和人格养成的关键时期，他们在心理、生理上都还不成熟，自我调适、自我控制水平较低，自我意识也处在萌芽状态。学前教师良好的心理素质始终在幼儿情感发展和心理健康方面发挥着至关重要的作用。

美国全国教育联合会在《各级学校的健康问题报告》中指出："由于情绪不稳定的教师对于儿童有决定性的影响，不应该让他们留在学校里面。一个有不能自制的脾气、严重的忧郁、极度的偏见、凶恶、不能容忍、讽刺刻毒或习惯性谩骂的教师，对于儿童心理健康的威胁，犹如肺结核或其他危险传染病对儿童身体健康的威胁一样严重。"

根据国内外一些有关"好学前教师"的心理特征的研究结果显示，令幼儿喜欢的学前教师具备以下几个方面的心理品质。

1.热爱幼儿

热爱幼儿是对学前教师道德品质和心理品质的双重要求。如果学前教师在职业道德的支配下与幼儿交往，那仅仅是服务领域的职业要求，而不是真正的教育。热爱幼儿是学前教师应当具备的一种职业心理素质，而不应仅仅表现为某些外在的动作和行为，它应根植于学前教师的教育观，代表着学前教师良好的职业心理素质。虽然幼儿园的管理制度可以对学前教师能否做出热爱幼儿的教学行为起到良好的鼓励和监督作用，但关键还是在于学前教师的内在品质。

热爱幼儿主要体现在以下四个方面。

（1）关心了解幼儿。只有在全面了解幼儿的基础上，才能做到更好地关心幼儿。学前教师应了解幼儿在家的表现及家庭对幼儿的影响，了解幼儿的内心世界，了解幼儿的性格特征和兴趣爱好，然后有针对性地在生活、思想等方面给予关心。

（2）尊重、信任幼儿。尊重幼儿，就要尊重幼儿的人格和个性。学前教师对幼儿应以正面教育为主，不能采取讽刺挖苦的做法来伤害幼儿的自尊心，造成师生情感对立，导致教育失败。尊重幼儿，就要信任幼儿。学前教师应充分相信幼儿的心灵是为接受一切美好的东西敞开的，教师要善于捕捉，并使之发扬光大，而不应漠然视之。

（3）公平对待幼儿。学前教师对幼儿应一视同仁、平等对待，不能掺杂任何偏见。学前教师要力求使每个幼儿都感到自己所付出的努力能得到学前教师的公正评价，使他们轻松愉快地生活在集体之中。学前教师应该知道"好"与"差"是相对的，每个幼儿都好比一粒种子，都有发芽、开花、结果的可能性，只是有的发育得早，有的发育得晚，有的枝上挂果，有的根上结实，有的可做栋梁之材，有的可以做药材，而有的只是以自己的芳香美化着人们的生活，各有各的特点，各有各的用途。对于幼儿的可能性，学前教师需要从不同角度，以不同的方法去开发，公正对待每一个幼儿。

（4）严格要求幼儿。学前教师仅有一颗热爱幼儿的心是不够的，还要在思想上、学业上严格要求他们。教育上的严格与态度上的严厉是不能等同的，在幼儿面前整天阴沉着脸，动辄训斥，让幼儿畏惧自己，绝不是严格要求。严格要求应该是合理的、善意的、可理解的和现实的。

2. 温和耐心

耐心一般被界定为学前教师在具有包容宽阔的心胸、爱护幼儿的热情、敬业的责任感的基础上，对待幼儿的一种不急不躁、温和友善的心理特质和行为表现。学前教师是否有耐心往往受其生活状态、专业准备状况及其社会地位与待遇等因素的影响。

学前教师要学会理解幼儿独特的话语，心平气和地同幼儿进行平等交流、倾听幼儿的声音、满足幼儿的需要，还要尊重幼儿玩的天性。当幼儿沉醉在自己的游戏世界中时，学前教师要耐心细致地进行观察，从中把握幼儿发展的诸多契机，借此有效地组织课堂教学。此外，对于幼儿所犯的错误，学前教师应该将之视为教育的契机而不是"麻烦"，通过平等地与幼儿交流来把握幼儿问题行为背后的真实需求，同时帮助幼儿理解教师的要求，思考自身行为后果，学会选择和做出正确的行为。

3. 沉着自制

学前教师应注意自己的言行，善于支配和控制自己的情绪。沉着自制是学前教师有效影响幼儿的重要心理品质。幼儿年幼无知、自控力差，常会出现各种行为问题，如任性、不遵守规则、不听从规劝、违背学前教师提出的要求、同伴之间不能友好相处、攻击性行为较多等，学前教师要善于调整、控制自己的情绪，处事冷静，以平和的态度对待幼儿。学前教师在任何时候都不能把自己的不良情绪带入幼儿园。学前教师的喜怒无常对幼儿是极为有害的，容易使一些幼儿去窥测学前教师情绪的"晴雨表"，形成两面派的行为方式，影响幼儿个性的健康发展。

优秀的学前教师应善于控制自己的情绪，恰当地运用表情、姿态、语言去感染幼儿，以保证教育过程的有效性。

　　具有代表性的是学前教师将惧怕情绪传递给幼儿并使幼儿形成同样的惧怕心理。例如，学前教师正带领幼儿在花园里观察花朵，这时飞来一只小虫，落在了教师的肩膀上，眼尖的幼儿马上对学前教师说："老师，你的衣服上有只飞虫！"这时如果学前教师马上尖叫，并将虫子抖落、踩死，则会对幼儿的心灵产生影响。因为幼儿对有生命的东西有一种天生的喜爱、好奇，他们可能会和蚯蚓"玩游戏"，可能会把蜗牛带回活动室饲养，教师的这一反应会给幼儿造成一定程度的心理冲击——他们会因此认为飞虫是很可怕的东西，从而失去对大自然的观察兴趣，甚至可能会演变成对昆虫过敏性的心理障碍。久而久之，幼儿就会对学前教师失去信任。因此，学前教师应该克服自己的惧怕情绪，沉着应对，不要把自己的不良情绪传递给幼儿。

　　4. 乐观向上

　　学前教育这一职业要求学前教师在为人处世方面积极活跃，情绪乐观，兴趣广泛，敢于尝试，愿意与人交往，在与幼儿交往的过程中，能始终以积极乐观的情绪去影响幼儿的心理健康。

　　学前教师个人的情感、意志、个性特征以及与幼儿交往的方式、教育幼儿的方法，都会对幼儿性格的形成产生潜移默化的影响。充实、丰富的生活内容，快乐的情绪体验能带给幼儿温馨的爱抚和安全感，会使幼儿变得活泼开朗、积极向上；相反，单调的生活刺激、刻板的教育模式、冷漠的环境氛围会使幼儿个性难以健康发展。学前教师应成为让幼儿快乐的天使，以充满活力的形象、快乐的个性、大方的仪容去赢得幼儿的尊重与喜爱，从而帮助幼儿塑造活泼开朗的性格。

（三）知识素养

　　学前儿童有着强烈的好奇心，随着现代信息技术的发展和各种儿童读物的普及，他们的知识已远远超过其年龄界限。他们喜欢思考，有自己的见解并有提不完的问题，渴望能得到成人的解答。学前教师是他们心目中最有威信、最有学问的人，自然会成为他们经常提问的对象。学前教师只有具备广泛的兴趣爱好、渊博的知识，才能深入浅出地回答幼儿提出的各种问题，在满足他们求知欲的同时点燃智慧的火花。

　　学前教师的知识素养结构一般包括以下三个方面的基本内容。

1.广博的普通文化知识

普通文化知识具有陶冶人文精神、养成人文素质的内在价值。一方面，学前教师不仅要具有哲学、社会科学、自然科学等方面的知识，还要将其内化为个体的人文素质，从而成为一个具有崇高的精神境界、健全的人格特质的人类灵魂工程师。另一方面，学前教师的职责之一是传授知识，但学前教师不是单科教师，而是要对幼儿实行全面的教育。未来教育提倡培养通才，学前教师应具有科学、社会、语言、艺术、健康等领域的知识，并将各类知识融会贯通，做到中外结合、文理兼容，以树立博学的形象和较高的教育威信。

2.精深的学科专业知识

学前教师要通晓自己所任教的学科，这是对学前教师文化素质的基本要求，包括三个层次：所教学科的基础知识、所教学科的主体知识和所教学科的前沿知识。学前教师要了解学科知识的发展动态，不断充实和调整自己的专业知识结构，拓宽专业知识的广度，加深专业知识的深度，这样才能游刃有余地驾驭教学，才能深入浅出地给幼儿把学科知识讲清、讲精、讲活，更好地适应新形势对学前教学工作的新要求。

3.丰富的教育理论知识

掌握教育科学理论、懂得教育规律，是学前教师提高向幼儿传授知识、施加影响的自觉性，达到良好的教育效果所必需的。学前教师的专业知识包括学前卫生学、学前心理学、学前教育学、学前教育活动设计、儿童家庭教育等与儿童身心发展及教育有关的专业基础知识。同时，学前教师应该掌握学前教育的理论知识、基本规律和实践方法，这样才能有效开展学前教育工作；学前教师还应善于理论联系实际，把教育理论广泛应用于教育实践，解决教育教学过程中的各种实际问题，使教育科学理论真正发挥作用。

学前教师还必须具备一定的艺术知识与技能，如唱歌、跳舞、弹琴、绘画、手工制作及创编故事、讲故事等。这些艺术方面的知识技能既能充实幼儿的教育内容，又能成为幼儿教育的重要手段，使幼儿在轻松、活泼、愉快的环境中学习并得到发展。

（四）职业技能素养

学前教师的职业技能素养是指学前教师从事学前教育工作所需的实际能力及掌握的程度，主要包括以下基本内容。

1.观察能力

幼儿情绪易外露，其内心活动、身体状况常通过表情、动作和简短的语言表现出来。幼儿的一个小动作、一个小表情都可反映其真实的内心活动。因此，学前教师要具有了解幼儿个性和活动情况的细致而全面的观察能力，从幼儿的眼神、表情、动作、姿态等方面看出他们的心理活动与情感。

蒙台梭利强调，一个不会观察的教师是不称职的，每位教师都应观察到儿童最细微的动作。学前教师观察能力的高低表现为能否敏感地捕捉到幼儿做出的动作、表情或语言等方面的信息，并且快速地做出正确的判断和反应。学前教师通过观察幼儿的发展状况和差异，了解幼儿现有水平和不同幼儿在发展水平、速度、技能、能力上的差异，进一步探明幼儿的内部需要和最近发展区，为设计和指导教育活动、及时地应答幼儿的需要等提供依据。学前教师的观察能力是洞察幼儿的内心世界、进行因材施教的先决条件。

2.语言表达能力

学前教师语言表达能力的强弱直接决定着教育活动的效果，影响着幼儿心智活动的效率。学前教师良好的语言表达能力能激发幼儿的求知欲，激起幼儿的学习兴趣，吸引幼儿的注意，调动幼儿良好的情绪、状态，陶冶幼儿的情操，同时直接影响幼儿的语言发展。

学前教师的言语表达应做到以下几个方面：第一，生动形象。学前教师的言语表达要具有趣味性，引人入胜，并符合形象思维的规律和形式，用幼儿熟悉的形象加深他们对知识的理解。第二，准确精练。学前教师的言语表达能确切地使用概念，科学地做出判断，合乎逻辑地进行推理，表述简洁清楚，干净利落。第三，通俗明白。学前教师说话要明白，深入浅出，善于把复杂的东西讲简单、把抽象的东西讲具体。第四，严谨含蓄。学前教师的言语表达要具有逻辑性，结构严谨、思路清晰，善于帮助幼儿思考，并富有启发性。此外，学前教师言语表达还要注意辅之以非语言表达手段，如手势、表情、姿态等，以增强言语的表达效果。

3.沟通能力

沟通具有相互性，是指在双向交流中相互理解、接纳对方的观点、行为，从而形成相互协调的默契。学前教师的沟通能力主要包括学前教师与幼儿、学前教师与家长的沟通能力和促进幼儿之间相互沟通的能力。

（1）学前教师与幼儿的沟通。学前教师与幼儿主要的沟通方式有非言语的和言语的两种。不论哪种方式都要求学前教师有积极主动、平等的态度，提供一个安全、温暖、可信赖、无拘无束的交流环境，尽可能地从幼儿的角度来考虑问题。

（2）学前教师与家长的沟通。家长作为学前教师的合作者加入教育者一方，共同对幼儿施教，有利于提高学前教育的质量。学前教师应当具备的与家长交流的技巧主要包括聆听的技巧，适合家长的态度、语言、表达方式以及考虑家长的观点、心情的谈话技巧，以及向不同类型的家长传达信息（口头的或书面的），特别是描述儿童行为、提出建议或意见的技巧，从而获得家长的尊重、理解、支持。

（3）促进幼儿之间的沟通。幼儿之间的沟通受社会性发展、语言发展等因素的制约，学前教师要有意识地帮助幼儿。学前教师要认真研究幼儿沟通的特点，并在此基础上，通过小群体活动或游戏的方式给幼儿提供交流的机会，促进幼儿之间的沟通与交流，发展他们自我表达和理解他人的能力以及听和说的能力。

4.组织管理能力

学前教师的组织管理能力具体表现为能否科学地安排儿童的日常活动，充分调动儿童的主动性、创造性，最大限度地促进儿童的发展。它包括了解幼儿的能力、一日生活的组织与保育能力、教育活动的计划与实施能力、游戏的支持与引导能力、交往与协调能力、环境的创设与运用能力、对幼儿的激励与评价能力等。

5.信息技术应用能力

学前教师要能够运用以计算机及网络为核心的信息技术来促进教学，熟练制作和应用教学课件，达到信息技术和各科课程的整合，优化教学结构，培养幼儿获取信息、终身学习、创新和实践的能力，提高教学质量。

6.教育监控能力

教育监控能力是指教师为了达到预定的教育目标，在教育的全过程中将自己所进行的教育活动和行为本身作为意识的对象，不断对其进行积极、主动、自觉的计划、监察、反馈、评价、反思和调节的能力。

（1）计划与准备能力是指学前教师在为教育活动做准备的过程中体现出的教育监控能力，即学前教师在开展具体的教育活动之前，分析所要面临的教育任务及教育情境中的相关因素，如教材、幼儿的兴趣和需要、幼儿现有的发展水平和潜能等，结合自己的教育教学能力、风格、特点和经验，确立适宜的教育目标，制定教育计划，明确活动内容，选择有效的教学策略，构想出解决问题的方法，并预测教育过程中可能出现的问题及可能达到的教育效果，等等。

（2）反馈与评价能力表现为学前教师在教育过程中随时监控班级的状况，密切关注幼儿的反应和参与活动的情况，不断获取教育活动各要素变化情况的反馈信息，并根据幼儿的反馈或教师的自我反馈客观地认识和评价教育过程、教育方法、教育策略、教育效果、教育行为以及幼儿发展和进步的状况。

（3）控制与调节能力是指在教育过程中，学前教师根据反馈信息发现和分析教学过程中存在的问题及其原因，及时调节教育活动的各个环节，对下一步活动进行调整与修正。

（4）反思与校正能力是指在某一次或某一阶段的教育活动完成之后，学前教师对已完成的教育活动的全过程进行深入的总结和反思，并进行相应的校正的能力。教育监控能力较高的学前教师，在教育活动完成之后，通常会回顾和评价自己的教育活动过程，反省教育活动是否适合儿童的实际水平，是否能够有效促进儿童的发展；仔细分析自己在教育过程中哪些方面是成功的，哪些方面还有待改进；反思自身教育行为的特点与不足，并进行相应的调整和校正。

第三节　师生有效互动

笔者对幼儿园生活活动中实现积极有效的师幼互动的建议是基于对学前教师在师幼互动现实样态的分析、教师的互动特征的概括以及影响因素的探究提出的，主要有以下几方面的内容：为教师提供有针对性的培训作为外部支持，教师自身积极改变，不仅需要增加互动频次，还应当加强情感投入与提高语言的示范性，并且帮助幼儿形成良好的生活自理能力。

一、开展师幼互动知识的教师培训

有效的培训应该聚焦于提高学前教师的知识水平，形成教育信念。改变学前教师的观点、信念和态度可以有效提高师幼互动的质量。

　　以师幼互动知识为内容的教师培训是以师幼互动为核心的，要求学前教师理解师幼互动的重要性、掌握师幼互动知识、识别师幼互动行为并有效利用师幼互动行为。除此之外，还包括正确理解儿童中心理念。师幼互动影响因素的分析结果中，学前教师在生活活动中的师幼互动表现还受教师的儿童观和互动观的影响。学前教师持有的儿童观是矛盾且多样的，将儿童视为需要被照料的、被动的学习体的学前教师各有 4 人，将儿童视为矛盾体的有 5 人，将儿童视为主动学习体的仅有 2 人。这说明学前教师持有的仍是以教师为中心的儿童观，学前教师的角色定位以照料者、管理者和教授者居多，将自己视为儿童学习的支持者的学前教师很少。学前教师所持有的这种以"教师为中心"的儿童观，以及将生活活动视为纠正不当行为的好时机的互动观，使得学前教师使用的话语类型以传递知识和发出指令为主，即喜欢教授与灌输儿童知识技能，还频繁地使用命令性指令；在互动行为上倾向于通过行为管理纠正不当行为来帮助幼儿养成良好的生活习惯，以满足学前教师管理者和照料者的角色需求。学前教师持有的非对称相倚性互动也使得其在情感倾向和交流主题上充满了压迫性，处处透露出教师的权威。据此，我们可以有针对性地向教师提供关于儿童知识和互动知识的培训，来改变教师的儿童观和互动观。关于儿童观的培训，胡碧颖等人对 164 名幼儿教师的调查发现，掌握丰富互动知识并持有儿童中心观念的幼儿教师可以提供更加有效的师幼互动，并且幼儿教师的互动知识会通过教育信念对互动实践产生积极影响。

　　上述结论也证明了教育观念的重要性，我们可以通过改变学前教师的儿童观来提高互动水平。关于师幼互动的培训，皮雅塔通过对教师进行关于师幼互动知识的一系列课程的学习，有效提高了师幼互动质量，并以 CLASS 的理论基础和互动标准为依据开展了互动质量干预模式，如"班级互动最大化"（Making the Most of Classroom Interactions，MMCI）课程和"同伴观察与辅导"（Colleague Observation and Coaching,COACH）技术 [①]。因此，已有许多研究者通过干预学前教师的儿童观和互动观来提升学前教师的互动质量。

　　根据以上干预模式，在对学前教师进行儿童知识和互动知识的培训时可以做如下尝试：首先，由于学前教师对儿童的理解是基于自身的经验，因此教师需要学习关于儿童的知识，包括理解儿童中心理念和儿童发展的知识。例如，学习卢梭、蒙台梭利、杜威、皮亚杰、维果茨基和陈鹤琴的主要思想，以

---

① 冯婉桢，洪潇楠.美国三种师幼关系改进模式比较与借鉴 [J].中国教育学刊，2019(4)：84-88.

及学习高瞻课程中为儿童学习提供的有效支持行为所围绕的儿童中心理念。学前教师应正确认识幼儿教育的基本原理与幼儿园教师的角色任务，进而主动改善与幼儿之间的关系。学前教师只有具备了充实而丰厚的有关儿童的知识，才能在教学理念与教学实践的通达中扎实前行、不断提升。其次，提高师幼互动水平可以从学习有效的互动知识和对学前教师的互动行为进行反思与评价两个方面入手。一方面，学习有效的互动知识主要是要求学前教师掌握"课堂互动评估系统"背后的理论，了解高质量互动的内涵，学会识别与分析班级中的有效互动。另一方面，学前教师可以通过网络互动或现场互动，以及录制视频的方式与专业人员进行一对一的反思评价，通过不断干预来提高互动水平。最后，通过构建学习共同体的形式，以及与其他学前教师进行现场观察后指出互动的不足并交流观察到的优秀互动案例，与组员不断交流与改进，来达到螺旋式循环反复的过程，快速识别并开展高质量的师幼互动。但是，薄弱园或农村幼儿园教师可利用的教育资源有限，只依赖幼儿园教师群体组建的学习共同体实现自我发展显然较为困难。他们可以选择构建区域教师学习共同体，即在一定区域内，借助高师院校、城市幼儿园、教师研培部门教师学习共同体的师资输出、教育理念传递、资源共享等与农村幼儿园教师一同组建的教师学习共同体。[①]学前教师既可以与高校教师建立联系，从高校教师身上学习关于儿童的知识和师幼互动的知识，帮助学前教师更好更快发展，也可以在薄弱园与优质幼儿园之间建立联盟，通过学前教师优质课园内观摩活动，学前教师可以接触到更多有效的师幼互动行为，实现有效的师幼互动。

二、增加师幼互动频次，关注个别幼儿表现

由于师幼互动中幼儿主体地位的缺失，学前教师的互动行为多于幼儿的互动行为。根据师幼互动中学前教师与幼儿行为表现的七个指标的统计结果，学前教师的语言和行为发生的频次均高于幼儿的语言和行为。同时，学前教师的互动更多指向全体幼儿，忽视了与个别幼儿的互动。因此，学前教师在互动过程中要关注个别幼儿的表现，并且有意识地提供更多互动机会，增加师幼互动频次，以形成平等、和谐、对话的师幼互动。

第一，在幼儿一日生活环节尽可能增加师幼互动频次。例如，入园阶段

---

① 李岩.以区域教师学习共同体促进农村幼儿园教师专业发展[J].教育探索，2014(6)：147-148.

是学前教师与幼儿进行师幼互动和师组互动的好时机。根据潘月娟的研究结论，师幼比和在班幼儿人数对生活活动的质量并未产生作用。① 原因是学前教师普遍采用集体上课的方式组织幼儿开展活动，忽视幼儿的主体性，缺乏与幼儿个体的互动。即使师幼比和在班幼儿人数降低，学前教师依然采用这种方式。因此，学前教师应掌握与幼儿个体或小组互动的教育技能。为了与幼儿进行高质量的交谈，学前教师应学习如何在与幼儿的交谈中不断进行反馈，避免无话可说的状态。例如，晨间桌面建构游戏前，学前教师可以询问幼儿关于即将开始建构的计划，如是否有想要搭建的事物？准备如何搭建它？也可询问幼儿对一日幼儿园生活的安排，还可以从身边偶发事件入手，如幼儿园最近的重大活动、班级里的偶发事件、科技领域的最新发明等。个人生活话题则可以是今天的天气、幼儿的穿着或者分享家庭生活。此外，在午餐时间，学前教师要抓住教育契机开展餐桌教育。在进餐环节，应该创造师幼共进午餐的机会，教师可与幼儿进行适当的交谈，而不是一味地禁止幼儿说话，只需要提醒幼儿嘴巴里有食物的时候不要说话即可。进餐活动中，学前教师可以营造如家庭般轻松的就餐氛围，与幼儿共同享受食物、话家常，而不是以自身为权利主体的训诫。在进餐活动中，作为权利主体的幼儿，可以进行无主题的自由交流，学前教师可以通过安排幼儿作为"午餐解说员"的形式为师幼互动抛出话题，也可以作为谈话的伙伴以导入话题，等等。

第二，减少生活活动中的消极等待现象。在师幼互动的过程中，很多教师侧重于对儿童行为进行管理，却忽略了提高幼儿园生活活动的效率，导致幼儿园出现了很多消极等待的现象，很多生活环节无法做到良好的过渡。因此，我们可以通过减少消极等待来为教师进行互动留出时间。有研究表明，优良的日程表应该是这样的：日常活动衔接顺畅，针对儿童的个别需要调整日程。② 学前教师应该在过渡时提前告诉幼儿下一步应当做什么，为幼儿提供预知。明确的预知包括三个方面的内容：对当前活动即将结束的提醒、对即将开始的活动的预告、交代在开始下一个活动前需要做什么。③ 例如，幼儿正在进行吃饭前的区域游戏时，学前教师可以告诉幼儿："还有 20 分钟我们就要开饭了，小

① 潘月娟，刘焱，胡彩云.幼儿园结构变量与教育环境质量之间的关系研究：以山西省幼儿园为例 [J].学前教育研究，2008(4)：3-10.

② 西尔玛·哈姆斯，理查德·M·克利福德，戴比·克莱尔.幼儿学习环境评量表 [M].周欣，译.上海：华东师范大学出版社，2014：91.

③ BERDES C, ECKERT J M. The language of caring：nurse's aides'use of family metaphors conveys affective care[J].The Gerontologist, 2007, 47(3)：340-349.

朋友再玩 5 分钟就要收玩具啦。"5 分钟后，学前教师再次提醒幼儿："现在需要小朋友收拾好手上的玩具，放到相应的位置。"在开饭前，学前教师可叮嘱幼儿："小朋友们要洗干净自己的手，洗完手的小朋友可以帮助老师把饭端到其他小朋友的桌子上。"

三、与幼儿建立接纳和关爱的情感联系

情感投入是学前教师在互动过程中对自己的言语和行为投入积极且充满爱的态度，能够最大限度地理解和尊重幼儿，与幼儿建立亲密情感联系，也可以管理好负面情绪的表达。教师只有加强积极情感的投入，与幼儿建立依恋关系，才能达到生活活动所具有的保育性。

据此，教师在实践中需要注意以下几点：

第一，学前教师应该认识到生活活动涉及大量的生理照料任务，应当培养共情能力。生活活动教师必须对儿童的喝水、如厕、盥洗、午睡时时关注，还要做梳头、穿衣、添衣等细碎工作。这些都要求学前教师必须付出"爱"来对待这份工作，只有像妈妈一般去照料儿童，才能从儿童需要的视角考虑并满足儿童的基本需求。在互动的过程中，学前教师应先想到"幼儿需要什么""幼儿想做什么"，而不是站在自己的角度去想"我应该怎么做""我应该如何组织生活活动"。教师在互动过程中应当避免先入为主，以自己预设的计划和想法指导幼儿。

第二，学前教师要学会控制自己的情绪，时刻对自己的消极情绪保持警惕，树立"温柔而坚定"的情感原则。"温柔而坚定"来源于广泛流行的"正面管教"育儿理念中父母管教孩子的原则，英文是"kind and firm"，中文译为"和善与坚定并行"。[①] 生活活动涉及各个方面的工作，也涉及许多规则，但是学前教师却常常无法很好地把握情感投入的尺度。部分新手学前教师在照料儿童的过程中，容易过于温柔而招架不住儿童的行为失控，在妥协中丧失了自己的规则，使得班级处于混乱状态。而有些学前教师在体会到教师权威带来的工作的高效率后，一味地固守规则，甚至在要求儿童遵守规则的过程中使用过激手段。同时，生活活动的琐碎事务会使学前教师产生不良情绪。因此，学前教师必须把握情感的尺度，既要控制负面情绪，不把情绪带到工作中，也要

---

① 简·尼尔森.正面管教：如何不惩罚，不娇纵地有效管教孩子[M].玉冰，译.北京：京华出版社，2009：50.

在温柔中守住原则。学前教师对自己无意识对幼儿产生的负面影响要多加注意，不断对消极互动进行反思，当下次出现相同情境时，可以使用更积极的互动来代替有负面情感倾向的互动。

第三，幼儿园应该加强对教师的关怀。教师"群体归属的需要"会影响教师的情感能量。[①]同事之间应形成良好的人际关系，园长与幼儿园教师之间应构建更轻松的管理与领导制度，切实落实上级关怀，及时对幼儿园教师的不良情绪进行疏导。幼儿园应树立"以人为中心"的管理理念，合理安排幼儿园教师的工作量，减轻幼儿园教师的工作压力，降低幼儿园教师的工作强度，提高幼儿园教师的工作满意度。合理分配班级里不同学前教师的工作量，也能提高学前教师的公平感，不能因为学前教师能力之间的差异，而使得两者的工作量差别过大。如果更擅长与幼儿互动的学前教师全天都处于高密度的互动之中，会使学前教师产生不公平感，也不利于有质量的师幼互动行为的持续输出。例如，主班教师和配班教师既可以根据活动类型分配一日工作，也可以上午和下午轮流当主班教师。这样，学前教师就可以避免一天中注意力的高度集中，从而导致餐后活动和午睡活动的言语输出动机过低。

第四，幼儿园应达到合理的班级规模和师幼比。园所需加强每个班级的学前教师配置，改善人员组成结构，科学合理地设置学前教师的工作岗位。相关部门应考虑为农村幼儿园配备足够的合格的幼儿教育工作者，充实和扩大农村幼儿园学前教师队伍，如教育部门制定并完善相关政策，鼓励幼教毕业生到农村幼儿园工作。只有在合理的班级规模和师幼比的条件下，学前教师才能有时间和心情与幼儿进行更多的一对一互动，提高学前教师与幼儿的互动机会，进而提高互动质量。

四、教师的语言和行为体现

学前教师具备的仍是以教师为中心的教育观念，学前教师的角色定位以照料者、管理者和教授者居多，将自己视为儿童学习的支持者的学前教师很少。同时，学前教师言语类型中，指令型言语的占比达 39.5%，传递知识与技能型言语的使用较少，当幼儿在生活活动中出现不准确的发言或者句型时，学前教师很少给予纠正。因此，学前教师应该转变意识，注意自身语言的示范

性，为儿童学习提供支持。儿童的语言学习很大程度上是对成人语言的模仿，学前教师的语言是幼儿模仿和学习的对象。因此，在幼儿园生活活动中，幼儿园教师应当注意自身语言的规范性，并有意识地为幼儿提供语言示范。

学前教师语言示范的提高方法可以借鉴 CLASS 工具中"教育支持"领域下的"语言示范"维度中的内容。

首先，学前教师应多提出开放性问题，即那些需要对提问做出详尽阐释的问题。开放性问题要求学前教师从问简单的"是"或"不是"转向以"怎么""为什么""你认为或感觉如何"等词开始提问。例如，"你们周末做了什么？""糖为什么是黏的？""我们怎么吃才能保证饭不会掉在地上？"儿童需要考虑使用更多的词语来回答此类问题，需要进行语句的组合与理清语言思路。

其次，学前教师应该采用"重复与延伸"的方式与幼儿交流。当幼儿存在句子不连贯，或者因思维跳跃度大而前后不搭的语言问题时，教师可以通过"重复"句子，将幼儿的病句调整为正确的语法结构。重复既是对幼儿病句的修正，也可以帮助学前教师确认幼儿的话语意图，帮助其他幼儿提高注意力并听懂语句。"延伸"则是学前教师使用平行谈话的方式对幼儿做出隐形语言示范，将简单句变为复杂句。例如，从"喜欢的某个食材"到"喜欢一个……的食材""为什么喜欢这个食材""对食材的喜欢程度有多高"等，向幼儿暗示谈话时组织交流内容的方法。同时，学前教师需注意自己在描述生活事件时的情绪，通过使用不同的语气、语调表现出当时的心情，让幼儿感受语气、语调的作用。

最后，学前教师应在一些与幼儿交流的生活环节穿插使用高级语言。高级语言即略高于幼儿现有水平的语言材料，可以是一些有难度的词语。例如，与幼儿讨论今天穿的衣服有很多颜色时可以使用五颜六色，或者向幼儿介绍食材的构成时可以使用一些专业词汇。传递知识与技能型言语是学前教师在生活活动中对教育契机的捕捉与利用，可以提高学前教师语言的示范性，应当在不同生活活动类型中得到尽可能多的使用。例如，进餐准备工作是进行数学教育的良好时机，幼儿可以练习一一对应、分类、加减的数学能力。在小班的就餐环节，一个碗旁边放着一个勺子，可以丰富幼儿对"一一对应"的感性认识。学前教师可以通过将幼儿的用餐时间与家庭用餐时间和体验联系起来，并通过使用教学语言增进幼儿对"食"的认识与理解。其中，教学语言包括标记或描述食物或与食物相关的物品，如对食物进行分类（水果、蔬菜、淀粉、蛋白质），或说出食物的性质，如颜色、温度、口感（耐嚼、甜、酸、热等），并将它们与其他食物联系起来，讨论食物的营养特性，食物是如何种植或制作的。再者，师生可围绕就餐礼仪进行讨论。在餐后散步时，学前教师可让幼儿细心地观察幼儿园的一草一木，了解植物的变化，关心幼儿园的环境。在盥洗时，学前教师不仅可以让幼儿学习正确的洗手方式，还可以让幼儿了解水的性质和特点。学前教师通过抓住这些教育契机，通过语言示范为幼儿提供高质量的师幼互动，转变学前教师的"监督者"角色。

五、增进对幼儿生活自理能力的指导

培养幼儿生活自理能力是生活活动的重要活动目标，但是学前教师言语类型的使用结果表明，学前教师对保育型言语与传递知识和技能型言语的使用并不多。很多学前教师更偏向于对幼儿进行行为管理，认为幼儿只要不违反规则就好。对于生活自理能力较差的幼儿，他们只是口头提醒与催促，但是不会进行针对性指导。良好的生活自理能力有助于幼儿形成独立意识、责任心和自信心，也可以促进幼儿精细动作的发展和脑的发育。因此，本书认为，学前教师应从以下两个方面来增强对幼儿生活自理能力的指导：首先，通过示范、提示与讨论帮助幼儿提高自理能力。幼儿在自己的事情上常常存在力不从心的现象，如洗手的时候挽不上袖子而打湿袖口、泡沫冲不干净；幼儿记忆空间的局限性导致尽管幼儿具备初步的任务意识，但是在实施时还是会忘记很多步骤，如幼儿常常上完厕所忘记洗手。因此，在培养幼儿的自理能力时，学前教师最常使用的方法是行为期望，他们会一遍一遍地叮嘱幼儿，或者用简单的命令让幼儿不能这样、不能那样。但是上了中、大班的幼儿就需要学习并具备部分自我管理能力，学前教师需要为幼儿提供独立锻炼的机会，而不是一味地要求与叮嘱。例如，对于一些动作的学习，教师要进行讲解、示范与提醒，帮助幼儿形成完整的动作印象。讲解与示范的方式应当多样化，不仅包括口头示范，还有手势提醒、身体示范，以帮助幼儿完成正确动作。学前教师还可以通过讨论，让幼儿总结自己生活自理的方法；通过分享自己关于生活自理的事件，以及归纳这些事件来使幼儿发现生活自理的规律；通过分享自己生活事件中的个人感受来帮助幼儿克服胆怯心理。生活活动规则的制定也要让幼儿参与进来，与幼儿协商制定合理的生活常规，使幼儿成为常规要求的制定者和执行者，提高幼儿自我管理能力。学前教师要利用好儿童"小帮手"的班级制度。学前儿童的生活自理能力的发展遵循依赖他人—自理—为他人（集体）服务的路径。学前教师要为幼儿提供为他人服务的机会，通过不断实践找出小帮手可以帮忙的生活活动环节，但要避免幼儿帮的忙难度过大，如抹布拧不干、扫把过大等问题，这会导致幼儿产生退却心理，不利于调动学前的积极性。同时，小帮手的活动任务不宜过多，当幼儿长时间进行生活活动中的某个整理环节而无法参与下一个活动时，学前教师反而会更着急。因此，学前教师既要发挥好小帮手的作用，让幼儿帮助自己分担任务，也要把握好帮忙的尺度，避免越帮越忙。教师还可通过让幼儿参与成人劳动，来促进幼儿自理能力的提高。例如，学前教师让幼儿们互相检查手指甲的长短，而不是一个一个地检查，让其他幼儿花很多时间等待。

第三章 学前教育教学的基本理论与应用

第一节 幼儿园集体教学文化的建构

一、幼儿园集体教学文化概述

（一）核心概念界定

幼儿园教学文化是在幼儿园教学场域下，经过长期师幼互动、交流、建构而形成的教学价值观、教学理念、教学思维方式、教学行为方式。结合学术界对于文化和教学文化的理解，笔者认为，幼儿园教学文化可以分为内隐的价值性因素和外在的表现形式两大部分。内隐的价值性因素主要是师幼教学互动下所共享的教学价值观、教学理念、教学思维方式等；外在的表现形式就是师幼教学互动下的教学行为方式。

在此需要说明一下，本书中的幼儿园教学文化主要指幼儿园集体教学文化。因为幼儿园的集体教学活动是目前我国学前教育课程形式的重要组成部分，是幼儿不可或缺的一种教学活动方式，其价值就在于发挥集体的力量，让幼儿从个体走向群体，使幼儿的学习生活呈现出多样化、生态化的良好格局。

（二）幼儿园集体教学文化的构成要素

由教学文化的定义扩展而来的幼儿园集体教学文化的界定，只是审视幼儿园集体教学文化的开始。若要对幼儿园集体教学文化这一整体进行具体剖解和分析，还需清楚地了解幼儿园集体教学文化的基本构成要素。对幼儿园集体教学文化的基本构成要素进行分析，最根本的方法是从概念出发。根据我们的认识，幼儿园集体教学文化是在幼儿园场域下，师幼长期互动过程中形成的稳定的、持久的、共享的教学价值观、教学理念、教学思维方式、教学行为方式等。因此，幼儿园集体教学文化可以划分为内隐的价值性因素和外在的表现形式。其中，内隐的价值性因素，即师幼互动下支撑行为外在表现的教学价值观、教学理念、教学思维方式；外在的表现形式即师幼在教学活动中所表现出的教学行为方式。

1.教学价值观

对现实的价值关系进行客观评价是人们在生活实践过程中逐步形成的一个中间环节。因此，幼儿园的教学价值观能够帮助教师正确开展教学活动，对幼儿形成正确的引导，这种价值观是一种指导思想，指导人的行为方式，是一切教学行动的出发点和依据。幼儿园教学价值观主要通过教师这一群体集中体现，教师对具体的教育主体（幼儿）、抽象的教育因素（幼儿园教育）、具体的教育客体（幼儿园教学）三个方面所拥有的基本看法和认识，直接影响着教师教学生活的质量与行为方式。

（1）儿童观。人们对儿童的根本看法和态度就是儿童观。不同时代的人们对儿童认识的差异导致了不同的儿童观的产生，从教育思想史的发展来看，儿童观的发展体现着历史性、时代性、地域性的特点。古代的儿童观往往认为"儿童就是小大人"，这时的人们尚未发现儿童与成人的差别，儿童仅仅是缩小的成人。直到14世纪欧洲资本主义萌芽，文艺复兴运动兴起，提倡理性和对人的尊重才逐渐拉开了一场重新认识儿童、发现儿童的新序幕。卢梭在其著作《爱弥儿》中首次"发现了儿童"，把儿童看作儿童，认为对儿童教育必须遵循自然的要求、顺应幼儿的自然本性。继卢梭之后，裴斯泰洛齐提出的"教育心理学化"的运动主张教育应以心理学规律为依据来客观地认识幼儿，为幼儿的世界观的形成奠定基础。随着幼儿心理学研究的逐步深入，幼儿教育在世界各国越来越受重视，人们坚信21世纪将会是"儿童的世纪"，关注儿童、尊重儿童、爱护儿童，时代精神的光辉将会聚集在儿童身上。了解儿童，是幼儿教育的开端。幼儿教育的成败、幼儿园教育教学活动开展的基本态度往往是由幼儿教师持有的稳定的、潜在的儿童观所决定的。

（2）教育观。发现儿童教育的本质、目的、功能、价值、天职和使命，依赖于对儿童教育观概念的考察。具体来说，对幼儿的观念决定了我们怎样看待幼儿，对教育的观念决定了我们怎样看待教育，对幼儿教育的观念则决定了我们怎样看待幼儿教育。对于幼儿教师来说，他们持有什么样的教育观念，便会有与这种教育观念相应的教育行为。《中国教师新百科·幼儿教育卷》中指出："幼儿教育观是人们基于一定的儿童观而形成的关于为什么要教育幼儿，要把幼儿教育成什么样的人以及如何教育幼儿等的基本观点。"在不同时期，人们的教育观也有所不同。卢梭、裴斯泰洛齐、爱伦凯、蒙台梭利等人持自然主义教育思想，主张教育应尊重儿童的天性，使其自然发展，提出了"园丁说""否定教育论""自然后果教育"等教育观；斯宾塞等持教育即准备的观念，主张教育是未来圆满生活的准备；福禄贝尔、黑格尔等人持教育即展开的观念，主张教育是由内向外的展开，是由潜在能力向特定目标的展开；霍尔等人持教育即复演的观念，主张教育实际上是人类文化史的复演；凯兴斯泰纳、高迪希、赛德尔等人持"工作陶冶说"，主张变"学习学校"为"工作学校"，使儿童在手工劳作或精神作业中发展身心，养成独立自主，热爱工作，有责任感、义务感和牺牲精神的品质。教师对当今儿童教育观的审视更应具有时代化、科学化、理性化。因此，教师只有树立以幼儿为本的教育观，才能促进幼儿身心和谐全面发展，才能体现幼儿教育教学事业的价值所在。

（3）教学观。观念是人对感知经验的构成。教师的教学观是指教师从实践经验中逐步形成的对教学本质和过程的基本看法。教师教学观的形成是一个缓慢的过程，教学观会对教师的教学方法以及教学实践产生巨大的影响，对学生的学习也会产生相应的影响。20世纪80年代，凯姆勃通过研究分析，将教学观分为促进学生的概念转变的教学观、传递知识结构的教学观、传递信息的教学观、师生相互作用的教学观以及帮助学生理解的教学观。这五种教学观体现着教学方式从以教师为中心到以学生为中心的转变。我国学者高凌飚、王晶根据师生间的相互关系、教师和学生在教学中的不同角色，将教学观分为灌输式和导育式两种。教学观集中体现着教师对幼儿园教学活动的主观观念。在幼儿园教学活动中，由于教学对象的特殊性，教育的文化、制度、环境以及内容均有所不同，因而教师教学观的价值取向往往有其独特意义，不可能完全体现某种教学理念。

总之，教学观是一种理性认识和主观体验，它体现着教师对儿童的态度，以及由这种态度而衍生出的对儿童的教育观念和持有的教学观念。教师对教学活动的认识与对儿童的态度和看法，直接影响幼儿园教学生活的质量，影响教学互动过程的展开，影响教师教学行为的外在表现。

2.教学理念

从西方哲学的角度看，"理念"一词基本对应柏拉图的哲学术语。这个术

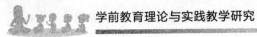

语有时候也翻译成理式、相、型等。它是客观的，是一种精神的抽象存在。因此，教学理念体现着人们对教学和学习活动内在规律的客观认识。它会隐性地引导着教师教育教学活动中的观念与行为，一旦教学理念内化为教师的主观性儿童观、教育观、教学观，便可为教学行为的转化提供理论导向。当代西方影响较大的教学理论流派主要有以斯金纳程序教学理论为代表的行为主义教学观念，以布鲁纳结构主义理论为代表的认知主义教学观念，以罗杰斯非指导性学习理论为代表的人本主义教学观念。我国著名学者顾明远在《国际教育新理念（修订版）》一书中将教育理念分为教与学、一般教育以及宏观教育三种。其中，宏观教育理念提出了终身教育和学习化社会两种宏观教育价值观，这种教育理念凌驾于所有教育价值观之上；一般教育理念则主要针对目前社会教育中的环境、生态、合作、全民等教育理念进行了展现，是能够反映时代教育特征的教育理念；最后，教与学的理念则具体到教育的操作步骤上，对教师的教学行为有指导作用。

3.教学思维方式

思维方式是人脑对各种信息进行分析、综合、比较、抽象和系统化、具体化等的方式。

教学思维方式是师生在长期的教学实践中对教学的现状、本质以及教学中出现的问题的一种较稳定和持久的认知方式或认识模式。教学思维方式是客观存在的，往往作为"看不见的手"和"幕后的操作者"，根植在教师的教学认识和教学实践活动中。幼儿教师的教学思维方式作为教师主体的一种文化存在，决定着教师在教学中的思考，决定着教师教学计划的实施，决定着具体教学目标的制订、教学内容的选择、教学过程的开展以及教学效果的评价模式，等等。相对于其他阶段的教育而言，幼儿教育作为基础教育的开端，其最终目标是促进幼儿和谐全面发展，因而在制订教学目标时应符合幼儿认知、情感、实际能力的需要；关注教学内容的趣味性、体验性，寓教育于生活和游戏之中，充分发挥五大领域内容的系统性和整合性；合理利用多种教学媒体、手段、资源，实现教学过程的互动性、方法的灵活性和评价的多元性。

4.教学行为方式

广义的行为方式主要指社会全体成员在特定的社会和价值观的影响下形成的生活活动行为方式以及特征的体系，而狭义的行为方式则指人们日常生活过程中具体的行为模式和特征。本书讨论的教学行为方式主要是狭义的行为方式，主要体现着教师和幼儿在教学活动过程中的关系形式和行为特征。任何学前教育目的的实现与教学的实施都要通过教师与幼儿的互动来完成。因此，在不同的学前教育价值观取向的指导下，产生了不同性质的师幼关系，大致包括教师指导、关注、教授下的幼儿学习以及师幼互动、合作、交流下的幼儿学习。

师幼关系直接体现着教师和幼儿共享教学行为方式的形式和行为特征。在二元论的支配下，"单主体"的师幼关系在学前领域根深蒂固，教师被看作教育的主体，是社会对个体要求的直接体现者。教师可以根据预先设计好的教材和教学计划向幼儿传授知识和技能。幼儿被看作教育的客体，是教师认识改造的对象。在这种以教师为中心的关系中，教师掌握着教什么、怎么教，幼儿则处于被控制支配的被动地位。

"主导—主体"关系，是指教育过程中教师发挥主导作用，幼儿处于主体地位。教师的主导作用是指教师在教育过程中的作用主要是引导和促进，而非主宰幼儿的学习和发展，但主导和主体并不属于同一范畴，并不存在必然联系。随着人们对儿童认识的不断加深，"双主体"师幼关系被提出，儿童的主体地位得到提升，强调教师与幼儿都是教育过程中的主体，且教师与幼儿没有发生联系时，双方都不能成为主体或客体，但这种观念也未充分揭示两者之间的实质性关系。当人们超越了二元论的框架，提出"主体间性"的师幼关系时，教育主体不再是静态的统治力量，而是不断主动建构、不断更新、不断发展的两极间的运动。"教师中心"抑或是"儿童中心"从此消解，教师与幼儿之间是平等的对话关系，双方在理解的基础上进行着"主体间性"的教学行为方式。

二、幼儿园集体教学文化的基本特质

与其他形式的教学文化相比，幼儿园的集体教学文化除具有教学文化的共性特征之外，还表现出不同于其他类型教学文化的独特性，主要表现在以下方面。

（一）隐蔽性

文化就像空气，时刻环绕在我们身边，作为一种最熟悉也最陌生的东西，影响并渗透在教育教学的方方面面，很难被教师和幼儿意识到。

幼儿园教学文化往往以不明确的、潜移默化的内隐方式，通过无意识的、非特定的心理反应机制对教师和幼儿共同产生影响，体现师幼共同的教育价值

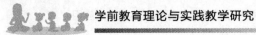

观、教学理念、思维方式等，是一种无形的力量，对生活在这个环境中的每一类群体都产生支配和影响作用，使他们不断调节自己的精神状态、心理和行为表现，从而使其群体文化与整个幼儿园的氛围和舆论相协调。幼儿园教学文化的隐蔽性，使得其教学文化像是穿上了"隐身衣"，很难被人们意识到，而只有当人们试图去改变某种价值文化取向或模式时，才会感觉到其特殊性的存在。

（二）稳定性

郑金洲曾在其《教育文化学》一书中说，"文化具备保守性，因此当一种新的文化广为传播的时候，不论新文化是否具备价值，旧文化对这种新文化会产生本能的排斥和反对。"

在笔者看来，这种文化保守性和滞后性的表述，更深层的原因是文化所具有的持久蕴含的稳定性。教学文化有一个形成过程，它是随着历史的进化、社会的变革、个人生活阅历以及经验的积累而逐步确立起来的。教学文化一旦确立，就是稳定存在的，这种教学价值和行为定式就不会轻易被改变，且对人的教育教学行为具有长期的指导作用。比如，从小父母和老师就告诉孩子要做人诚实、正直、守信；生活要节俭，奢侈浪费是可耻的；在学习和工作上要追求卓越、竞争和进取等。这种无意识的集体价值观一经形成就很难改变，它渗透在人们的血液中，持久、稳定地影响着人们的行为。作为基础教育的重要场所，教师和幼儿每天有近乎三分之一的时间是在幼儿园教学场域下共同度过的。从更深层的意义上来说，教师和幼儿在日复一日、月复一月、年复一年的交流中，总会形成符合该场域的班风、班纪、教学氛围等。这种教学文化一旦形成，便具有相对稳定性，且在一定时间内不会骤然消失，也不可能瞬间改变。

（三）儿童本位

教学文化中，"知识中心"和"儿童中心"教学理论流派一直对抗、争论。似乎在讨论的结果里面，我们看到的是这样的结论：传统的教室内的集体教学就是"以教定学"，就是无视幼儿主体性的集体灌输，只有走向户外、走向大自然的幼儿游戏才是"儿童本位"的快乐学习。笔者认为，幼儿园集体教学文化可以具有"儿童本位"的价值取向，更可以体现"以学定教"的价值特征。

幼儿园集体教学文化的本质特征就是主张以儿童的个体生命为本位，根据儿童个体发展的需要确定教育的目标并实施教育，从知识的人本化和学习的人本化出发，引导每一个儿童发展个性、舒展自我，达到儿童本位的"自我实现"。"以儿童为本"的教学文化特征要求不管是擅长语言领域的教师，还是擅长科学的教师，都应首先是一个擅长儿童发展的专家，了解儿童发展的特点。没有儿童本位的价值观，就没有儿童主体的教学。在幼儿教育教学中，整个教学过程是一个非常复杂的系统，所以在教与学的过程中，不可能千人一面、千篇一律地、机械地生搬硬套某种教学模式、某种学习方式。我们的教学对象是有想法、活泼的幼儿，如果教师一味否决他们突如其来的"灵感"和出其不意的"点子"，就会抹杀教学中幼儿的平等地位；而如果一味地采纳幼儿的怪异"想法"，也不一定符合所有幼儿的兴趣和能力。因此，教师应通过与幼儿平等民主的互动、对话、沟通，了解幼儿需求的"个性"与整体需求的"共性"，针对幼儿情况做出教学活动调整，使教学活动的整个过程有经验和依据，有效扩展教学内容的内涵，实现对幼儿主体人格的发展。"儿童本位"是优秀幼儿园集体教学文化的根本，它意味着教师在向预设的教学活动目标进发的过程中更多地关注幼儿作为平等共同体的真实需求，更好地体现了教学文化的生命主体性。

（四）建构性

建构主义理论对教学的影响可谓深远，它主要植根于皮亚杰和维果茨基的研究。它主张教师不能简单地将知识传授给学生，而是应该引导学生用自己的体验和操作建构知识。教学文化的建构性体现在：学生观方面——学生的主动性。教师不能把幼儿作为接收知识的"容器"，而应当把他们看成能对信息进行自我加工的主体。知识观方面——知识的动态性，即知识并不是问题的最终答案，而是随着人类进步不断改正并随之出现新的假设和解释的体系。教学观方面——有意义的建构，即教师是幼儿学习的指导者、设计者，教学不是由教师到幼儿的简单的转移和传递，而是在师幼共同活动中，教师通过提供帮助和支持，引导幼儿从原有的知识经验中"生长"出新的知识经验。因此，在幼儿园集体教学实践中，教师应该重视幼儿对各种现象的理解，倾听幼儿的想法，洞察他们这些想法的由来，并以此为依据，引导幼儿丰富自己的经验。这不是传统意义上的"告诉"，也不同于传统方式上的"灌输"，而是教师运用教学文化的建构性特征，针对教学问题，与幼儿一起交流和质疑，这才是教学文化的建构性特征表现。

中班美术活动《颜色对对碰》中，教师为幼儿提供了三所没有颜色的"白房子"，让幼儿扮演小小粉刷匠，为房子"刷漆"。环节一：教师让幼儿选择红、黄、蓝三原色中的一种为屋顶穿上漂亮的"衣服"。孩子们拿着颜料刷，尽情地在大片空白的"屋顶"上画来画去。环节二：教师提示幼儿为漂亮的房子再刷一次颜色，要求是选择与第一次不同的颜色，让幼儿在自我动手操作的过程中，感受两种颜色融合后的变化。孩子们通过亲身试验，感受到了颜色变化的奇妙。

这是一节最基本的中班三原色融合的美术活动课，教师通过积极创设情境激发了幼儿学习的主动性，让幼儿在与环境的主客体接触和操作中，感受到了颜色变化的神奇，"生长"出了新的颜色融合的知识。教学的建构性体现在儿童与周围环境相互作用的过程中，逐步建构起关于外部世界的知识，从而使自身的认知结构得到发展；儿童的认知结构就是通过同化与顺应的过程，在"平衡—不平衡—新的平衡"的循环中得到不断的丰富、发展和提高的。幼儿园集体教学文化也蕴含着教师与幼儿双主体的教学价值观、教学理念、教学思维方式、教学行为方式的不断组合—碰撞—重生。在一次一次的教学实践、互动、体验的过程中，我们一定会建构出更适合幼儿、更关注幼儿、更为了幼儿的幼儿园集体教学文化的新质变。

（五）差异性

我们必须承认文化的差异性无所不在，就像中国传统的保守思想与西方开放思想的不同，也如中国城市文化与乡村文化的不同，更像男人与女人文化的不同。我们要承认这种差异，倘若没有差异，我们就成了一模一样，没有思考、没有个体能动意识的、千篇一律的"机器人"。幼儿园集体教学文化由于存在场域的特殊性，差异更是多样的：每个幼儿园的教学文化是不同的，园所管理者的教学文化是不同的，班级与班级之间的教学文化是不同的，教师与教师之间的教学风格是不同的，幼儿与幼儿之间的学习风格也是不同的。教师要以更加开放和包容的心态去接受更加多元的差异，开发和实施适合本地区、本幼儿园、本班级、某个儿童实际的个性教学活动。

在集体教学中，我们最害怕幼儿园集体教学走入"一刀切"的褊狭，也最害怕教师培养出"一模一样"的"小博士"，更害怕幼儿因为集体教学模式的集中性阻碍了个性发展。要发挥幼儿园集体教学文化差异性的特征，需要教师不仅从内隐的教学思维方式、教学价值观方面深入分析幼儿之间的不同，总结幼儿已有发展水平和经验，还要将教学文化差异化的特征落实到外显的行为表现中，通过对幼儿认知水平的了解，尝试对教学材料、教学情境、问题设置进行分层个性设计，最大力度地挖掘幼儿个体的潜能，以促进其个性发展。

（六）互动性

根据社会学中符号互动理论的解释：人与人之间互动的发生与进行都意味着双方对彼此行为意义的理解，教师与幼儿之间任何一次互动都绝不仅仅是双方对各自的行动和语言做出反应的简单过程。可以说，教师和幼儿的每一个细小的交互性事件都可以看作教育有机整体中的一部分，幼儿在教学共同体中是主动意义学习建构者，教师则是促进幼儿建构的互动者和好伙伴。幼儿通过情境体验的方式建构新知识，这种教学文化的互动性既影响着幼儿的发展，又展示着幼儿教学的外显行为变化。教学过程中任何设计完美的教学理念、教学方案、教学目标、教学计划的实施无不是通过教师与幼儿相互作用才转变为现实的，可以说互动性是幼儿教学实践的重要特征。

互动性本质上是一个双主体的、以情感为基础的连续过程。在整个交互过程中，师幼双方都进行着关于信息、知识、情感等的交流，也见证并分享着彼此的成长。互动性教学有利于催生幼儿思考、表达的主动性，优化"提问有效性"，是使"师幼、幼幼、幼材"之间产生共振、共建、共励的前提，是优化教学文化环境、优化教学思维的重要策略。

随着信息技术的发展，幼儿园教学文化交互性的体现已不只是局限于传统的人与人之间的交互，还增加了人机交互的新形态，使"多媒体、多材料、多环境"的人与媒体、人与材料、人与环境、人与情境的新型集体教学文化形态成为可能。

三、幼儿园集体教学文化的价值

（一）有利于促进幼儿园有效教学

自教学活动产生以来，教育教学工作者为使"教学"逐渐"有效"，一直在想方设法提高教学、驾驭教学，这已然成了幼教工作者普遍的价值追求。"有效教学"的理念源于20世纪上半叶西方的教学科学化运动，主要是指教师通过运用合理的教学方法、收集丰富的教学内容、开展多样的教学组织形式等，有效促进幼儿身心健康的全面发展，对于教学活动目标的实现也有明显帮助。虽然有效教学作为基础教育课程改革的新理念受到教育教学工作者和一线幼儿教师的广泛关注和重视，但是目前幼儿园教学仍存在很多误区：人们普遍认为"教得越多越有效""秀得越多越有效""理念越多越有效""知识越多越有效"……传统教学的观念并没有得到根本性改变。其中一个关键性因素就是没有很好地研究和回答教学理念与教学实践过程中存在的严重"文化缺失"问题。有效的教学不是只关注教学的结果，也应该重视教学交往活动的过程，教师应该肩负起教书育人的职责。

教育理念、教育观念以及教学的思维模式因为教师的集体教学文化的不同而有所差异，教学目标的实现也因此受到影响。突破传统集体教学文化的束缚，建构良好幼儿园集体教学文化，即基于"儿童为本"的教学价值观、符合先进教育教学理念的导向、突破惯性教学思维方式的束缚、体现合作对话的师幼互动关系的集体教学文化，有利于教学活动的设计和组织，即教师在这种集体教学文化下，教学的目标、内容、方法以及评价方案等更加灵活。幼儿园的集体教学文化对幼儿教师教学行为的影响是很大的，而幼儿园的有效教学必须在正确的集体教学文化的熏陶下才能真正发挥效用。因此，以集体教学文化的视角研究教学，对促进幼儿园有效教学具有非常重要的意义。

（二）有利于推动教师专业化成长

教学改革和教学研究的主要内容就是教师的专业化，而教师的专业化改革必须从三个方面来进行：一是必须保证教学改革的连贯性和可持续发展，二是教师必须保证自身专业技能的综合运用与提高，三是教师在进行教学改革的过程中必须对教学文化进行感悟和反思。但是，目前大部分幼儿教师在提升教育教学质量的时候过度关注专业技能的提升，而忽视了对教学文化的反思，忽视了教师情感和精神的文化价值世界。据此，教师专业化成长必须从教学文化角度进行深入探索，不断改进和提高教学文化水平，纠正不合理的教学价值观念，更新滞后的教学理念，打破惯常性的教学思维方式，建构平等对话的师幼教学行为，方有可能摆脱目前的困境。良好幼儿园集体教学文化的建构需要幼儿教师在组织教育教学活动时强调幼儿的主体地位，立足幼儿的内心世界，从传统教学中的权威者、控制者、主导者转变成幼儿学习的辅助者、幼儿情感的支持者、幼儿活动的合作者。瑞吉欧创始人马拉古奇曾说："教师在教学活动中可以是指导者，可以是参与者，可以是促进者，也可以是设计者。教师应该既亲切又严格，既严谨又浪漫，是感情丰富的观众。"幼儿园集体教学文化的建设和发展能够帮助教师提升自身的文化内涵以及教学热情，教师在这样的集体教学文化影响下能够更具责任感和使命感，对自身的职业认同感也会增强，与幼儿之间的交流和互动更具实际意义，只有这样，其教书育人的目标才能得到升华，从而激发和维护教师献身教育事业的热情和志趣，在不断提升专业技能水平的同时，提升教师专业发展的精神文化力量。

（三）有利于构建新型师幼关系

良好的幼儿园集体教学文化是新型师幼关系建构的重要基础性因素。幼儿园集体教学文化是一种倡导"儿童本位"价值取向的文化范式，在这种以儿童为本的教学价值观、教学思维方式、教学理念、教学行为方式的引领下，必然会建立一种积极的新型师幼关系。

这种新型师幼关系是一种教师与幼儿长期交往互动过程中，二者相互作用、相互依存、交往与对话的关系融合，是一种教育伙伴式教育互动，是一种平等主体间的心理相容。

在师幼互动中，教师与幼儿是以对话和交往的方式进行的。对话者看对方是平视的，双方在人格地位以及权利上都是平等的，师幼互动能够带给双方展示真实自我、表达自我、发现自我的机会和氛围。幼儿园集体教学文化所倡导的师幼关系是一种"我—你"的关系，而不是"我—他"的关系。在"我"与"你"的关系中，教师和幼儿双方都全身心投入其中，是一种平等、合作的关系，是双方在"敞亮"、开放式的话语情境中，在真诚、信任、尊重与关怀的基础上建立的一种新型的师幼关系。从集体教学活动的本质上来讲，教师与幼儿集体的交流互动是开展教学活动的基础和条件。换句话说，集体教学活动离开任何一方都无法进行。在师幼互动中，教师身上所负载的教学文化不是以从上至下"倾泻"或灌输的方式传递给幼儿，而是以一种哺育、滋润的方式传递给幼儿的。良好集体教学文化氛围的形成会让集体教学互动性增强，让幼儿参与教学的兴趣持续高涨，很好地调动幼儿参与学习的乐趣和积极性，真正让教学促进幼儿发展！

四、幼儿园集体教学文化的有效重构

（一）科学观念支撑——幼儿园集体教学文化重构的基础

1.树立"儿童本位"的教学价值观

每个人从呱呱坠地的那一天起，便在家人的悉心呵护、周围环境的影响下不断成长，从不谙世事到长大成人，适应社会生活并通过所掌握的知识、技能来为社会的发展做出自己的努力，这是一个漫长的过程，也是人不断受教育的过程。正如哲人康德所说的那样，"人，唯有凭借教育才能成为人"。幼儿教师对幼儿的教育取决于他们对幼儿的儿童观、教育观、教学观，换句话说，对幼儿教师来说，他持有什么样的教育观，便会有与这种教育观相应的教育教学行为。如今，幼儿教师必须树立"以儿童为本"的教育观，才能促进幼儿身心全面和谐发展。

（1）以幼儿的发展为本。"发展"本身是一个哲学术语，指的是事物从简单到复杂，从低级逐渐演变到高级的一个动态的变化过程，而幼儿教学就是幼儿由简单到复杂的发展历程。幼儿拥有追求发展的本能，无论是本能性的动作还是探究性的动作，无论是身体还是认知，都遵循着大自然赋予他的节律和程序，并在发展中表现出自我个性。

综上，以幼儿的发展为本，表现在以下几方面：首先，教学要促进幼儿的发展，这意味着教学要以每个幼儿的原有发展水平为基础。教学不能逾越幼儿的现有发展水平去追求更高一级的发展，任何揠苗助长式的帮助都是不适宜的。教师可以先从年龄阶段掌握幼儿大致可以达到的水平，然后具体分析个别幼儿在各方面的发展水平。这样，在一日生活教学中，教师就可以对幼儿能做什么、不能做什么、可能做什么、期待做什么、如此做有什么反应等有大致的判断，从而采取有针对性的措施来促进幼儿的发展。其次，教师还要意识到幼儿的发展不是一蹴而就的，促进幼儿发展的教学要能融入幼儿一日生活的各个环节，因为生活中处处有着或隐或显的教育时机。教师只有善于观察、理解、分析幼儿所处的身心发展水平特点及需求，才能有针对性地做出回应。也就是说让幼儿的发展来决定教育教学的方向、方式与重点。最后，为幼儿创设"最近发展区"，搭建"鹰架"支撑，帮助其从现有的水平提升到更高的水平。最近发展区的意义在于教师可以创造条件，提供环境和材料支持，让幼儿能够通过努力，在自己兴趣、经验、认知水平的基础上，"跳一跳，够得着"。如此，教学才能既不脱离幼儿当下的发展水平，又能有计划地把幼儿的发展往前推一推。因此，教学的意义在于，以幼儿原有的发展水平为基础，适当走在幼儿发展的前面，使幼儿面临适当的挑战，帮助幼儿实现最近发展区的跨越，从而达到新的发展水平。

（2）尊重幼儿的主体性。教学应该尊重幼儿的主体性，以幼儿为中心，创造条件和机会来发展幼儿的主动性、自主性和创造性。具体来说，其主要表现在以下方面：第一，尊重幼儿的主体意愿。在教学中，教师要尊重幼儿的主体意愿，观察和了解幼儿的需要、愿望、兴趣，不要强迫、威迫甚至诱迫幼儿，不能打着发展的旗号强迫幼儿做他们不愿意做的事情。教学主要是保护和引导幼儿朝着正确的方向建立自信心和自尊心，从而养成积极向上的性格。但是实际中存在这样的误区：一些教育培训机构、一些早教中心喊出"不要让你的孩子输在起跑线上"的口号，开设各种各样的兴趣班、考级班，如"幼儿计算机""幼儿舞蹈""幼儿钢琴""幼儿外语"；教师在让幼儿去做某件事时的初衷是好的，但是用的方法却不恰当，大多以命令或要求的方式强迫幼儿来完成；教师总是以成人的世界观构架儿童的世界，重智轻情；偏重幼儿认知、智力的发展，而轻视幼儿在行为态度、情绪情感、社会性、行为习惯等方面的发展；重知识的获得，轻思维的训练；重技能的提高，轻情商的培养等。因为不是幼儿内心意愿的，幼儿即使真的去做了，他们的主动性也是不强的，久而久之，幼儿的自主性、主动性、创造性会全部受到压制。第二，发挥幼儿的主动性。主动的发展离不开主动性的发挥。幼儿在幼儿园的生活时间很长，如果能够在各个环节都充分发挥幼儿的主动性，幼儿便可以获得多方面的发展。教师可以有意识地让幼儿参与环境的创设及活动空间的设计，做一些力所能及的事情，通过多种方法来引导幼儿参与到学习和工作中，让幼儿在生活和教学的各个环节中感受到乐趣，从而产生积极性。因此，教师必须引导幼儿在生活中学习、创造和发展，从生活中汲取经验。总的来说，幼儿园的生活要能够引导幼儿对生活产生积极性和主动性。幼儿主动性的发挥一方面依赖于教师提供教学活动的趣味性，即教师组织教学活动要聚焦幼儿的生活经验和兴趣焦点。另一方面教师要尊重幼儿探索事物的心思，通过真诚的交流和互动来鼓励幼儿探索未知，避免由于自己的"好心"而做了、说了对幼儿发展无益的事情。

2. 形成"平等对话"的师幼互动理念

传统集体教学文化中，师幼之间地位上的不平等使得二者之间缺少真实的交流互动、缺乏真诚的沟通对话，导致教师与幼儿之间是"主—客"式的命令与服从的两极关系，是一种"我—他"的关系，是一种控制与被控制、压迫与被压迫的关系。这种不平等的师幼关系严重压制了幼儿的主体性、主动性的发展，不利于幼儿园教学，不利于幼儿身心全面健康成长。我们提倡民主平等的师幼互动与交流，这意味着：第一，双方主体平等。教师不因为自己是成人，是教育者，就以成人的成熟理性居高临下地对待幼儿。教师与幼儿是"我—你"的关系。只有当教师把幼儿的人格权利放在重要的位置，只有当教师蹲下身，与幼儿平视时，平等的交流与互动才有可能产生。在平等的交流、互动中，教师和幼儿既在交换信息，也在交流感情，更在建立一种相互信任、相互理解的关系。因为教学的艺术不在传授，而在鼓舞与唤醒。

第二，更多互动由幼儿发起。教师和幼儿之间的互动模式对幼儿的影响颇深。幼儿与教师之间的互动主要包括请示、征询、展示活动结果、告状等，针对自我意愿的表达还极度匮乏，没有主动替教师承担责任或做事的意识，因而教师应随时为幼儿打造一个民主、和谐的学习环境，通过正确的方法引导幼儿做出正确的举动，促使幼儿主动与他人交流沟通，鼓励幼儿做自己想做的事情，从而提升幼儿自身的判断力和创造力。

第三，为了保证教师和幼儿之间互动的质量以及有效性，应该随时对教育策略进行调整。教师对于教学活动的创造性能力的高低对教师和幼儿之间互动的有效性有着重要的影响。教师必须给予幼儿充分的选择自由，如自由选择活动伙伴、自由选择活动材料等，通过引导幼儿积极主动地自我表达来强调幼儿积极互动的主体地位，促使幼儿进行主动建构；教师要有较强的观察能力，了解幼儿的兴趣点和需要，把握好时机来引导幼儿从活动中发现问题并解决问题；教师在与幼儿进行互动的过程中应该扩大互动的范围，互动的方式也应该有所创新，且必须对幼儿的想法进行正确的引导，并及时对幼儿的主动互动进行回应，通过深入互动主题来延伸互动的内容，提高互动的质量。

3.建立"以学定教"的教学思维方式

"教师中心"的教学思维方式对幼儿的教育有着十分深重的影响。如何转变传统教学思维方式成为提高幼儿教育教学质量、促进幼儿全面和谐发展的重要问题之一。新型幼儿园集体教学文化需要教师意识到教学是追求儿童发展并以儿童的最优发展为目的的，应关注幼儿的个性差异，"以学定教"，促进有效教学，形成个性化的教学思维方式。"以学定教"就是教师依据《幼儿园教育指导纲要（试行）》《幼儿园教育与教学方法指南》的精神及《幼儿园教育教学大纲》要求，以促进幼儿积极发展为目的进行教学设计和教学活动，与幼儿进行和谐高效的思维对话。

从宏观上来讲，以学定教主要是通过关注学习者自身的生命成长周期以及学习的特点来进行的，一定要避免灌输非本生命成长周期的内容，揠苗助长。

一方面，要通过学习《幼儿园教育与教学方法指南》，真正理解儿童的身心发展规律和学习特点，让儿童和儿童发展具体化、情境化。正如"世界上没有两片相同的叶子"一样，世界上也没有两个相同的个体，因而每个幼儿的发展都是独一无二的。了解幼儿在发展水平、速度与优势领域等方面的个体差异，是对幼儿园教师的专业要求之一。幼儿的个性包括性格、气质、意志品质、智力潜能以及学习风格等方面，教师应在日常教学和互动中给予每个幼儿细致入微的观察、记录和指导。面对富有个性的幼儿，教师可能会有所质疑：一个班里十几个孩子，我怎么可能关注到每个孩子？笔者认为，这正是专业教师应具备的能力——不一定要随时关注每个幼儿，但应熟知每个幼儿的个性特点，做到公平对待，还要掌握相应的策略方法，并在幼儿需要的时候进行指导和帮助。

另一方面，要尊重幼儿自身的学习意愿。幼儿是学习的主体，因而要根据幼儿自身对学习的兴趣和能力来展开教学活动。幼儿已经初步具备了判断能力，能够对自己的学习内容和方向进行选择。教师的集体教学已经不能满足幼儿的学习需求，应该根据不同情况来进行单独指导，运用不同的教学方式来进行教学。比如，幼儿园中有个别孩子天生气质类型是抑郁质，不愿意表达自己的需要，不愿意当众说话。如果教师为了让他们和其他小朋友有一样的发展，让他们必须当众进行语言表达，可能给他们造成严重的创伤。因此，在实际教学中，教师要结合幼儿个性发展需要，尊重主体差异，形成个性化教学的思维方式。从微观上来讲，以学定教主要是根据幼儿自身的学习兴趣、学习需求以及学习现状对教学方式和教学活动进行调整，其中幼儿的家庭环境、教学的环境资源等对于教学内容的选择也有一定的影响。教师要时刻思考教学设计要达到什么目的；要让幼儿得到什么；教学活动的内容用什么样的教学方式呈现才能使幼儿更具学习兴趣，学习效果更好、效率更高。幼儿园教育教学工作，不是教师得过且过的生搬硬套，不是照本宣科的讲稿教学，不是故步自封的保守思维，而应是和谐高效的思维对话。教师必须根据教材内容和幼儿特点，有针对性地进行情境创设、问题开发、活动设计、实践探索，设计出幼儿易于接受、积极参与的教学活动方案，以激发幼儿主动学习，真正实现"以学定教"的个性思维方式的转变。

（二）变革教学文化行为——幼儿园集体教学文化重构的关键

1.尊重儿童，解放儿童：促进幼儿主体性的发挥

幼儿主体性的发挥，是指在教学中不仅要树立"以儿童为本"的价值观，还需要创造条件和机会来发展幼儿的主动性、自主性和创造性。儿童是生命灵动的个体，有属于自己的童真世界，他们神秘、可爱、天真，教师需要做的就是回归幼儿的本真需要，尊重儿童，解放儿童。

（1）抓住幼儿兴趣点，处理好生成与预设的关系。良好幼儿园集体教学文化的重构亟须教师突破思维定式，扬弃"忠实取向"的教学行为方式，通过对幼儿兴趣与需求的价值判断，不断调整活动，抓住教育时机，大胆"生成"，促进师幼共同学习，共同建构。从总体上来说，就是要以幼儿兴趣和发展为需要选择生成教学。

在一日生活的各个环节中，教师必须通过观察和发现去捕捉重要的细节。

笔者在某幼儿园观察访谈时，正值夏天雨季多，班里幼儿对天气的变化也十分关心，一下雨就特别兴奋，班主任非常巧妙地利用了这个教学机会，带着全班幼儿在户外脱了鞋子"踩水玩""打水枪"。所有的幼儿都脱了鞋子，光着脚丫在塑胶跑道上奔跑嬉闹，作为旁观者的笔者也非常愉快地加入了他们，乐在其中。教师抓住了教学的生成，打破了传统的教学预设行为方式的束缚，走出教室，解放幼儿，让他们有了一次与大自然亲身接触的快乐机会。

我们日常生活或突发的偶然性事件都可以设计成一个生动、活泼、具有教育意义的教学活动，这些广泛、简单、朴素的教学活动也就形成了幼儿园集体教学文化。这样广泛来自幼儿生活的教学活动，既蕴含着儿童兴趣，又基于儿童经验，是最容易为儿童所接受的，也是幼儿园集体教学文化所倡导和追求的方向。文化的广泛性使得幼儿园集体教学文化的内容"易道广大，无所不包"。幼儿园教学文化像空气、如生活一样，影响并渗透着教育教学的方方面面。这就要求教师不能墨守成规，而应根据实际教学"机遇"和"需要"，变教学预设为教学动态生成。

（2）激发幼儿探索热情，让幼儿做"发现学习者"。"发现学习"的倡导者布鲁纳曾说过，在教学过程中，传授知识固然重要，但更重要的是在幼儿获得知识过程中，培养幼儿自主探究、努力尝试、个性激发的能力。我们应该摒弃传统意义上的机械型的接受学习和被动型的接受学习，鼓励幼儿"学会学习"，倡导幼儿"发现学习"。因为"发现学习"是最适合幼儿本能需要的一种方式，他们的探究活动充斥着整个幼儿园生活：不是有了科学课，幼儿才知道去探究；不是有了音乐活动，幼儿才知道去唱歌；不是有了语言活动，幼儿才知道去对话。其实，从幼儿诞生的那一刻起，他们就变成了"可气的"拆卸者、"可恶的"破坏者、"可恨的"反叛者、"烦人的"提问者。

在教学实践过程中，教师可以结合教材但不能被教材所束缚，而应该对教材有所创新和发展，建立一个有生命意义和持续发展价值的教学过程。这种教学能够让幼儿建立正确的价值观和学习观，多途径地为幼儿提供表现的机会、展示的场合，培养幼儿的质疑精神，让幼儿在质疑中拓展思维空间、体验学习的无限乐趣，从而激发幼儿的学习积极性和智慧，使幼儿真正成为"发现学习者"。承认幼儿的认识和鼓励幼儿，是幼儿学习和探索世界的动力，让我们把认识和探索的权力交给幼儿，让他们继续做好天生的"学习者"。

（3）发挥游戏的独特作用，让幼儿做"快乐学习者"。《幼儿园工作规程》中明确提出，"幼儿园要以游戏为基本活动"，宣告了游戏作为幼儿园存在的基本活动方式，有着无可替代的实在价值。可以说，游戏是儿童的本能，是儿童追寻自我发展的基本方式。教学以游戏的方式存在是幼儿的需求，也是幼儿教育本身的需求。幼儿在游戏中创造、想象，在游戏中体验各种各样的角色，也在游戏中发展主动性。

简而言之，幼儿园集体教学文化的主动游戏性作用，就是让幼儿在游戏中接受教育，让幼儿在开阔的、自由的、快乐的集体教学文化氛围中享受游戏精神带给他们的体验。因此，教师要发挥游戏在幼儿园教学中的作用，以游戏为基本活动组织教学，促进幼儿主动性发展。

中班音乐游戏活动"小老鼠和泡泡糖"：小老鼠风趣、诙谐的动物形象深受幼儿的喜爱。此时，中班幼儿喜欢动物，模仿力强，对音乐节奏也有了初步的理解能力。同时，幼儿天性活泼，在欢快的音乐声中，他们能够自由地释放自己的情绪，表现欲望强。教学活动中，教师请幼儿扮演小老鼠，教师扮演大花猫，分角色进行"猫捉老鼠"的游戏，其目的是让幼儿辨析两段不同性质的音乐。通过节奏欢快的音乐挖掘幼儿对小老鼠已有的音乐节奏的认识，并大胆夸张地创编动作，使幼儿对音乐的理解更加有血有肉、更加具体形象。活动中，教师通过活泼欢快的 A、B 两段乐曲形象地表现出小老鼠跑、看、拽等各种动作，并通过模仿老鼠偷偷走、拽泡泡糖、被猫吓倒等有趣的内容，让幼儿感受到音乐活动的无限乐趣。

活动结束后，所有的幼儿都还沉浸在快乐的游戏体验中，意犹未尽地做着小老鼠的可爱动作。的确，自古以来，幼儿就以各种各样的方式在进行游戏。游戏成为每个幼儿的生活方式和学习方式，成为童年文化的重要表现，更展现着幼儿园集体教学文化的特质追求。在培养幼儿"数的概念"的数学教学活动中，教师采用了"买菜"的游戏，让幼儿根据某个数字找到相应数量的"蔬菜"并放到"菜篮子"中，以加深幼儿对数字的量的感知。在游戏中，教师清醒地认识和把握了儿童发展的目标，使幼儿在玩中学、学中玩、玩中有收获。因此，游戏理所当然地成为幼儿园教学活动的主要组织形式。为此，教师在教学中应倡导游戏精神，结合相关内容恰当地创设形象生动、富有童趣的游戏情境，选择和运用教学性游戏，寓教于乐，让幼儿在快乐的游戏中、玩乐中进行有效学习，轻松实现无痕教育，让幼儿园教学成为一个生动、真实、开放、有意义的过程，成为一个教师和幼儿共同互动的动态过程，成为一个"我"和"你"的分享过程，一个体验和表达的发展过程。将游戏真正还给孩子，是幼儿园集体教学文化促进幼儿主体性发挥的重要方式和本质追求。

（4）营造自由教学氛围，让幼儿做"自主学习者"。教学规范制度的自由化，是保障幼儿主体地位、维护其主人翁权益、培养其主体意识的重要措施，也是良好集体教学文化形成的重要策略和内容。幼儿园管理要改善束缚幼儿自主品质、民主意识养成的有关规定，减少那些抑制幼儿个性、影响幼儿主体性发挥的统一要求，创设宽松、自由、层次性强、个性化明显的教学管理规则机制，在学习和生活的方方面面给幼儿充分的自主权和足够的自由度。

第一，引导幼儿自我管理，避免不必要的管理行为。

传统集体教学中，教师为了维持教学秩序和树立自身的权威，经常对幼儿严加控制，大多以"不"要求幼儿，如"不允许乱跑乱闹""不允许说话""不允许拿玩具"等。这些严格的规范控制与意义控制限制了幼儿自主性的发展。事实上，在日常教学生活中，幼儿的独立操作能力很强，且完成度较高。

天气转热以后，幼儿在跳操后出汗量明显增加，感到热，幼儿就会脱掉外套，并且将外套放在床头。教师在检查幼儿衣物的存放情况时，可以看到很多幼儿只是胡乱将衣服放在床上，并未叠起来。这时，教师并没有生气，而是把所有幼儿都叫来她身边。利用早操结束后的一会儿时间，用儿童歌谣的形式编了一个"衣服做早操"的口令，如"伸伸腰"，就是让幼儿将衣服拉平，袖子拉直；"拍拍肩"，就是让小朋友将袖子向内叠；"弯弯腰"，就是让幼儿将衣服对折叠好。幼儿在这种愉悦轻松的环境中完成叠衣服的任务，既享有乐趣又完成了教师交代的任务。

教师结合游戏来引导幼儿在轻松愉悦的游戏氛围中完成教学目标，给予幼儿自主学习和自主操作的机会，幼儿的规则学习意识也在无痕教育中逐渐养成。

第二，让幼儿参与教学规范制定，培养幼儿群体意识。

让幼儿参与教学规范制定，当他们遵守这些规范时，会产生归属感，就会主动承担责任，也会自觉遵守规范。

在教师的班级管理过程中，幼儿之间难免会产生摩擦，幼儿告状的情况也层出不穷，而为了让幼儿和睦相处，减少告状的情况发生，教师可以引导幼儿制定相处的规则。这个规则的具体内容可以是教师引导幼儿自己发表看法，可以是教师作为参与者和旁观者记录幼儿提出的规则。而幼儿说的这么多规则是很难一条条记下来的，教师可以引导幼儿通过画画的方式来记忆。教师说完，就把规则制定的任务交给了幼儿。"床"的图形代表幼儿午睡不乖，"拳头"代表幼儿与别人起了争执、动手，"人"的图形代表幼儿躺在了地上。每天有一个"小老师"观察记录，但并不是一开始就会写犯错误的幼儿的名字，而是在提醒下不改正的幼儿，才会被写上。这种图形规则在班级中实施以后，刚开始"榜上有名"的幼儿有很多，执行一段时间以后，情况有所好转。通过轮流来当"小老师"互相监督，幼儿逐渐自觉起来了。

2.关注个体，差异发展：彰显教学组织的层次性

毋庸置疑，幼儿之间存在着明显的个性差异。如若我们的教学总是按照统一的标准、统一的大纲、统一的材料供给，幼儿的发展肯定会受到不同程度的限制。有的幼儿可能因为教学标准超纲，压抑没自信；有的则可能因为教学标准太简单，过度放任自流；有的可能因为刚刚达到自己的最近发展区，体验着收获知识的快乐。我们的教学不可能千篇一律，就像我们幼儿园每个班级里面所形成的集体教学文化一样，没有一个班级的集体教学文化是一模一样、毫无差异的。教学组织活动要满足幼儿的差异性需求，彰显教学的层次性。这就需要教师从教学活动的起点、过程、终点三个环节都做到尊重差异，最大限度地挖掘幼儿的潜能，促进其发展。

（1）注重差异，为幼儿提供适宜的材料资源。在实际教学中，我们不难发现教学材料的选择和投放的种种问题：或明显不足，导致幼儿发生争夺冲突；或过于丰富，导致幼儿不知如何选择操作；或华而不实，致使幼儿不敢动手操作；或材料长期固定不变导致幼儿不愿参与教学活动……这些都应引起教师的深入思考，如何在不同的材料供给方面得到差异发展、获得动手操作和活动的快乐至关重要。

（2）材料投放应具有针对性、层次性、更新性。针对性，体现为教学组织的资源和材料的选择应符合幼儿的特点和兴趣需要，教师必须对幼儿的兴趣和倾向有深入的了解，这样在投放材料的时候才具有针对性，才能够运用材料来丰富幼儿的生活经验，提高有效教学；层次性，体现为根据幼儿个体的差异，为每个幼儿设计、提供不同的材料，满足不同幼儿不同的学习需求，这样才能让每一个幼儿的能力都有所提升；更新性，体现为教师应适时更新材料和资源，凭借游戏材料的多变多样，丰富幼儿游戏的内容和形式，满足幼儿不断发展的需求，避免教育资源的浪费。教学目标的实现需要全面、到位的材料提供作为保证，当游戏材料的品种适合幼儿，促进个性发展的同时丰富且变化多样时，不但可以增加幼儿的想象力，培养幼儿的发散思维能力，还能够引导幼儿对新鲜事物展开探索。幼儿进行自主活动、操作材料时，并不是教师放松的时刻，相反，教师更应该不断关注幼儿的活动进度，以幼儿的"合作伙伴"的身份参与到令幼儿感到困难的项目中去，站在幼儿的角度，用一颗童心去理解他们。

（3）集体教学与区域教学相结合，促进教学组织资源和投放的多元化。

幼儿园课程的实施是通过多种形式、多种途径展开的，省编教材中每个主题目标、主题内容后面都对区域环境创设提出了具体的要求，同时特别强调了活动区域的设置、材料的投放，可见区域活动中材料的投放是主题教学活动顺利开展的基础条件，是满足幼儿各方面发展需要的物质保障。例如，在"绿色家园"主题活动中，教师可投放大量废旧材料及废旧材料制作品，以美工区为重点；在"爸爸妈妈真好"的主题活动中，教师可以角色游戏区为重点，向娃娃家、理发店、小医院中投放大量材料，使幼儿在游戏中感受到父母职业的辛劳，产生关爱和感谢父母的情感；在春季的几个连续的主题活动中，教师可以自然角为重点区，培养幼儿自主观察、记录的兴趣，使幼儿在体验种植、饲养的过程中学会关心、爱护小动物。

（4）给幼儿"原料"而不是"熟料"，注意资源选择和投放的半成品性。笔者在观察中发现，区域活动中的幼儿总会给小娃娃们"穿衣服""脱衣服""搭配衣服"，但他们对这种简单机械的重复似乎没有什么兴趣。教师为何不提供给幼儿一些"原料"，让幼儿自己为娃娃设计衣服、裁剪缝补衣服呢？笔者认为，教师在进行教育教学活动时，可以多考虑将一些半成品的材料变成"原料"，让幼儿在特定的情境中自制玩具。这样不仅可以激发幼儿的潜力，提升幼儿的创造能力和操作能力，还能够为幼儿建立责任意识，真正使幼儿在"做中玩""玩中学"，实现有意义的经验建构。在大班美工活动《美丽的风筝》中，很多大班幼儿并没有掌握固定风筝骨架的技能，穿线、绑线、固定等一系列操作步骤对他们而言难以驾驭。很多幼儿都是在旁听教师的帮助下完成操作的。对此次教学组织而言，教师完全可以提供给幼儿半成品的风筝骨架，让幼儿在半成品的基础上穿线、捆绑、固定，也许这对他们来说会变得容易操作些。

差异性、层次性教学组织是幼儿园集体教学文化多元发展的一种现实需求。《幼儿园教育与教学方法指南》中也多次强调要促进幼儿个性发展。幼儿园的集体教学并不是让孩子成为"一刀切"的产品，并不是固化幼儿教学的培养方式。对教师而言，面对幼儿的个性差异，需要做的就是了解他们、发展他们，满足幼儿不同层次的资源材料需求，多种途径促进幼儿最大限度的个性发展。

（5）促进差异，为幼儿提供不同层次的需求。

下面以大班科学活动"光和影"为例进行介绍。

环节一："制造影子"环节是在一个布置成实验室的黑屋子里进行的，教师给幼儿准备了手电作为光源，还准备了很多物品，并直接用问题"你能制造影子吗？""制造影子需要什么？"引发幼儿进行探究。有的幼儿指着玩具在桌上或墙上的黑影明确地说："这就是影子。"有的幼儿指着手电的光晕说："这就是影子。"有的幼儿表达得非常清楚，说："制造影子需要光和物体。"有的幼儿并没有表达出来。

环节二：教师让幼儿重新分组。那几个在第一次活动中未获得预期经验但对此还感兴趣的幼儿在黑屋子里和教师一起继续"制造影子"，其他幼儿进行下一个探究环节——"你能让影子有变化吗？"

在幼儿园日常教学中，常出现幼儿表现水平不一致的情况，这就是我们所说的幼儿的个体差异。有些教师无论幼儿兴趣如何、原有经验如何，都"一刀切、齐步走"地进行相同的活动、讲授相同的内容，让幼儿按照"大纲"的要求"硬"往前走。笔者认为，作为教学文化的构建者——教师，在设计教学时不仅要考虑大多数幼儿的需求，还要为那些"吃不饱"和"吃不了"的幼儿创设教学空间。案例中，教师及时地发现了幼儿在环节一中的差异性，非常灵活地将幼儿按照能力获得水平的不同进行分组探究，利用环节二的分组探究保证了两组幼儿在各自最近发展区内最大限度水平的发展。"分组教学"的组织，并不是让教师随意安排幼儿谁跟谁一组，而是要求教师在更高水平地了解幼儿、观察幼儿的基础上分组，这需要教师细心观察幼儿在教学活动中的不同表现，从而设计出具有层次性、活动性、严谨性的分组尝试，让幼儿按照"自己的大纲"去学习。

（三）立足体验，关注成长：重视教学过程有效开展

杜威所提出的"教育无目的论"，并不是教育真的没有目的，而是教育的过程，在它自身之外，没有别的目的。幼儿园集体教学文化追求幼儿在教学过程中的真实体验、情感获得、能力提升，并不是游离在教学过程体验之外的教学结果的刻意追求。对幼儿来说，即使他们没有按照教师的要求完成既定的教学任务，但也不能认为，幼儿没有在体验的过程中获得知识、获得成长。

下面以中班美术活动"树叶拓印画"为例进行介绍。

秋末冬初，幼儿对落叶很感兴趣，开始拾落叶，画落叶，观察叶子。一天，巧巧把从幼儿园外捡来的叶子带到了幼儿园，还有几张叶子拓印画。这些画吸引了其他幼儿，纷纷跑来问教师："这是怎么画的？"教师没有直接回答他们，而是和他们一起讨论，并开始了"第一次试验"。

幼儿兴致勃勃地开始"试验"了，豆豆选择了不太完整的树叶来印，巧巧用干枯的树叶来印，涛涛用树叶的正面来印，婷婷用蘸了颜料的树叶来印……

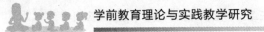

教师在幼儿"第一次试验"的时候并没有提任何要求，幼儿体验着初次试验的自主和乐趣，和教师一起布置了互动墙饰。

几天后，"第二次试验"开始了，教师首先引领幼儿回顾互动墙饰，想一想第一次拓印出现的问题，教师问豆豆："你第一次拓印树叶遇到了什么问题？""你是怎么解决的呢？"豆豆说："树叶老固定不好，我就用手按住树叶，把树叶画出来。"然后，教师又组织了第二次拓印，鼓励幼儿用不同的方法拓印，积极引导幼儿创造出不同颜色、不同形状的叶子拓印，并对小树叶进行添画、拼接，让画面更加丰富。最后，教师带领幼儿重新为互动墙饰"穿新衣"。

两次"试验"，幼儿充分体验了制作拓印的乐趣，通过自己的动眼观察、动脑思考、动手操作、动嘴表达，一步步掌握了拓印的方法。传统幼儿园艺术教学中过分强调幼儿教学技能的把控、教学作品的完成、教学结果的达成，这些似乎在上述案例活动中都不见了踪影。原本一课时的教学活动，教师分为两课时：第一课时主要让幼儿充分地自主探究，发现制作问题；第二课时帮助幼儿解决问题，尝试制作拓印的新方法。幼儿在教师的关注、支持、鼓励下，不仅自己尝试掌握了制作拓印的艺术技能，而且体验到了自我表现、自我探究、自我实现的成就感！

1.关注体验，引导幼儿享受教学过程

《拔苗助长》的故事启示我们：面对幼儿的教育，如果过度地注重知识的结论、过度地在意教学的结果，终究会使幼儿失去最滋润的土壤、失去体验的快乐。在传统教学中，我们总是习惯把知识直接传授给幼儿，因为这样既高效还省力，可这样的教学总是成了"满堂灌"的代名词，成了幼儿觉得无聊的"教师的游戏"，而不是他们眼中"我们的游戏"。在小班美术活动"颜色对对碰"中，教师设计的教具非常奇特——两只装满颜色的针管插在了塑料瓶的两端，两种不同颜色的针管，努力按压，就能在塑料瓶中结合出第三种不同的颜色。教师并没有直接告诉幼儿哪两种颜色混合能得到绿色，哪些混合能得到蓝色，而是让幼儿大胆尝试，自己记录实验的结果，体验颜色对对碰后的"奇妙"。一次次的重复、一次次的操作、一次次的体验，幼儿用动手实验体验到了颜色融合的奇妙，他们互相交流着颜色和颜色融合的规律，在自我体验中感受到了"颜色世界的奇妙"。在集体教学中，教师常有这种质疑：结果和过程到底哪个更重要？笔者认为，对幼儿来说，幼儿园教学的过程永远大于结果。在幼儿园集体教学文化的建构中，一定要让活动过程贯穿教学始终，让幼儿积极体验游戏教学、活动教学、集体教学的过程，只有这样才能让幼儿享受体验的快乐。

2.关注成长，注重幼儿的过程性评价

教学活动中评价至关重要，这是对幼儿教学活动的认可，不仅能让幼儿知道自己的优缺点，还能正确地引导幼儿往更好的方向发展。在实际教学中，我们常听到教师这样评价幼儿："某某小朋友的画画得真漂亮。""某某小朋友手工做得真像。""某某小朋友讲故事讲得好。"以上这些，都是教师对幼儿进行的静态的结果性评价，并没有让幼儿知道优点到底在哪里？哪里画得好？哪里讲得好？在幼儿园集体教学文化的建构中，教师要全方位审视、评价幼儿，关注幼儿真实的成长，给幼儿带来动态的过程性评价。

这种过程性评价不仅仅包括简单地对幼儿进行知识获得的评价，还要包括对幼儿体验活动过程中情感能力的提升、专注意识的提高、动手操作能力的灵活性等评价。例如，我们可以评价幼儿：某某小朋友观察得非常仔细和专注，找到了哪些与众不同的地方；某某小朋友不仅自己完成了操作，还在活动过程中积极帮助别的小朋友；某某小朋友讲故事声情并茂，声音洪亮……在进行过程性评价时，教师要关注幼儿教学过程的体验，以及幼儿是否能在教学过程中得到真实的全面发展。

（四）双向交流，动态建构：走向交往与对话的师幼关系

从幼儿园教学文化的定义出发，我们知道幼儿园集体教学文化实质上是一种师师、师幼之间的双向人际关系的交往互动过程，是教师文化、儿童文化、师幼群体文化下共享的教学行为方式。教师与幼儿在这一过程中相互沟通、交流、启发、补充，从而达到共享、共识、共进，最终实现共同发展。现代教学论指出，没有交往和互动的教学是"假教学"，是传统集体教学文化下的单向控制的"权威"教学，是单向知识传授的"灌输"教学，是自我封闭的"个人主义"教学。对话和交往是幼儿园教学行为方式建构的最直接形式。

下面以中班综合活动"谁的本领大"为例进行介绍。

故事引入。师："动物园里有个工作推介所，猴子博士是经理，小动物们都来找它帮忙介绍工作。看，谁来了？"

幼："龙虾！"

师："龙虾有什么最特殊的本领？"

幼："它的钳子尖尖的，能夹住东西！"

师："那龙虾最适合做什么职业呢？"

幼："做裁缝。""给别人剪东西。""做衣服。"

师："小朋友们都发现了龙虾的本领。龙虾也高高兴兴地靠自己的本领找到了心仪的工作。再看看这又是哪个小动物来找工作了？"

幼："是小青蛙。"

师："那小青蛙都有什么本领？我可是知道小青蛙的本领特别多！"

幼儿叽叽喳喳地讨论着，有的说是游泳健将；有的说是抓害虫大王；有的说小青蛙会蹦会跳，可以去跳高；还有的说小青蛙呱呱叫，可以做歌唱家。

师："第三次来的小动物，猴子博士推荐的工作是邮递员。小朋友想想看，哪个小动物能用自己的本领胜任这个工作呢？"

幼儿不断地想，有的说是乌龟，因为可以装很多信；有的说是马儿，因为可以跑得很快；有的说是老虎，因为它是森林之王，什么事情都会做。

师："你还知道哪些小动物的本领啊？"（幼儿积极回答）

师："我们知道了这么多小动物的本领，那我们来说说自己的本领吧！"

幼儿有的说自己会唱歌，有的说自己会跳舞，有的说自己会洗碗，有的说自己会切菜……

师："你们真是太棒了！居然有这么多的本领，老师都好羡慕你们啊！小朋友们的本领可真多。那老师还想知道你的小伙伴有什么本领。"

幼儿有的说自己的姐姐会扎头发，有的说自己的邻居小朋友会跳绳，有的说自己的哥哥会玩儿水枪。

师："小朋友们，老师都教过你们哪些本领呢？"（幼儿积极回答）

师："小动物们都很感谢猴子博士帮它们找到了心仪的工作。它们准备举办一场晚会感谢猴子博士。那晚会都需要准备些什么呢？

幼："需要道具、演员、服装、灯光。"

师："小动物们各司其职，依靠着自己的本领在为猴子博士献上一场精彩的晚会。原来啊，人多力量大，合作才能出效果！小朋友们都玩过哪些需要合作才能完成的游戏呢？"

幼："123 木头人、老鹰抓小鸡、绑腿跑、吹泡泡、捉蝴蝶……"

师："你们玩的这些游戏，老师好多都没玩过，等有时间，你们带着老师一起玩玩好不好？也让我体验体验合作游戏的快乐！"

幼："当然好啦！"

活动延伸：教师给幼儿观看赛龙舟视频，两人一组进行赛龙舟比赛，体验合作乐趣。

1.优质的问题设计，是引发交往与良好的对话效果的原动力

交往与对话是幼儿园教学中常用的师幼互动方式，理想的师幼互动方式

应表现为教师主动发起与幼儿主动发起并重，集体、小组与个别幼儿互动结合，以及从师幼互动走向多维互动。在实施教学时，为了教学目标的达成，教师经常采用有效提问的方式，激发幼儿互动。一堂成功的教学活动课，教师与幼儿的有效互动就像是打了一场精彩的"乒乓球"赛。

那么，如何发球、如何接球，做到你来我往？优质问题设计是引发交往与良好对话的师幼互动关系形成的源头和动力。我们除了要保证问题设计一切"以儿童为本"的价值取向外，还需要注意问题的多样性和层次性。多样性：案例中，"这是什么动物？"属于认知性的基础问题；"动物都有什么本领？"属于开放型的问题；"什么动物可以来当邮递员？"属于启发性问题。通过不同水平的问题设计，幼儿能在多样化的问题上，调动思考的积极性，使思维得到活跃和启发。层次性：活动中，我们的问题从"动物的本领有哪些？"到"小朋友自己的本领有哪些？"再到"其他小朋友有什么本领？""本领多的人合作才能力量更大吗？"问题层层递进、层层深入、目标清晰、指向明确，幼儿也随着问题难度的加大，不断思考，注意力不断集中。

2.充分的情感传递和适当的情绪渲染，是开展交往与对话的助推器

笔者认为，幼儿园集体教学文化在幼儿园与幼儿园之间不同、在班级与班级之间不同、在教师与教师之间不同、在活动与活动之间不同，这种集体教学文化的差异化的根源就在于我们的教学活动的主体都是具有自我能动性的个体，都是具有情感和情绪的生命实在体。在宽松、民主的教学文化中，幼儿所能体会到的也是积极、主动的情感，在压抑、高控的集体教学文化中，幼儿所感受到的却是被迫和无奈。因此，我们提倡，在与幼儿开展交往与对话的过程中，教师作为大多数情况下的互动的发起者，更应适当地运用积极的情绪渲染方法，调动和激发幼儿的愉快情绪，使幼儿获得支持感，这样教师的引导效果才会更好，互动才会更强，教学活动的过程也会更强。

上述案例活动是某省级教学能手的观摩课，执教老师热情洋溢的情感表达、声情并茂的语言表述不仅让幼儿们沉浸其中，观摩课的教师也不断称赞叫好。活动中，教师往往能对幼儿的回答给予精彩回应并发出由衷赞叹："你们真是太棒了！居然有这么多的本领，老师都好羡慕你们啊！""你们玩的这些游戏，老师好多都没玩过，等着有时间，你们带着老师一起玩玩好不好？"教师的语调总是夸张且富有童趣的。整个教学互动过程，教师自然地将自己的情绪渗透到了幼儿的心田，使幼儿始终保持一种积极的情绪状态，增强了互动和对话的积极性、主动性。

3.直接引导和间接引导相结合，是加深交往与对话的催化剂

在教学活动中，很多情况是教师以直接引导，即直接提问的方式直接与幼儿互动，也有部分活动是教师通过幼儿间接体验产生的交往，可以说直接引导与间接引导各有优缺点，我们不能以偏概全，而应统筹兼顾、兼容并包、取长补短。

案例中，教学活动的大部分内容是通过教师直接引导进行的，到了活动延伸部分，教师增加了间接引导，通过幼儿两人一组的互动体验，让幼儿感受实在、真实的"人多力量大的合作快乐"。总体来说，案例中教师的间接引导少了一些，笔者认为可以适当增加动物本领的"连连看"游戏环节，通过幼儿自己设计、小组合作搭配寻找动物的本领，为动物的本领"配对"。间接引导更需要教师发挥教育机智、教学智慧，为幼儿选择合适的间接引导的"中介"，它可以是能操作的物质，也可以是活动游戏，还可以是多媒体资源……总之，交往与互动的教学无处不在，树立生活教育理念需要教师用心去捕捉教育契机，用智慧和专业去挖掘教育价值；需要教师用爱去把握每一个教育的瞬间，实现教育教学目标；更需要教师把教学理念的革新转变为真正引导幼儿全面发展的信仰和宗旨，促进幼儿认知、意志、合作能力、交往意识等诸方面的相互协调和整体发展，让教学焕发出生命活力。

（五）贴近儿童，贴近问题：营造人文性、启发性的教学情境

作为我国情境教学法的开创者，李吉林指出，情境教学是"从情与境、情与辞、情与理、情与全面发展的辩证关系出发，创设典型的场景，激起儿童热烈的情绪，把情感活动和认知活动结合起来的一种教学模式"。有学者做过这样一个比喻："将15克的盐放在你的面前，无论如何你也难以下咽。但将15克盐放入一碗美味可口的汤中，你在享用佳肴时，就将15克盐全部吸收了。情境之于知识，犹如汤之于盐。盐溶于汤，才能被吸收；知识需要融于情境之中，才能显示出活力和美感。"总之，我们体会到教学情境不是简单的"情"与"境"的叠加，而是二者融会贯通、相互促进。尤其在幼儿园教学情境中，因为幼儿情感依托和直观感知的特点，更需要教学活动中"情"与"境"的有效融合。传统教学中，知识是教师从教材再到幼儿的单向灌输，而情境教学不仅使知识富有了情境性，变得"活灵活现"，也给学习者带来了真实的情绪情感体验的空间，有效地改变了教学模式，促进了幼儿园集体教学文化中教学理念到行为的转变和实施。

在大班体育活动"圈圈乐"的教学中，执教教师是一位活泼的男教师，

教学的目的主要是通过让幼儿在合作探索中尝试圈的不同玩法，体验玩圈的乐趣，让幼儿尝试通过转圈、跳跃、组合跳跃等方式玩转大圈，提高身体的敏捷性和协调性。

场景一：背景音乐出现了打雷、刮风的声音。师："小朋友们，这是什么声音？"幼儿回答："刮风。"师："小风车在刮风的天气会怎么样？"幼儿们齐声回答："会转动。"师："那我们也像小风车一样举着大圈环转动吧！"可是两圈下来，有的幼儿由于圆圈的作用转到了地上。师："小朋友们勇敢地站起来！"同时提出建议："让我们站在圆圈里，转转试试。"果然，由于圆圈的限制，幼儿转动速度变慢了，也没有因为转晕趴到地上了。

场景二：幻灯片出现了小青蛙在河边的动画。师："原来啊，小风车变成了小荷叶，如果我们是小青蛙，会怎么办啊？"幼儿："会在荷叶上跳来跳去。"教师引导幼儿先从荷叶上跳下来，再从荷叶上跳下去，最后尝试跳过整片荷叶。师："小青蛙跳得好饿啊！要吃天上飞的小虫子了，谁跳得高谁就吃得多！"小荷叶慢慢长大了，都连在一起了，让幼儿尝试三个圆环连接的连环跳。

场景三：小青蛙要到乌龟爷爷家做客。过乌龟爷爷家的门，需要趴着身子爬过去才可以。幼儿纷纷尝试爬行过门后再跳跃再爬行再跳跃的系列组合动作。

1. 以"情"为纽带，营造具有人文性的情感目标

从布卢姆的三维教学目标再到现代教学理念倡导下的知识和能力的掌握要和情感、态度、价值观的提升相结合可以看出，情感目标作为纽带贯穿幼儿知识掌握和能力提升。

我们在幼儿园进行五大领域的主题教学、单元教学、整合教学，其最终目的并不是让幼儿掌握多少知识，成为一个个"小博士"，我们的教学价值是让幼儿成为具有生命价值、知情意行各方面全面发展的人。语言领域的教学并不是让幼儿能认识多少字，而是应该让幼儿具有表达情感的能力；社会领域的教学也不是让幼儿必须遵守什么社会规则制度，而是提升幼儿的道德感；数学领域的教学并不是让幼儿能计算出多少算术题，而是培养幼儿的理智感；美术活动不是让幼儿画出跟"范画"一模一样的标准画，而是熏陶幼儿的艺术美感……案例中，教师带着幼儿模拟小风车受到"大风吹"的场景，由于幼儿自身协调能力不健全，很容易刚一转圈就跌倒在地，教师并没有着急去扶这些跌倒的幼儿，反而鼓励他们勇敢地自己站起来！同时，教师转变教学策略，让幼儿把圆圈放下，自己在圆圈里面"转"，并告诉幼儿"风没有那么大了"，渐

渐地，幼儿慢慢地转着，最终能很好地控制自己的转圈速度，稳定性也得到提高。幼儿在整个教学活动中表现出勇敢、大胆、积极的活跃情绪。在幼儿园集体教学文化的建构中，教师不仅要为幼儿创设符合他们年龄段的物质情境，更需要以自身的"言语、表情、体态等营造一个积极广阔的心理场，以"人文关怀"为主线，将幼儿看成是一个完整的人，让教学活动不仅有认知的参与，更有情感的投入。教师要努力引起幼儿积极的情绪体验和情感表达，提高幼儿参与情境活动的积极性，促进幼儿学习认知、学习态度、学习行为和学习意识的和谐发展。

2. 以"境"为载体，提供具有启发性的问题情境

依据皮亚杰对认知阶段发展的划分，处于幼儿园阶段的幼儿正好在前运算阶段水平，该阶段的幼儿感知世界主要是以直观的、形象的具体事物为载体，同时具有"泛灵论"的主要特点。心理学的实验表明，当幼儿对学习情境产生强烈兴趣时，幼儿对学习的整个过程都会产生兴趣。案例中，教师为幼儿创设了三个教学情境。情境一：在大风中转动的"小风车"，锻炼幼儿对身体平衡力的把控；情境二：荷叶上蹦蹦跳跳的"小青蛙"，锻炼幼儿大腿部肌肉和小腿部肌肉；情境三：到乌龟爷爷家做客，锻炼幼儿爬行后再跳跃的系列动作组合能力。情境的不断转换让幼儿体验着不同角色带来的情感体验、活动锻炼。教师为幼儿提供了充满好奇、好玩、有趣的情境，将体育活动的技能掌握变得鲜活、学习过程变得有趣，从而极大地激发了幼儿的参与热情，让幼儿产生了学习的内动力。在对幼儿园集体教学文化问题的审视中，我们发现，一线幼儿教师非常喜欢用情境教学法进行教学，这不仅能使教学丰富灵活，幼儿也愿意接受。但"形式花哨""成本过高""不符合生活常理""不符合幼儿年龄特点"的突出问题，也成为当前幼儿园教学情境创设的"怪相"，以至于影响幼儿园良好集体教学文化的营造。教师应该明白教学情境不是教学活动的附加物，而应是与教学内容、教学设计融为一体的"背景载体"，它可以是有具体实物的物质载体，也可以是模拟的生活场景，还可以是童话世界的角色扮演、音乐感染、动作模仿、语言描述。可以说，教学情境的形式多种多样、丰富多彩，但无论如何变化，幼儿园教学情境设计"贴近儿童、贴近生活"的本质追求都不应改变，只有在这种理念的支持下，我们的集体教学文化才能凸显促进幼儿有意义学习的功能和价值。

五、幼儿园集体教学文化建构的保障

（一）强化顶层理念引领，优化园本教学文化

幼儿园集体教学文化是幼儿园园本教学文化的重要组成部分，因为幼儿园集体教学活动是幼儿个性发展和社会性发展的重要途径，也是幼儿园教学的重要形式。教师群体与幼儿主体所形成的关于内隐的教学价值观、教学理念、教学思维方式以及外显的教学行为方式共同打造了属于每一个幼儿园自身的特有文化范式和体系。幼儿园管理者能否从理念上做好"顶层设计"搭建，对幼儿园教学文化的良好建构将起到至关重要的引领作用。好的顶层理念设计将有利于确立和形成幼儿园的社会主义核心价值观；有利于文化机制的畅通，增强幼儿园的核心凝聚力；有利于打造幼儿园自身的教学"品牌文化"。

首先，理念文化引领，营造良好人文氛围。幼儿园以让儿童终身受益、儿童发展为本，以注重儿童学习兴趣培养等理念为核心，将"张扬儿童个性，扩展儿童思维，规范儿童行为"作为教育宗旨，通过设计幼儿园园标、幼儿园吉祥物，编排幼儿园园歌、幼儿园园舞等方式，影响幼儿园教师群体教学文化理念。比如，在园歌编写中，围绕"以儿童发展为本"的社会主义核心价值观来编写，优美的旋律，配上教师应有的语言、行为等，让教师时刻懂得如何在教学中爱儿童、如何在教学中让儿童健康和谐成长。

营造良好的幼儿园园本文化，是建构良好幼儿园集体教学文化的基础性工作。正是有着这种关爱儿童、为了儿童、尊重儿童的园本文化理念引领，教师才能在幼儿园日常教育教学活动开展中营造"心中时时有儿童，教学处处为儿童"的集体教学文化氛围，才能在教育教学开展的任何环节以及与儿童交流的任何环节都能做到对儿童"让爱多一点"的要求。同时，幼儿园应该为每一位教师提供一个合乎人性化并具有一定美感的工作环境，一个舒适、美好的工作环境更能促进教师的工作热情。给予教师一个舒缓情绪和交流教研的"小屋"——属于他们自己的独立空间，这不同于备课室，更多是让教师放松心情，修身小憩，既有利于教师以无意识的方式合作交流，还能够让教师放松宣泄。

其次，理念文化落实，创设温馨人文物质环境。一方面，通过物质环境的布置让幼儿与教师获得在幼儿园的归属感。空间上，从单元墙、吊饰、墙绘、理念牌等多维视角进行创设，积极融入"师幼共享、师幼共创"的创设氛围，通过分层、分类、分别凸显人文情境主体，营造各种文化如主体环境文

化、楼梯文化、窗画文化等，全方位打造以"爱""尊重""平等""快乐"等为主题的文化氛围。另一方面，加大教学资源储备，提供丰富的教具设备。集体教学活动的开展离不开充分的物质资源准备，我们面对的是"一对多"的大班群体教学，为了保证教学的有效开展，作为幼儿园管理层就应为教学备足"粮食"，不要让教师整日为了开展教学活动的教具准备绞尽脑汁，要真正做到让教师在使用教学用具和资源时，时时能用、处处能拿，不仅能用还好用，更重要的是紧跟"潮流"，符合新理念，满足儿童的新需求。

最后，完善教学制度规范，激发教学民主活力。一方面，幼儿园管理者在对教师的教学行为进行评价时，应增加教学文化的评估内容；应多从教师内隐的教学价值观的引领和外在教学行为方式表现两个方面进行首要分析；着重对教师在进行教学设计、教学开展、教学评价中是否持有"儿童本位"的教学价值观、差异性的教学思维方式、幼儿主体性发挥的教学理念、师幼交流互动等方面进行评价。突出幼儿园集体教学文化对教学有效性的核心要求，通过评价制度的严格要求和规范，让教师群体在应用集体教学中形成良好的集体教学文化范式。另一方面，幼儿园具体规章制度的制定要考虑到教师的基本情况，教师在教育教学中的"权威""控制"观念、行为，很多时候是对一所幼儿园教师队伍管理过分"权威""控制"的反映。制度管理不是简单地依靠行政命令强迫教师去干什么，而是运用激励理论，引导教师通过教学合作共同体制定教学目标、进行自我控制、采取措施完成目标、进行合作评价。制度制定过程中应该采取"民主"的方式，这要求决策层制定战略性目标不失误，管理层执行不走样、有力度，教职工能冲着目标与幼儿园共担风险、不离不弃，从而激发教师的教育教学智慧，使每一位教师都能够"敢想"敢言""敢做"，充分发挥教育教学个性，促进幼儿园教育教学的发展。

（二）加强教学合作研讨，构建学习型教学共同体

应打破"蛋篓机构"式的偏个人主义的教师文化价值取向，搭建"合作型"的幼儿园教学研讨模式，构建学习型教学共同体。

首先，教师自身要改变封闭的、个人主义倾向的行为方式，打破人人封闭、自甘平庸的局面，真正激发教师团队的合作热情，调动自身内在的合作需求和动机，愿意接受领导、同事或外界教育新事物的影响，善于"内化"先进教学理念和行为方式的影响。

加强教师的自我修行，包括以下三个方面内容：第一，教师反思实践意识的培养。这其实是教师对自身发展的反省认知，是教师对自己教学活动及教

育观念的省察和反思。苏霍姆林斯基曾说："善于分析自己劳动的教师才能成为一名优秀的有经验的教师。"著名教育家叶澜也曾指出："一个教师写一辈子教案难以成为名师，但如果写三年反思则有可能成为名师。"《幼儿园教师专业标准（试行）》在"基本理念"和"专业能力"中均提出了对教师反思与自主发展的要求，明确指出幼儿园教师在教育工作中应"主动收集分析相关信息，并不断反思，改进保教工作"。针对什么样的幼儿进行什么样的教育是教师首先要反思的问题；活动过程中，教师可自我反思哪些做得好，哪些做得不好，哪些可以做得更好，哪个环节用其他方法处理会更好一些，应用了哪些教育教学理念，是否有效解决了实际问题，还可以应用哪些理念，理念的实质是否真正发挥……教师自我反思意识可以建构有意义的学习文化范式。第二，终身专业学习。教师的持续发展必须通过其自身持续发展的动机来推动，通过终身教育观念的形成与学习能力的获得来激发，从而促进教师不断学习、素质不断提升、专业水平持续发展。好的价值理念的引领是构建良好集体教学文化的核心。第三，反思教学实践。教学经验或教学实践的反思不仅仅是简单的反省，而是以自我为研究对象的研究活动，是对自我教育理念的辩证否定。它要求教师做出理性的选择，使教学意识逐步由模糊的不可控意识状态转变为明确的可控意识状态，使教师自觉地、持续不断地对自己的教育教学进行主动、自觉的探究，从而有利于教师教学能力的提高，提高教学生成的有效性，形成良好的教学文化范式。

其次，通过集体研讨这种常见的教师教学组织形式，充分发挥教师集体智慧，促进教师专业成长，营造人人愿合作、人人能合作的教学氛围。具体来说：第一，园本教研。它是指在教育教学专家的指导下，由幼儿园领导和教师共同发起和组织的，以一线幼儿教师教育教学实践中的实际问题为核心，充分利用园内外资源，关注教师"教、学、研"的方方面面，通过问题诊断、对策分析、反思实践等环节实现教师教学的有效发展。通过"二分二合"的集体备课方法，发挥教师集体备课力量，同时展示出教师个体教学优势。"一合"指活动前两周时进行集体讨论，确定好教学目标；"一分"指活动前一周进行个人备课，形成自己的备课文本；"二分"活动开始进行分头执教，付诸实践；"二合"指活动结束后，针对自己在实践中遇到的问题，再次进行交流讨论、反思总结，改进完善教案后推广。第二，通过"教学研讨"的集体教研模式促进教师群体之间的交流合作。"同课多研""同课异构"的形式促进教师采用不同教学形式和手段实施活动，在"同"的要求下凸显出多元各"异"的教学魅力，促使教师从"要我研"向"我要研"转变，促进同事之间的交流合作，使教师在交流分享的研讨氛围中共同进步、共同成长。第三，通过外出学习、远程培训等多元培训方式引领先进教学理念"内化"。对"内化"的理解，学者们总是仁者见仁，智者见智。引用认知心理学的定义，内化是将客观的、理性的"外显知识"转化为属于个人经验与直觉的"内隐知识"。在幼儿园实际教学中，教师对先进教学理念总是持"保守"态度，几乎所有教师都接触过先进教学理念的引领，大部分教师对幼儿园教育教学前沿问题也有所了解，但是，回到自己的实际教学中，却总是不自觉地将这些"外显知识"、高深理念高高挂起，一如常态地坚持自己的经验教学。其中一个重要原因就是幼儿教师自身的教育教学立场不坚定，教师未能将教学理念的"新鞋"变成自己的"鞋"，教师处于对传统教学文化与现代教学文化双重价值取向体系无所适从的"漂泊"状态，教学理念未能解决认知问题，缺乏对自身教育教学行为的深刻反思，未能将先进教学理念、理论内化为自身的教育信念、思想观念。不难发现，教师对教学理念的内化需要经历了解—理解—认同—内化的复杂过程。因此，笔者认为应通过多方学习和交流，时刻使教师处于教学理念的时代潮流中，时刻使教师作为学习的主体，不断汲取理念的精华，以提升教学文化的"内化"和"创新"。

第二节　学前教育回归生活课程的分析

一、学前教育回归生活课程的历史透视

"文化总是被理解为'时间的'，也就是说，文化总是在时间的'框架'内存在的。"[①] 学前教育课程的理论和实践总是随着各个时代不断变化的，从动态的视角来审视学前教育课程，并据此来选择其价值取向，符合辩证唯物主义和历史唯物主义的观点。

---

① 李鹏程 . 当代文化哲学沉思 [M]. 北京：人民出版社，1994：336.

（一）西方学前教育回归生活课程的缘起与发展

社会的进步，特别是社会生产力的发展对教育和学前教育提出了更多的要求，促进了学前教育理论与回归生活课程的发展；科学文化的发展，特别是生理学、心理学等学科的发展，为学前教育的发展和回归生活课程奠定了理论基础；学前教育机构的建立及其发展积累了丰富的学前教育经验，需要有系统的学前教育理论作为指导，要深入研究学前教育课程的内容。基于此，学前教育回归生活课程的理论及实践有了坚实的理论和实践根基，其产生与发展经历了从萌芽到形成、发展，再到成熟的过程。

1.学前教育回归生活课程的萌芽

回归生活课程虽然只有近百年的历史，但生活教育的思想却自古有之。在15世纪以前，学前生活教育思想散见于各种著作。古希腊哲学家柏拉图在《理想国》中论述建立贵族共和国的理想时，提到了学前教育的思想，他指出："凡事之开始，为最重要之点。而于教育柔嫩之儿童，则更宜注意。盖其将来人格之如何，全在此时也。"①柏拉图第一次提出了让学前儿童在专设的学前教育机构集中受教育的理想，提出以游戏和讲故事的活动来教育学前儿童，反对强迫儿童学习，通过游戏可以了解每个儿童的自然才能。另一位古希腊哲学家亚里士多德在《政治论》中提出了让学前儿童在生活中多运动，并习惯于寒冷，5岁以前不应要求儿童学习课业，以免妨碍其发展。这些思想无疑体现了生活教育对学前儿童发展的重要价值。但欧洲进入中世纪以后，文化和教育几乎为教会所垄断，教育处于衰退状态，学前生活教育的思想受到禁锢。

文艺复兴运动中，一些启蒙思想家和教育家高举人文的大旗，要求个性解放，提出尊重儿童、热爱儿童，按照儿童的特点教育儿童，回归生活教育的主张重新受到关注，提出了教育必须"适应自然"，认为儿童一出生就具有一切道德的、理智的、身体的能力萌芽，如果用适当的方法加以培养，就能使儿童的一切内在的能力和谐地发展起来。

卢梭在《爱弥儿》中指出："教育，我们或是受之于自然，或是受之于人，或是受之于事物。我们的才能和器官的内在发展，是自然的教育；别人教我们如何利用这种发展，是人的教育；我们对影响我们的事物获得良好的经验，是事物的教育。"②在这里，卢梭提出了自然教育的主张，即遵循人的本性，保持儿童的自然状态，让儿童在自然状态下享受自由、平等、快乐的生活，获得自

---

① 柏拉图.理想国[M].吴献书，译.北京：商务印书馆，1957：92.
② 卢梭.爱弥儿：上卷[M].李平枢，译.北京：商务印书馆，1999：7.

由的发展，这是一种回归自然的田园生活教育。在卢梭看来，儿童的生活本身就是教育。"生活，并不就是呼吸，而是活动，那就是要使用我们的器官，使用我们的感觉、我们的才能，以及一切使我们感到我们的存在的本身的各部分。生活得最有意义的人，并不就是年岁活得最大的人，而是对生活最有感受的人。"①

教育必然指向儿童的现实生活，而不是为儿童不可预期的将来生活做准备。只为将来做准备的教育在卢梭看来是"野蛮的教育"。这些思想成为生活教育的重要组成部分，对后人产生了广泛而深远的影响。德国教育家福禄贝尔深受夸美纽斯、卢梭、裴斯泰洛齐的影响，强调学前儿童不是成人的缩影，教育要遵循儿童的自然天性，以儿童的自我活动为基础，提倡儿童在游戏中学习。福禄贝尔对学前教育所做的贡献推动了世界各国学前教育机构的建立，他重视儿童游戏的学前教育思想闪烁着回归生活教育的时代精神。

2. 学前教育回归生活课程的发展

19 世纪末到 20 世纪初，以美国为代表的西方国家相继开展了进步教育运动和儿童学运动，一些教育家、心理学家站在时代的前沿，相继提出了以儿童为中心的理念，他们的学术思想体现着回归生活教育的主张。美国教育家杜威揭开了现代教育的序幕。他在《我的教育的信条》中指出："教育是生活的过程，而不是为将来生活的准备。"② "生活就是发展；不断发展，不断生长，不断生长，就是生活。"杜威的教育主张即生活教育，将儿童的学校生活、自然生活、社会生活三者有机联系在一起，有助于教育的一致性与完整性，发挥儿童的主体性。他的生活教育从理论到实践，使得回归生活的教育思想从萌芽走向发展。

在这一时期，意大利教育家蒙台梭利、比利时教育家德可罗利等人的主张对学前教育课程理论有重大影响，对建构回归生活课程的理论有重要启示。

（1）蒙台梭利的学前教育课程理论。蒙台梭利是意大利著名的幼儿教育家，被誉为世界上自福禄贝尔以来最伟大的幼儿教育家。她于 1896 年毕业于罗马大学，获医学博士学位，运用病理学与自制的教具训练低能儿童，潜心研究精神病患者和低能儿童的行为表现，获得显著成绩。1898 年，她在都灵召开的教育会议上发表了关于低能儿童的见解，指出："低能儿童的教育问题比

---

① 卢梭. 爱弥儿：上卷 [M]. 李平枢，译. 北京：商务印书馆，1999：15.

② （美）约翰·杜威. 学校与社会·明日之教育 [M]. 赵祥麟，任钟印，吴志宏，译. 北京：人民教育出版社，1994：419.

医疗问题更重要。"引起社会各界的关注。这一时期，她主要研究对低能儿童进行感官训练和阅读及书写教育的内容。1907年，她将这一方法转向正常儿童的教育，在罗马贫民住宅区为3～7岁的贫苦儿童开办了"儿童之家"，并运用生理学、心理学的知识及系统观察法和实验法等科学研究方法进行教育实验。她出版了《童年的秘密》《发现儿童》《有吸引力的心灵》《蒙台梭利教学法》《蒙台梭利手册》《家庭中的儿童》《高级蒙台梭利教学法》《教育中的自发活动》《教育人类学》《教育的重建》等一系列著作，她的教育理论和教育实践对世界各国的幼儿教育产生了广泛影响。20世纪初，蒙台梭利法渗透到欧美各国幼儿园和其他幼教机构。第二次世界大战以后，世界各国重新掀起了蒙台梭利的热潮。以美国为例，自1958年在康涅狄格州重建第一所蒙台梭利学校后，到20世纪80年代初，据不完全统计，蒙台梭利学校已经超过2000所。

①蒙台梭利的儿童观。蒙台梭利从医生到教育家的转变"不仅在于她综合研究了卢梭、裴斯塔洛齐、福禄贝尔的教育思想，凭借着在医学方面的素养以及哲学、人类学、生物学、生理学、心理学和教育学的造诣，更主要的是她运用科学实验方法，对儿童进行长期的观察和教育实验，对传统的教育观念和教育方法质疑，建立了自己新的教育体系"[①]。

②儿童教育的意义。蒙台梭利敏锐地观察到社会对儿童的专制，传统教育对儿童的折磨，批判对儿童教育的忽视，强调儿童教育的社会意义。蒙台梭利意识到，19世纪以来，随着工业化进程的加快，社会物质财富成倍增加，然而，社会并没有因此而重视对儿童的关心，没有公共的儿童医院和幼儿教育机构，儿童因缺乏适当的养育而死亡，儿童的权利未得到社会的承认，无任何法律保护，在这样的背景下，蒙台梭利呼吁社会加大对儿童的关注与关心。教育的基本任务是使每个儿童的潜能在适宜的环境中得到自由的发展，必须以了解儿童为基础，促进儿童个性的发展，不能局限于单纯的知识传授。

③蒙台梭利学前教育课程的设计。蒙台梭利认为，儿童是有自己的兴趣和需要的个体，教育的任务不是将教育者头脑中的知识强行灌输给儿童，教育工作者应该有敏锐的洞察力，积极观察并发现儿童的秘密。儿童不是可以被随心所欲地塑造的，儿童存在与生俱来的"内在生命力"，教育工作者应该根据儿童的发展规律为儿童发展设置课程目标。她基于对儿童的分析和社会的考察，提出了学前教育的课程目标：第一，帮助儿童形成健全人格；第二，形成

---

① 杨晓萍.蒙台梭利的自由教育和感官教育[J].西南大学学报：社会科学版，1994（2）：41-45.

理想社会的和平理念。这两个目标既相互独立又相互联系，她认为第一个目标是为新人类的创造，第二个目标是为新社会的创建。前者是直接目标，后者是最终目标，教育就是对这二者的长期的、不断的追求。

为了实现上述目标，蒙台梭利为儿童选择的课程内容包括感觉教育、实际生活训练、体格训练和基本知识技能训练，尤其注重感官训练和肌肉练习，强调儿童适应环境必须以感官为基础。教师的职责在于采用间接指导的方式提供符合儿童发展规律的环境和材料，帮助儿童实现自我教育。

第一，感觉教育。

蒙台梭利认为，3～6岁的儿童正处于身体迅速发育阶段，也是感官活动和智力形成联系的时期，"智能的培养首先依赖感觉，利用感觉收集事实。感觉练习是初步的、基本的智力活动，通过感觉的练习使儿童能辨认、分类、排列顺序……这就是智能和文化活动。"① 如果在感觉形成阶段，儿童的感觉活动得不到充分发挥，就会影响儿童精神的全面发展，感觉教育能发现儿童早期的感觉能力缺陷，有效地促进儿童观察力、注意力和判断力的发展，为认知发展奠定基础。

蒙台梭利认为，感觉教育有不同的年龄特征，应根据儿童的发展阶段进行感觉训练，并把感觉期分为五个阶段：秩序感觉期——3岁儿童对秩序有强烈的要求，看到东西放乱了便会吵闹，放得整齐便会高兴，喜欢把东西放在原来的地方；细节感觉期——1～2岁的儿童常把注意力集中在细小的枝节上，最初注意颜色艳丽的物体，如各种光彩夺目的颜色、图案；使用双手的感觉期——18个月到3岁的儿童喜欢抓东西，把东西打开、关闭，把物体放进容器中，一会儿又倒出来，喜欢堆积物品；行走感觉期——儿童学习行走，类似第二次降生，儿童在学习行走时，总是带着自豪心理走来走去；语言感觉期——语言的敏感期在2个月到8岁，语言的学习与掌握是各种发展过程中最艰难与复杂的工作。儿童有一种接受语言的天赋，学习语言的能力非常强，不论儿童生长在什么地方，儿童语言的发展阶段都是相同的。从牙牙学语到单词句、双词句，以后进入更复杂的句子结构，这些阶段是连续出现的，不能把它们截然分开。

在蒙台梭利的感觉教育中，特别强调形状知觉的训练。她先让儿童把积木或方块分类成堆，然后让儿童用手抓积木，认出形状，再练习把积木放在嵌

---

① 格莱因.儿童心理发展的理论[M].计文莹，汇美常，孙名之，等译.长沙：湖南教育出版社，1983：83.

板里，或放在画着轮廓相似图案的木块上面。感觉教育的具体步骤：让儿童认清物体的相同属性；认清物体的不同属性，识别相差较小的物体的属性。要求儿童建立感知觉与其名称的联系，如向儿童呈现黄色的物体，告诉儿童这是黄色，再向儿童呈现白色的物体，告诉儿童这是白色，将它们一起放在儿童面前让儿童感知。要求儿童按教师所给出的名称拿出相应的物体并要求儿童记住物体的名称。每一种感官训练都有相应的教具，各有其独特的功能，其感官训练教具的主要种类和功能，见表 3-1。

表3-1 蒙氏感官教具的主要种类和功能

种 类	功 能
粉红塔	经由视觉建立三维空间变化、差异的知觉堆高时精神的集中度及敏锐的观察力，学习立方体的概念； 数学教育的间接准备（理解十进位的准备教具），手眼协调及肌肉控制力的练习，培养逻辑思考力（顺序）
圆柱体组	以视觉辨别大小的能力； 对应、顺序性逻辑思考力； 写字的预备学习（抓握圆柱，也可做握笔练习）
彩色圆柱体	发展手眼协调，锻炼手臂肌肉控制力、以视觉辨别大小的能力
棕色塔	经由视觉建立对三维空间变化的知觉，发展手、眼、肌肉的动作协调，学习立方体的概念
几何学立体	感受实体，认识各种几何学立体，进入学习几何学的准备，刺激肌肉的感觉
构成三角形	在三角形的构成及分解练习中，对平面几何图形间的相等概念有进一步的认识，培养图形对称的感觉，学习几何图形的间接准备
色板	培养分辨颜色的能力，预习颜色对比及组合，培养色彩美感
重量板	培养辨别重量的感觉，增强判断力

第二，语言教育。

蒙台梭利的语言教育课程内容分为读和写两个方面。她认为语言的学习是通过环境来实现的，注重让成人与儿童多交流，让儿童对周围的事物多接触、多看、多听、多用感官，去体验各种事物，运用命名、确认、记忆等三段式学习卡帮助儿童学习和掌握词汇。蒙台梭利认为，学习书面语言的敏感期是 4 岁，书写教学分为三步：教儿童握铅笔，练习描摹字母，教儿童用字母表组成单词。

第三，数学教育。

蒙台梭利认为读、写、算是一个整体，在读、写的基础上，必须对儿童进行数学教育，主张通过数学教具帮助儿童掌握计算。首先，帮助儿童掌握 10 以内的计数活动；其次，帮助儿童学习 10 以内的四则运算；最后，帮助儿童学习十位、百位、千位的进位活动和多位数的四则运算以及平方、立方等的概念。

第四，纪律教育。

纪律教育是蒙台梭利为学前儿童设计的重要的课程内容。她认为，儿童纪律在本质上是积极的、活动的、主动的、内在的和持久的，纪律就意味着自由。"纪律必须通过自由而获得。""当一个人是自己的主人，在需要遵从某些生活准则的时候，他能够节制自己的行为，我们就可以称他是守纪律的人。"[①]她强调纪律教育，并不是要儿童屈从于教师，而是要儿童通过活动学习，掌握有关的规则，如不能去冒犯别人，不能去干扰他人，不能有不礼貌或粗野的行为等，目的是养成儿童良好的行为习惯。

蒙台梭利的学前教育课程主张回归生活课程的启示在于：它以医学、生理学、心理学为基础，并在实际工作中实施，具有一定的说服力。重视儿童的成长是一个自然展开的过程，主张自由教育，反对教师过多干涉。蒙台梭利在自己的总结中写道："每一个解放了的儿童，他懂得自己照顾自己，他不用帮助就知道怎样穿鞋子、怎样穿衣服、怎样脱衣服，在他的快乐中，映照出人类的尊严，因为人类的尊严是从一个人的独立自主的情操中产生的。"

斯腾十分赞同蒙台梭利的自由教育，他说："蒙台梭利的方法，就其着重儿童自由的法则这一点看来，是和现代儿童心理学相符合的。"它的现实意义在于，必须给予儿童自由，让儿童在独立自主的活动中得到发展。

当然，由于时代的局限，蒙台梭利为儿童提供的教具过于机械，使用方法呆板、枯燥、乏味，忽略了游戏对儿童的教育价值，忽略了儿童的情感陶冶和社会交往技能的发展，过多重视儿童读、写、算等方面的教育。

（2）认知发展理论为基础的学前教育课程方案。20 世纪 60 年代起，皮亚杰认知发展理论对世界教育产生了广泛而深刻的影响，其理论和相关实验研究揭示了儿童是学习的主体，儿童知识的获得是儿童与环境中的人和物相互作用的结果，儿童的认知发展是通过认知结构的不断建构和转换而实现的。

皮亚杰认为，行为主义的 S-R 公式是一种无结构的发生，事实上，应

① 石筠弢.学前教育课程论 [M].北京：北京师范大学出版社，1999：300.

该是 S-（AT）-R，其中 S 是刺激，R 是反应，AT 是同化刺激的结构。没有 AT，刺激就不能被主体同化，也就不能对主体做出相应反应。关于学习与发展的关系，皮亚杰认为："关于学习能否加速儿童认知发展的问题，其关键在于学习活动是成人教导下儿童被动地学习知识，还是儿童在其生活情境中自行探索主动学到知识。我认为，教育的真正目的不是增加儿童的知识，而是设置充满智慧刺激的环境，让儿童自行探索，主动学到知识。如果在发展尚未达到适当水平之前提早教他知识，将会对儿童自行探索主动求知的行为反倒产生不利影响。"[①] 皮亚杰十分重视早期教育，认为早期教育的重要任务就是促进认知的发展。他认为传统教育把教育单纯看作社会价值的传递，而忽视了儿童发展规律，学前教育应该为儿童提供实物和环境，让儿童自己动手操作，帮助儿童提高提问的技能和了解儿童认知发展中存在的问题；他还认为，"童年期是一个人最精彩、最具创造力的时期。"[②] 这些思想受到各国课程改革者的关注，推动了世界各国的课程改革。在美国学前教育中，以皮亚杰儿童认知发展理论为基础，产生了颇有代表性的认知发展学前教育课程方案。这些课程方案一般有以下特点：

高度重视儿童在学习过程中的主动性，认为儿童知识的获得和认知能力的发展是通过与环境相互作用而建构起来的，反对注入式教学，倡导"主动学习"。

强调活动与游戏的教育价值，提倡活动教学，认为活动和游戏能激活儿童思维的内部运算，是智慧的源泉和发展的基础。

尊重儿童发展的年龄特征和差异，课程内容的选择和课程实施尽量适应学前儿童的年龄特征，不能人为地加速发展。当儿童在成长过程中自然表现出某些心理能力时，设法培养他们的这些能力。

认知发展理论影响下的学前教育课程方案是一种"开放式结构"的课程，其中以凯米的学前教育课程方案和海伊斯科普的学前教育课程方案影响最大。

①凯米的学前教育课程方案。凯米的学前教育课程方案被认为是一种以比较"正统"的认知发展理论为基础的学前教育课程方案，它以皮亚杰的认知发展理论为依据，对各种传统的学前教育课程方案进行全面的审视。

第一，凯米学前教育课程目标可以分为长期目标和短期目标。长期目标是发展儿童的"自律或自主性"，培养具有批判性、创造性思考能力的人；短

---

① 张春兴.教育心理学 [M].杭州：浙江教育出版社，1998：112.

② 布林格尔.皮亚杰访谈录 [M].刘玉燕，译.台北：书泉出版社，1996：210.

期目标是促进儿童认知、社会性和情感的发展。

第二，凯米学前教育课程内容主要来自三个方面，即与儿童生活相联系的活动、现有的儿童教育方案中的课程、从皮亚杰的理论和思想中推论出的活动。

第三，凯米学前教育课程的实施强调以儿童为中心，通过儿童独自操作物体的活动、群体讨论、小组规则游戏和实验的形式培养和发展儿童的各种能力，教师的主要任务是为儿童创造一个有益于儿童发展的学习环境，提供给儿童合适的材料和活动的建议，帮助儿童扩展现有的经验和观念。

总的来说，凯米学前教育课程方案有以下特点：重视儿童的生活和活动，是否有利于儿童形成和发展生活所必需的技能是选择课程内容的一个标准；重视儿童认知发展与社会性情感发展的密切结合，这不仅体现在课程目标上，也落实在课程实践中；重视课程内容与学习过程的统一，认知发展是通过内容和结构的相互依存关系而实现的，这两个方面均不能忽视；重视课程内容的结构化，反对把知觉、语言、思维、情感、社会性发展所需要的经验彼此孤立地列为课程内容，而是形成统一的结构，这种统一的基础正是儿童的实际生活和活动。

②海伊斯科普学前教育课程方案。海伊斯科普学前教育课程方案（The High Scope Preschool Program），由美国儿童心理学家戴维·P. 韦卡特（David P.Weikart）创立的海伊斯科普教育研究机构研制，源于韦卡特对处境不利儿童的干预计划，目的是帮助这些儿童在未来的学校学习中获得成功。

第一，海伊斯科普学前教育课程目标初期在于促进儿童认知能力的发展，后期则强调以儿童的主动学习为中心，促进儿童的认知、情感、社会性的协调发展，培养主动的学习者。

第二，海伊斯科普学前教育课程内容包括围绕着关键经验（语言、数学、艺术、缝纫等）所提供的各种类型的活动，采用"开放教育"的方法，以各个"兴趣区"或"活动区"为中介开展活动，教师有意识地将关键经验物化为活动材料和活动情境，儿童在活动区中充分地与材料、环境、他人进行互动，以获得学习与发展。

第三，海伊斯科普学前教育课程的组织与实施。海伊斯科普学前教育课程由兴趣区活动、小组活动、集体活动等组成课程结构，其中，幼儿自主选择、自由安排的区域活动在整个课程结构中占中心地位。教师是学前儿童活动的支持者，为儿童提供适宜的材料和情境，鼓励儿童有目的地活动、解决问题和口头上反思、观察与解释儿童的活动及计划，并提供建立在儿童活动和兴趣之上的经验。

第四，海伊斯科普学前教育课程评价方式为全面的情境性评估。目的不是给儿童打分，而是了解、分析他们当前的发展水平，并以此为依据指导下一步的教育工作。评估一般包括观察儿童、对其引人注意的行为和表现做记录、与儿童交谈。

总之，海伊斯科普学前教育课程有以下特点：

第一，以结构化的"关键经验"（学习经验）作为建构课程的框架。学前教育课程将"促进幼儿认知能力的发展，培养主动的学习者"的目标转化为一系列必要的"关键经验"，以这些关键经验为核心来组织课程，使教师真正把注意力指向儿童，指向儿童的活动过程。

第二，重视环境的创设和材料的提供，通过环境进行教育，引发和支持儿童多种多样的探索活动，让儿童在活动中发展。

第三，教师和儿童共同设计学习经验，强调儿童自发的活动和主动的学习，教师则可以借助于物化了的课程目标的材料来平衡、调整课程，较好地处理教育过程中师生相互作用的关系。

第四，重视语言的作用，通过独特的一日活动安排充分发挥语言对思维和行动的调节、控制、反思作用，促进幼儿行动的目的性、计划性和其认知能力的发展。

第五，课程的每个部分既有指导性原则，又有具体应对的策略，并列举了大量实例，具有较强的操作性。

以认知发展理论为基础的学前教育课程方案对学前教育回归生活课程的启示在于：强调学前儿童通过作用于外部世界以及由此获得的反馈信息来建构关于现实的知识，教师指导儿童选择自己的活动，让儿童根据自己的速度发展，关注并培养儿童在成长过程中自然表现出来的某些心理能力，使他们学会自己解决问题，从而提高他们的认知水平。通过儿童感兴趣的各种活动，充分调动学前儿童的主动性、能动性、创造性，师生共同设计学习经验，促进儿童与教师的成长，把教育看成经验不断生成的过程，必须基于每一个儿童的发展，课程具有弹性，能根据实际情况随时做出调整。然而，随着发展心理学的发展，以认知发展理论为基础的学前教育课程方案受到挑战，如由于皮亚杰沿袭机能主义心理学的基本观点，用生物学类比来研究认识论，不可避免地轻视了主体作为社会人的本质属性，因而以这一理论为基础的学前教育课程方案把智慧看作一种适应，低估了学前儿童的认知能力；认知发展的阶段划分依据存在问题等。总的来说，以认知发展理论为基础的学前教育课程方案在促进儿童发展的短期和长期效果上都获得了可靠的结论。

（3）以结构主义为理论基础的学前教育课程。美国教育家布鲁纳继承了皮亚杰关于儿童在不同的发展阶段具有不同的心理结构的思想，并以皮亚杰的结构主义心理学为基础，建立了比较完整的结构主义学前教育课程。

①课程目标：掌握学科的基本结构。所谓基本结构，是指各门学科中的基本概念、基本公式、基本原则等理论知识。从结构主义心理学出发，布鲁纳认为学习是人的主观认知结构连续不断的构造过程，通过与认知对象的相互作用，人的认知结构不断得到改进和完善。就这样的过程而言，基本结构的学习有助于学生认识结构的发展，便于学生理解和记忆。

②课程组织：螺旋式。以与儿童的思维方式相符合的形式尽可能早地将学科的基本结构置于课程的中心地位，随着年级的提升，学科的基本结构不断拓宽与加深。因为儿童的认识结构在不同年龄具有不同特点，只有将基本结构按照与儿童认识结构一致的方式呈现和安排，他们才能接受并学习。螺旋式课程主要包括学科的基本原理、概念的螺旋式组织以及学习与探究态度的螺旋式组织。

③课程实施途径：发现式。布鲁纳认为，基本结构不能简单地靠教师传授，而是要通过学习者对它的主动作用，通过学生自己的分析综合与抽象概括等发现行为才能获得。发现式的学习有助于学生直觉思维能力的发展，有助于引起学习的内部动机和自信心，有助于记忆的保持。

以结构主义为理论基础的学前教育课程对回归生活课程的启示在于：注重学前儿童通过自身的发现和探究来获得经验，有助于培养学前儿童独立探究事物的能力和运用知识的能力。

（二）我国学前教育回归生活课程的探索

自 1903 年中国第一个公共的学前教育机构产生以来，我国学前教育课程已经走过了百年的历程。与世界学前教育课程发展相比，虽然我国学前教育课程发展的历史还不长，但在我国学前教育史上，产生了以陶行知、陈鹤琴、张雪门、张宗麟等为代表的一批著名的教育家，他们为我国学前教育课程的发展做出了重要贡献。其中，陶行知、陈鹤琴先生等人的学前教育课程思想对我国学前教育回归生活课程的理论与实践产生了深远影响。

1. 陶行知幼儿园生活教育的课程实验

陶行知，中国近代伟大的教育家，毛泽东同志称赞他为"伟大的人民教育家"，他是工农幼儿园教育的开拓者、实验者，先后创办了燕子矶幼儿园、和平门幼儿园、迈皋桥幼儿园、新安幼儿园、上海劳工幼儿团；撰写了《创造乡村幼儿园宣言书》《幼儿园之新大陆》《如何使幼儿园教育普及》等，使他创造的生活教育理论逐渐形成、发展与完善，为中国幼儿园教育翻开了新的篇章。

（1）幼儿园教育的重要性。陶行知早在1926年撰写的《创造乡村幼儿园宣言书》中就指出，幼儿园教育是人生的基础，"从福禄贝尔创设幼儿园以来，使人渐渐地觉得幼儿教育的重要，从蒙台梭利研究幼儿教育以来，使人渐渐地觉得幼儿园的效力……"国内有志于儿童幸福的人和有志于改良社会的人见此情况，就大声疾呼，提倡广设幼儿园，但响应的寥若晨星。都市之中尚有几所点缀门面，乡村当中简直找不到它们的踪迹。当时，幼儿园的缺乏可见一斑，尤其是在妇女须外出工作，以及农忙时节的农村，幼儿园的设立更是迫不及待。然而，当时的大部分幼儿园都有着下列三个缺点：一是外国病，二是花钱病，三是富贵病。[①] 为此，陶行知提出把幼儿园变成全社会幼儿受教育的场所，"我们必须唤醒国人明白幼年的生活是最重要的生活，幼年教育是最重要的教育。"（陶行知《如何使幼儿园教育普及》）

（2）幼儿园生活教育的课程内容。陶行知创办的以"生活教育"为理念的幼儿园广泛开展实验研究，提出用科学的方法来研究并建立中国化、平民化的幼儿园，其生活教育的观点体现为生活即教育发展、教学做合一以及社会即学校。

①课程内容的组织。生活纲要分全年、一月、每周、每日四种。全年纲要又称为"幼生生活历"，其中包括节令、气候、动物、植物、农事、风俗、卫生、童玩等八项，每月纲要依据全年纲要、各幼儿园的需要来设定学习重点；每周活动要将每项活动进行的步骤加以分析，并对活动资源、上周活动情况加以修正；每日活动要根据全年纲要、每月纲要、每周活动来设定，同时，要考虑幼儿的兴趣及学习情况。

②课程内容的来源。陶行知生活教育的课程内容来源于幼儿园周围的人、事、物，凡是儿童感兴趣的均为活生生的生活教育的材料。例如，自然物：石头、泥沙、松针、棉花、松果等；废弃物：纸袋、木头、贝壳、旧邮票等；土产：红豆、番薯、玉蜀黍等，这些都是幼儿园课程的好素材。

（3）生活教育课程的实施。陶行知生活教育的课程实施强调教育应以生活为中心，课程应包括人类生活的全部，全部的生活都是教育，即全部的生

---

① 李定开.中国学前教育史［M］.重庆：西南师范大学出版社，1990：321.

活都是课程。对自然现象、社会现象、儿童故事、儿童歌谣、儿童游戏加以收集，作为教育幼儿的教材，以教学做合一的方式进行课程实施；即以一件事情为中心，全体儿童分工合作，将教、学、做三者有机结合。陶行知在工农中普及幼儿园，从理论到实践，把生活教育作为课程核心的课程理念，具有划时代的意义，他指明了幼儿园是为了一切儿童利益和幸福的回归生活教育。

2.陈鹤琴的五指教学课程实验

陈鹤琴是我国现代教育史上著名的儿童心理学家和学前教育家，是五四运动以后，中国学前教育研究和实验的典范。陈鹤琴先生于 1914 年留学美国，师从克伯屈、孟禄、桑代克等著名教授，潜心研究教育学和心理学，1919 年回国，1923 年在南京创办了南京鼓楼幼儿园，建立了我国第一个幼儿教育研究中心，亲自主持幼儿园课程研究工作。当时，我国幼儿园课程存在崇洋媚外问题，如有教会幼儿园的宗教课程，有日本式课程，也有少数幼儿园实施福禄贝尔、蒙台梭利课程，等等。陈鹤琴认为这种大抵抄袭外国人的课程，"抄来抄去，到底弄不出什么好的教育来。"[①] "现在中国所有的幼儿园，差不多都是美国式的……要晓得我们的小孩子不是美国的小孩子，我们的历史、我们的环境与美国不同，我们的国情与美国的国情又不是一律：所以他们视为好的东西，在我们用起来未必都是优良的……总之，幼儿园的设施，总应当处处以适应本国国情为主体，至于那些具世界性的教材与教法，也可以采用，总以不违反国情为唯一条件。"[②] 基于此，他决心探究适合我国国情的幼儿园课程。

（1）学前教育的基本理念。陈鹤琴深受五四新文化运动以来科学与民主精神的陶冶，他认为儿童不是成人的缩影，而是有他们独特的生理、心理特点，他把儿童看成教育的主体，认为一切课程是儿童自己的，是儿童自发的活动，教师的责任是提供给儿童询问机会及各种应用材料，并指导儿童应用所需要的材料；主张教师做儿童的朋友，同游同乐、去玩去教。他与张宗麟等人一起进行幼儿园课程中国化和科学化探索，提出了"活教育"思想，明确指出："活教育的目的就是在做人，做中国人，做现代中国人。"[③] 现代中国人必须具备五个条件：要有健全的身体，要有创造的能力，要有服务的精神，要有合作的态度，要有世界的眼光。

（2）学前教育课程目标。学前教育课程是学前教育的核心，是为学前儿

① 北京市教育科学研究所.陈鹤琴全集：第二卷 [M].南京：江苏教育出版社，1989：110.

② 同上。

③ 北京市教育科学研究.陈鹤琴全集：第二卷 [M].南京：江苏教育出版社，1989：356.

童设计的课程。陈鹤琴先生在研究中国 20 世纪二三十年代学前教育课程实际的基础上，从身体、智力、情感等方面提出了学前教育目标。他认为，教育目标首先要解决"做怎样的人"的问题，具体如下：第一，做人，应有合作的精神、同情心、服务的精神；第二，身体，应有健康的体格，养成卫生的习惯，并有相当的运动技能；第三，智力，应有研究的态度，充分的知识，表达的能力；第四，情绪，应能欣赏自然美和艺术美，养成快乐的精神，消除惧怕的情绪。

（3）学前教育课程内容。陈鹤琴认为，儿童、教材、教师是教育中的三大要素，"儿童是主体"[1]，课程应以自然和社会为中心。他指出："小孩子能够学的与应该学的东西，本来是很多的，但是我们不能就这样漫无限制地毫无系统地去教他……要根据儿童的环境。"[2]

儿童的环境包括自然环境和社会环境，自然环境包括动植物和自然现象；社会环境包括个人、家庭、集社等类的交往。自然和社会是儿童每天接触到的，应该成为幼儿园课程的中心。它的课程内容如下：

第一，健康活动。

身体健康：游戏、静养、饮食、睡眠、户外活动、健康检查、健身操、排泄与清洁习惯的指导及安全教育等。

心理健康：活泼、快乐、开朗、有礼貌、勇敢、诚实等。

第二，社会活动。

社会活动包括升降旗、讨论、报告、纪念日集会、整理环境及社交活动等。

第三，科学活动。

科学活动包括自然观察与研究、种植、饲养、计数、学习自然现象、填气候图、了解当地自然环境。

第四，艺术活动。

音乐活动：唱歌、律动、表演、音乐欣赏等。

工作活动：沙箱装排、图画（剪纸、粘贴、撕纸、纸条编织）、泥工等。

第五，语文活动。

语文活动包括说、听、唱（故事、歌谣、谜语、笑话、图画书）等。

（4）学前教育课程的组织。陈鹤琴先生在课程组织上反对分科教学。他

① 北京市教育科学研究.陈鹤琴全集：第二卷 [M].南京：江苏教育出版社，1989：23.
② 北京市教育科学研究.陈鹤琴全集：第二卷 [M].南京：江苏教育出版社，1989：115.

认为，分科教学是一种针对知识程度高、理论性强的大学学科的教学法。幼儿园活动必须以儿童的生活和经验为基础，但又不是儿童个体经验的简单重复和延续。为此，陈鹤琴反对两种极端的幼儿园课程组织的方法，一是把儿童从入园到毕业的课程，每小时都计划得很周到；另一种是不做任何计划。幼儿园的课程究竟应该如何组织？陈鹤琴认为其基本原则是："要有目标，又要合于生活。"① 这种课程组织的方法后来被陈鹤琴概括为"整个教学法"，"就是把儿童所应该学的东西整个地、有系统地去教儿童学。这种教学法是把各科功课打成一片，所学的功课是无规定时间表的，所用的教材是以故事或社会或自然为中心的，或是做出发点的，但是所用的故事或关于社会自然的材料，总以儿童的生活、儿童的心理为根据的。"②

1951 年，陈鹤琴发表了《幼儿园的课程》，在这篇文章中，他提出了适合我国国情的幼儿园课程编制的十大原则和三种具体的编制方法。

第一，课程编制的原则。

课程的民族性：课程应该是民族的，不是欧美的。

课程的科学性：课程应该是科学的，不是封建的。

课程的大众性：课程应该是大众的，不是资产阶级的。

课程的儿童性：课程应该是儿童化的，不是成人的。

课程的连续发展性：课程应该是连续发展的，不是孤立的。

课程的现实性：课程应该是适合儿童身心发展、促进儿童健康的。

课程的教育性：课程应该培养儿童五爱、国民公德、团结、勇敢等优良品质。

课程的陶冶性：课程应该陶冶儿童性情、培养儿童情感。

课程的言语性：课程应该培养儿童的说话技能，让儿童表达自己的情感和思想。

第二，课程编制的方法。

圆周法：幼儿园每个年龄班所选教材的难度和分量应根据儿童年龄的不同有所变化，但预定的教育单元内容相同，由浅入深进行。

直进法：将儿童生活中接触的事物按事物的性质和内容的深浅安排到各年龄班。

混合法：灵活采用以上方法。

---

① 北京市教育科学研究.陈鹤琴全集：第二卷[M].南京：江苏教育出版社，1989：43.
② 石筠弢.学前教育课程论[M].北京：北京师范大学出版社，1999：270.

根据陈鹤琴先生的上述课程思想，幼儿园的课程不应该分科，而应该将不同的活动形式在表达共同活动主题时建立有机联系，使它们所表达的内容融为一体，最终归于儿童的生活，只有这样才能体现儿童的中心地位，幼儿园的课程也才富有弹性与灵活性。

（5）学前教育课程的实施。陈鹤琴先生认为，幼儿园的课程应从儿童的生活和儿童自身出发，幼儿园课程的实施是实现教育目标的关键，课程实施应采用"整个教学法"、游戏法、小组教学法等。对儿童来说，"游戏就是工作，工作就是游戏。"因此，游戏是符合幼儿年龄特点的活动，运用游戏方法实施课程，有利于儿童学习。由于儿童的年龄不同，兴趣、智力等存在差异，采用小组教学法有利于因材施教，使处于不同发展水平的儿童在相互作用中都得到发展。

陈鹤琴先生的课程理论对我国学前教育回归生活课程的启示在于：以南京鼓楼幼儿园为基地展开了一系列富有创意的实验研究，辨证看待西学，这种立足实验的中西融合是中国化幼儿园课程建构的基本精神所在。他与张宗麟等人开创了中国化幼儿教育的先河，谱写了中国现代幼儿教育的辉煌乐章。

第三节　建构主义理论在幼儿园课程中的运用分析

一、皮亚杰建构主义理论的基本思想

皮亚杰是儿童心理学、发生认识论的开创者。他在前人研究的基础上提出了自己的发生认识论，重新界定了认知、认知过程等几千年来人们一直认同的观念。

（一）智慧的本质

皮亚杰感兴趣的以及毕生所从事的是对认识论的研究。为了形成一个尽可能连贯的人类认知及其发展的模型，皮亚杰与当时的西方哲学传统产生了极大的分离，他将一般的哲学认识论改造成个体认识发生、发展的发生认识论，从研究生物学走向哲学，又从寻找两者之间的中间地带走向心理学。在这个不断转变的过程中，皮亚杰将研究焦点从实体论的世界转移到了生物体经历的世界，他开始追求对知识的生物学解释。因此，他在研究中形成了一种特别的逻辑结构，即把逻辑归结为某种运算，把运算归结为动作的内化，而将动作的起因归结为生物的进化。[①]

皮亚杰认为，认识的本质从生物学角度来说是一种适应，认识作为生物适应的一种特殊表现，"……在本质上就是一种组织、结构；它们的机能就是在结构（构造）着宇宙，正像有机体结构（构造）着它们的直接环境一样"[②]。适应的本质在于取得有机体与环境的平衡，而平衡的实现包括两个过程：同化（assimilation）和顺应（accommodation）。在皮亚杰看来，"智慧（认知）的适应与其他形态的适应一样，是由同化机制以及与之相辅相成的顺应机制间的不断向前推进的平衡"[③]。

同化是指个体对刺激输入的过滤或改变的过程。也就是说，个体在感受到新的外在刺激时，会把它们纳入自己头脑中原有的图式，使其成为自身的一部分。

顺应是指有机体调节自己已有的内部结构，以适应外部特定刺激的过程。当有机体不能用自己原有图式来同化新的刺激时，就要对原有图式加以调整，或修改或重建，以适应环境。

同化与顺应相辅相成，缺一不可，有同化必然有顺应，但并不是所有的认识中同化和顺应的比例都相当，有时同化占优势，有时顺应占优势，这两种情况下认知都处于"不平衡"状态；当同化和顺应取得均衡时，认知就达到了"平衡"状态。

皮亚杰用"自我调节"的机制来说明同化和顺应之间从不平衡向平衡转化的平衡化过程。一般而言，当个体遇到新的刺激时，总是试图用自己已有的图式去同化它，如果成功，认知便在这一刻达到了暂时的平衡。相反，如果个体用已有图式无法同化这一刺激，个体便会调节已有图式或重建新图式，即顺应，直至达到认识上的新平衡。平衡连续不断地发展，就是整个认知发展的过程。

---

① 丁·皮亚杰，左任侠，李其雄.皮亚杰发生认识论文选[M].上海：华东师范大学出版社，1991：37.

② 丁·皮亚杰，左任侠，李其雄.皮亚杰发生认识论文选[M].上海：华东师范大学出版社，1991：52.

③ 丁·皮亚杰.生物学与认识[M].尚建新，杜丽燕，李渐生，译.北京：生活·读书·新知三联书店，1989：20.

（二）认识发展阶段

皮亚杰认为，儿童思维的发展既是连续的，又是分阶段的，前一阶段是后一阶段的基础，后一阶段是前一阶段的延伸。发展阶段既不能逾越，也不能逆转，思维总是沿着必经的途径向前发展。

通过长期的观察和实验，皮亚杰将认知发展过程划分为四个阶段：感知运动期（sensorimotor stage）、前运算阶段（preoperational stage）、具体运算阶段（concrete operational stage）、形式运算阶段（formal operational stage）。

1. 感知运动期（0～2岁）

皮亚杰认为，本阶段是思维的萌芽期，是发展的基础。本阶段的心理发展状态决定个体未来心理演进的整个过程，其主要特点是儿童依靠感知动作适应外部世界。

2. 前运算阶段（2～7岁）

这一阶段，由于信号功能的出现，儿童从具体动作中摆脱出来，开始以符号作为中介来描述外部世界。前运算阶段又包括两个亚阶段：前概念阶段和直觉思维阶段。

（1）前概念阶段（2～4岁）。前概念阶段又叫象征思维阶段，这一阶段的儿童开始运用象征性符号进行思维，出现了"意之所指"和"意之所借"的分化，而这一分化被皮亚杰认为是思维的发生。前概念指的是儿童将其初学得的语言符号加于一些观念之上而形成的概念，这种概念是具体的、动作的，而不是抽象的、图式的。它的显著特征是摇摆于概念的一般性和组成部分的个别性之间，使其推理显得符合逻辑。

（2）直觉思维阶段（4～7岁）。这一时期儿童的思维受知觉到的事物的显著特征所影响，缺乏守恒性，思维具有不可逆性。此阶段的思维仍然是具体的，虽然已经开始反映事物的整体结构，但它还不够抽象，还不是概念。

3. 具体运算阶段（7～12岁）

"运算"是皮亚杰理论中的一个特定概念，是一种内化了的动作，在这个阶段，儿童具备了一般的逻辑结构，认知显著增长，有了一些抽象思维。该阶段的主要特征是守恒性、可逆性，逐渐去中心化，形成群集结构、序列，等等。虽然具体运算阶段的儿童已经实现了很多运算的群集，但儿童这时的运算不能脱离具体事物的运算，是零散的，不是一个完整的结构。

4.形式运算阶段(12 ～ 15 岁)

这是儿童思维发展的最高阶段,本阶段儿童的认知发展逐渐成熟,思维能力已经超出事物的具体内容,摆脱了具体事物的束缚,具有了更大灵活性,能够把内容和形式区分开来,能够根据命题或假设进行逻辑推理。

(三) 知识建构理论

1.知识的起源

皮亚杰在《发生认识论原理》中指出:"认识既不是起因于一个有自我意识的主体,也不是起因于业已形成的(从主体的角度来看)、会把自己烙印在主体之上的客体;认识起因于主客体之间的相互作用,这种作用发生在主体和客体之间,因而既包含着主体又包含着客体。"也就是说,儿童的认知来自主体对客体的动作,是主体和客体相互作用的结果,而动作是连接主客体的桥梁和纽带,动作发展了,主客体各自的联系就得到了发展。

2.知识的种类

以知识来源、知识结构方式为依据,皮亚杰把知识分为三类:物理知识(physical knowledge)、社会习俗知识(arbitrary conventional knowledge)、逻辑数理知识(logic-mathematical knowledge)。

物理知识是物理经验通过经验抽象的机制而形成的知识。其中,物理经验是指由主体个别动作所产生的有关客体位置、运动和性质的经验。[①] 这些物理特性客观地存在于外部物体之中,个体可以通过观察经验获得。物理经验上升为物理知识需要通过经验抽象,经验抽象指的是个体通过感官所产生的体验,或是经由实际对物体的行动而产生的体验。在经验抽象的过程中,个体只强调客体的某种性质而忽略其他性质。例如,儿童将颜色从一个物体中抽象出来,他就会不顾重量、质地、形状等其他性质。

社会习俗性知识是一种约定俗成的社会事实,主要来源于人类认可的传统和习俗,如三八妇女节、六一儿童节等。

逻辑数理知识是逻辑数理经验经过反省抽象而形成的知识,这类知识来源于儿童的思维,由儿童发现的关系组成。其中,逻辑数理经验是指由主体一系列动作参与并对这些动作之间的关系进行协调所产生的经验。这类经验需要通过反省抽象才能上升为逻辑数理知识。反省抽象指的是认知主体对作用于物体的一系列动作的协调所进行的抽象,它的实质是物体之间关系的建构。这种

---

① 朱家雄.建构主义视野下的学前教育[M].上海:华东师范大学出版社,2009:7.

关系在客观的物质世界中是不存在的，只存在于能创造物体间关系的主体的头脑之中。

以上三种知识中，只有社会习俗性知识是一种社会事实，可以通过传授直接获得，其余两种知识都需要主体通过对客体的建构才能获得，尤其是逻辑数理知识。

（四）对发展与学习关系的解释

首先，发展与学习是不同的。皮亚杰认为，"认知的发展是一个自发的过程，它与胚胎发生的整个过程紧密相连……发展是一个与认知结构的整体有关的过程"，而"学习表现出与此相反的一种情况。一般说来，学习是由某个心理测试者的情境所激发的；或者是遵循某种教学方法观点的教师所激发的；或者由一种外在的情境所激发的……它是一个有限制的过程，即局限于一个单一的问题或单一的结构"①，也就是说发展是自发的，而学习是引发的。

其次，皮亚杰认为，发展与学习之间的关系主要表现在两个方面：①发展解释着学习，"……发展是基本的进程，而每一学习成分仅仅作为整个发展的一个功能而出现，并不能作为说明发展的一个成分"，发展决定着学习而不是学习制约着发展，学习从属于发展而非相反；②发展与学习之间的基本关系是一种同化，同化是学习的根本。在皮亚杰看来，学习的主体是主动的，应该把重点放在自我调节的观点上，放在同化上，放在主体自身的活动上。

二、皮亚杰建构主义理论蕴含的教育观念

20 世纪 60 年代开始至今，皮亚杰建构主义理论对整个教育领域产生了深远的影响，致使教育工作者在观念上发生了巨大的变革，下文仅从知识观、儿童观、学习观以及教学观四个方面进行简单介绍。

（一）知识观

从认知的本质到思维的起源，皮亚杰都旨在说明一个问题，知识不是外界客体的简单摹本，也不是主体内部预先形成的结构的展开，而是由主体与外部世界不断相互作用，逐步建构的结果，是学习者通过新旧知识经验间反复的、双向的作用过程而建构的。既然知识是主体与客体不断相互作用而逐步建构的结果，那么，知识就是主体基于自身经验对客观世界的一种解释和假设，

---

① 皮亚杰.皮亚杰教育论著选 [M].卢睿，译.北京：人民教育出版社，1990：19.

而不是问题的最终答案。知识会随着人们认识程度的深入而不断改写和升华，形成新的解释和假说。知识的真正理解和掌握只能取决于学习者自身的经验、学习活动过程等因素。

（二）儿童观

与"知识是由主体与外部世界不断相互作用而逐步建构的结果"这一观念相对应，真正的知识并不是由教师传授给儿童的，而是出自儿童本身。儿童是学习的主体，是知识的主动建构者。

（三）学习观

皮亚杰认为，学习与发展的基本关系是一种同化，学习的主体是主动的，应该把重点放在自我调节的观点上，放在主体自身的活动上。因此，儿童学习的实质是一种"意义建构"，以"建构"取代"反映"，以主动活动取代被动接受，强调儿童的主体性与选择性。

（四）教学观

皮亚杰并不主张教师"教"儿童知识，认为我们在教儿童的时候恰恰阻碍了儿童自己去探究的机会。当然，皮亚杰也并不是完全否认教师的作用，他主张教师应该为儿童提供探究的材料、创设民主的氛围、提供必要的帮助，以促进儿童主动建构知识。

20世纪60年代，人们逐渐尝试将皮亚杰理论应用到教学实践中。但是，皮亚杰从来就没有认为他的理论可以被应用在教育中，只是教育界人士满腔热情，期望将他的建构主义理论作为自己所从事的教育事业的坚强理论支柱，并以这一理论为基础演绎出了为数众多的课程。就学前教育领域而言，由于不同的研究者对皮亚杰建构主义的认识和把握不尽相同，他们所演绎出来的课程也存在差别。从下一章开始，笔者将对皮亚杰建构主义理论在幼儿园课程中运用的发展历程进行一个较为系统的梳理。

三、皮亚杰建构主义理论在我国幼儿园课程中运用的可行性

（一）文化适宜性的考虑

根据布朗芬布伦纳的理论，大系统与外系统、中间系统以及小系统之间存在内容和形式上的一致性。在整个文化及其所包含的各个较低层次的系统

中，具体的方方面面的表现可能差距很大，但在内部却具有同源性。因此，作为小系统的我国幼儿园课程，必须是与中国文化同源的，与来源于西方文化，并在此文化背景下产生和发展的皮亚杰建构主义理论必然存在着"非同源性"。中西文化是两种截然不同的文化，分别根植于不同的价值观。中国文化以儒家学说为核心，具有成人本位、权威取向、家族取向、关系本位以及学历取向等传统，崇尚集体、注重等级、强调服从、重视考试。因此，在中国文化中，对集体利益的服从、对上级领导的服从、对结果的重视与索取等都被赋予了极高的价值，而西方文化崇尚个体、注重平等、强调个性，因而在西方文化中，对个人利益的重视、对个性的张扬、对自由的渴望、对过程意义的追求等被赋予了极高的价值。

皮亚杰建构主义理论产生于西方文化背景，其基本主张与西方价值观相一致，固然能在西方文化背景下的教育中有较好的应用；而在"非同源性"的中国文化背景中应用，必然会出现与中国文化相互抵触的方面。因此，教育者需要从自己的实际出发，以尊重其本土化的方式来展开变革。在与幼儿园教师的交流过程中，我们发现他们也明确意识到了这一问题。

中国文化的相对稳定性及同化性是影响教师运用皮亚杰建构主义理论的另一个原因。中国文化传统延续数千年，很难轻易发生变化，梁漱溟先生曾经指出，中国文化的特点之一是同化性强且不易改变，"中国以往历史征之，其文化上同化他人之力最为伟大。对于外来文化，亦能包容吸收，而初不为其动摇变更"。因此，面对强大的中国文化，皮亚杰建构主义理论在实施时，会出现"四不像"问题，会出现"做着做着就回到以前的做法上去了"的情况，这是因为生活于文化中的个人对于文化更多是服从而不是反抗。既然如此，生活在中国文化传统中、接受中国传统文化教育的幼儿园教师，在面对皮亚杰建构主义理论时必然会受到传统文化的制约。

因此，一种理论能不能在我国幼儿园课程中运用，首先要关注这种理论与我国文化的适宜度。与我国文化适宜度高，运用的可行性就大，反之亦然。

（二）教育哲学层面的考虑

黄济先生认为："教育哲学是整个教育科学中的一个重要的分支学科，又是教育科学中一门具有方法论性质的学科。"[①] 从其同哲学的关系来看，它是一门边缘学科；从其与其他教育学科的关系来看，它又是一门基础学科。由此

---

① 黄济.教育哲学[M].北京：北京师范大学出版社，1985：20.

可见，教育哲学虽然是一个综合了教育和哲学的边缘学科，但是它在教育领域却是一个处于最高指导地位的学科。它试图解决的是教育科学中基本的、概括的、根本的问题，如教育是什么、教育的目的、教育与知识、教育与自由等。因此，教育哲学不同，教育的基本价值取向也就不同。

曾任全美幼儿教育协会主席的美国塔夫兹大学教授埃尔金德在反思"发展适宜性教育实践"时感叹，"没有哲学上的变革，教育实践中的变化至多只是表面的，如果学校教育的哲学依然是心理测量学的，那么，没有任何的教室或学校能真正实现与发展相适宜的教育方案。"他又说，"十分不幸，教育哲学的根本性改变主要取决于社会经济的需要，而不是科学的创新。"结合埃尔金德的反思，反观我国幼儿园课程中对皮亚杰建构主义理论的运用，同样会出现相应的问题。以皮亚杰建构主义理论为基础编制课程，在理性的阐述方面可能问题并不突出，但是在实践中真正应用是有相当难度的。

迄今为止，我国学校（包括幼儿园）占主导地位的教育哲学依然是以心理测量学为基础的，它与我国传统文化、经济状况以及教育水准等有着密切的关联，但要从根本上改变这种教育哲学还需要漫长的时间。以心理测量学为基础的教育哲学落实到教育评价方面就是重视结果，重视可以量化的内容。例如，检查、验收幼儿园，看各种材料全不全；评价教师，看教师的上课能力、教师的最终学历、教师的各种证书，也看幼儿掌握的外显的知识的程度；评价幼儿，以考试为主考查幼儿各方面可见的能力，并通过考试及其结果来决定幼升小等。这种评价取向决定了管理者的管理理念与方法以及教师的教学观念（知识观、儿童观等）和教学方式等。因此，目前我国以心理测量学为基础的教育哲学与皮亚杰建构主义理论所主张的基本的教育观是全然不同的，这就导致了这种理论在我国幼儿园课程中广泛运用是有很大困难的。

（三）课程可操作性的考虑

前两点研究者从较为宏观的角度对运用皮亚杰建构主义理论进行了反思，但正如布朗芬布伦纳的人类发展生态学理论所主张的那样，研究一种现象，要综合考虑各种因素，不仅要考虑宏观的，也要考虑微观的。那么，在微观层面，研究者认为，皮亚杰建构主义理论的运用要考虑理论与实践融合的可能性，如教师自身水平、课程的编制与实施等。

不可否认，皮亚杰建构主义理论确实对我国学前教育事业产生了极大的影响，使我国学前教育工作者的理念发生了极大的变化。在我国幼儿园课程改革初期，针对当时我国幼儿园课程过分强调教师教学而不关注儿童发展的弊端，皮亚杰建构主义理论的引进，犹如清风般吹进人们的心扉，使人们开始关注儿童，关注活动等。但是，不管是学前教育理论工作者还是实践工作者，大家的一个共同感觉是：课程改革到现在，大家在理念上确实更新不少，但是这些理念还没有很好地落实到实践中。正如李敏谊所指出的那样，在我国课程改革中，"以西方各种先进理论为自己的指导思想，但是缺乏自己的理论基础，致使在改革过程中，出现理论与实践相背离的现象……"

第四章　学前儿童活动

第一节　小组活动

《幼儿园教育指导纲要（试行）》中明确提出："通过引导幼儿积极主动地参与小组讨论、探索等方式，培养幼儿合作学习的意识和能力，学习用多种方式表现、交流、分享探索的过程和结果。"小组活动在促进幼儿主体性学习、照顾幼儿个体差异、支持幼儿合作方面独具价值，能较好地体现新课程所倡导的自主、合作、交流等理念，在教育改革中逐步成为学前教师关注和探索的热点。

一、小组活动概述

小组活动是以合作学习小组为基本形式，系统利用活动中动态因素之间的互动促进幼儿的学习，共同达成发展目标的教育活动。小组活动具有四个基本特征：以异质小组为基本形式，以小组明确的目标达成为标准，以小组成员相互依赖的合作性活动为主体，以小组总体成绩作为评价和奖励的依据。

二、小组活动的价值

（一）唤醒主体意识，提高幼儿的参与度

小组活动为幼儿提供了宽松的心理环境，使他们有机会大胆地提出自己

的想法、质疑他人的观点，使批判性学习成为可能。组员的表现机会增多，对他人信息的接收更加丰富，在经过组员间不同想法的碰撞后，进一步激发幼儿的创造力、拓展思维，培养创新意识和思维能力，同时促进幼儿自身知识经验体系的建构，使其获得可持续发展的动力。

（二）改善师幼关系，提高教育的和谐度

师幼关系从传统的管理型、集权型转变为交流型、伙伴型。幼儿可以走到教师的身边，教师也可以走进每个幼儿，距离的拉近、言语交流频率的递增、动作交流的增加可以让师幼关系变得更加亲密。教师有更多的时间和精力来观察幼儿，更能了解幼儿的参与情况、活动水平以及活动兴趣需要，有利于采用个别化的方式促进幼儿的个性化发展。

（三）创建交流平台，提高社会化发展水平

小组活动中，幼儿的学习方式以及角色作用都发生了改变。幼儿主动提问、自主交流、敢于尝试、学会倾听和反思，在与同伴的互动中发展合作能力，为获得终身学习的能力奠定坚实的基础。由于小组活动是以小组明确的目标达成为标准，小组与个体的价值融为一体。幼儿在共同努力完成小组任务的同时，个体的价值也随之实现，自尊、自信等社会性基本素质也得到发展。

三、教师在小组活动中的管理技术

教师的小组活动管理是一种微观管理，教师在活动价值导向下的行为安排能够体现小组活动管理的目的性和策略性。教师管理小组活动的技术内涵主要包括冷静观察与分析的技术、设计与反思的技术、反馈与回应的技术（语言与非语言的方式）、引导幼儿的技术、与幼儿沟通交往的技术、用评价与期望激励幼儿的技术、运用资源与创设环境的技术等。

（一）成立合作小组，引导幼儿体验合作活动

成立合作小组是开展小组活动的首要工作。教师应遵循"组间同质、组内异质"的原则，考虑幼儿的性别、兴趣、水平能力和性格特征等因素，使小组成员做到"强弱搭配、优势互补"。小组成员要相对固定，使同组的幼儿有尽可能多的时间共处和交流，彼此之间尽快了解和熟悉，对同伴的行为方式和性格特征有更加深入的了解。

我们有这样的反思：这种强弱搭配分组的小组活动，从某种角度上可能

会降低幼儿探索的空间。于是，在剪贴作品"灯笼"时，我们进行了一些调整，采用了材料前置的方法，即在小组活动开始前，先将所需要的材料和详细的制作过程图投放到美术活动区，请幼儿根据材料和图示尝试操作。这种方法不仅给幼儿带来了更多自由探索的空间，还能及时发现幼儿在操作中普遍出现的难点，在此基础上再组织小组活动就更有针对性了。

（二）充分发挥"小组共同体"的教育作用

小组成员是以共同的任务目标连接而成的"共同体"，由于小组活动包含了讨论协商、统一意见、分工合作、交流分享等合作学习的必需环节和策略，教师在活动初期应致力于协助幼儿熟悉小组活动的具体步骤，即"商量—分工—操作—交流"，让幼儿在反复进行这些环节的过程中，乐于合作并善于合作。例如，科学活动中可设计分组操作环节，让小组成员分工协作，设置组长、记录员、操作者、发言者，每个成员各有职责；在实验中，小组成员要积极合作，分工操作，共同努力开展实验，以验证教师提出的假设；在实验结束后，小组成员要整理实验材料，帮助教师收拾活动场地。同时，要注意小组中的角色定期轮换，保证幼儿的多角色体验。

（三）适时指导，让幼儿习得更多合作技巧

教师应关注小组活动全过程并在不同阶段给予有效的指导。教师对幼儿的引导主要体现在幼儿合作小组的分组、幼儿合作过程中冷场、幼儿讨论脱离主题这三个方面。若幼儿在分组方面出现矛盾，教师应根据幼儿的性格、爱好、能力等，结合具体的情况进行适当的变动；若幼儿在合作过程中冷场，出现"作而不合、合而不均、合而无技"等情况，教师要根据原因进行指导，保证小组活动体现合作与交流；若幼儿讨论偏离主题，教师应及时以提问者的身份去提问，让话题围绕主题展开，保证合作学习的顺利进行。教师应提升幼儿的理解能力与交流能力，在合作中不但要让幼儿学会与他人交流自己的见解，而且要让幼儿学会倾听他人的建议与想法，并与他人友好相处，在活动中学会商量、谦让、合作等技能，同时应引导幼儿积极寻求帮助和主动帮助他人。教师要把握机会甚至创造机会帮助被排斥或游离在小组活动外的幼儿参与到小组活动中来，并帮助幼儿解决活动过程中的矛盾冲突与问题。从渗透、支持到自主阶段，教师的支持和指导贯穿合作学习的始末，教师的角色由台前向幕后逐步转化。

（四）充分利用新问题资源，引导幼儿自己解决矛盾冲突

小组活动中出现问题时正是教师实施教育的最佳时机，教师将活动中的问题管理转化为服务于幼儿活动的、能有序地引导幼儿控制活动资源和活动进程的主动行为，调适动静结合的活动节奏，引导小组活动走向更深的层次。

小组活动形式上的多人合作性、活动内容的生成探究性、幼儿反应的个体差异性以及活动过程的不可预见性等都可导致活动过程中不可控因素的增多，出现一些超出教师预设的新问题、新现象。教师要将这些新的问题和现象转化为一种新的教育资源进行利用，为幼儿提供更多探究的内容，以及更多思考的空间和释疑机会，这就使活动内容更能适应幼儿不断变化的实际需求，从而提升活动效能，促进幼儿的自主探究。在这个过程中，幼儿的学习兴趣随着新的探究情境的出现而更加浓厚，新的活动目标和探究内容也不断生成，探究空间亦不断拓宽。

以小组活动"制作桌布"为例，同样的书桌，采用同一种测量工具的同组幼儿得出的测量结果却是多样的。面对一些幼儿的错误，教师并没有直接进行评价并说出正确答案。而是先引导幼儿观察这些多样化的测量结果，并提问："你们说这样量准确吗？为什么？""那怎样量才会准确呢？我们还应该注意些什么呢？"通过层层深入的一系列提问，引导着幼儿一次又一次地尝试。他们发现了自己的"错误"，总结出了正确的测量方法：首端要对齐，量一次做一个记号，量时要在同一水平线上，等等。比起教师直接告知的方法，幼儿对于自己得出的测量方法掌握得更牢固，认识得更深刻。

（五）评价主体多元化，全面详细

教师对活动的评价应全面详细，采用过程性评价与结果性评价相结合的评价方式。对活动过程的评价要从小组合作过程的合作性和小组中每个成员的状态进行分析；对活动的结果主要是通过小组是否完成任务和所用时间来进行评价的。评价主体应由教师和幼儿共同担任。教师为主体的评价能够为幼儿提供更好的指导方法；而幼儿为主体的评价更真实、内容更丰富，幼儿也可以通过评价与反思得到锻炼。无论评价标准如何变换，均应遵循"淡化个体、强化小组"的原则，强调"合作学习、荣辱与共"的关系，以培养合作精神、团队意识和集体观念。

幼儿园的教育目标是促进每个幼儿的身心健康发展，小组活动符合幼儿个性化发展的需要，理应成为今后幼儿园活动的重要形式。

第二节　区域活动

一、区域活动的概念界定

区域活动是根据幼儿的身心发展特点和教育活动目标为幼儿提供的一个宽松、自由、愉悦的环境，投放适宜的、丰富的活动材料，从而提高幼儿认知水平、丰富情趣情感、培养社会交往能力的一种自主性学习空间的活动。

在我国，区域活动并没有统一的定义。

陈华提出区域活动是教师根据幼儿园教育目标和幼儿身心发展特点，为幼儿创设的一种有目的、有计划的活动环境，投放安全适宜的活动材料，遵循幼儿的意愿和自身发展水平，以操作、探索为主的方式进行个性化、自主化学习的活动。[①] 张哲对区域活动的定义："区域活动是教师为幼儿提供丰富的环境，投放适宜性的活动材料，幼儿自主选择、自主进行的游戏形式，是有一定教育意义的幼儿自主游戏活动。"[②]

二、区域活动的理论基础

（一）皮亚杰的认知发展理论

皮亚杰主张个体知识的产生与获得是由个体对周围环境、事物的实际探索与操作，儿童的认知是在不断与环境的相互作用过程中获得和发展的。他提出影响幼儿心理发展的因素主要包括成熟、经验、社会环境、平衡化。根据皮亚杰的理论，教师需要给幼儿提供一个可操作、可自由选择、可探究的主动建构的区域环境，幼儿在区域活动中可以自主操作、自由探索，有助于提高幼儿与同伴的交流合作和语言表达能力。

① 陈华.幼儿区域活动中存在的问题与对策[J].引进与咨询，2004(12)：99-100.
② 张哲.教师介入中班幼儿区域游戏的现状研究：以保定市区两所公办园为例[D].保定：河北大学，2011.

（二）维果茨基的最近发展区

维果茨基被称为"马克思主义的心理学家"，他提出的最近发展区理论对教育领域有着举足轻重的作用。幼儿的发展水平有两个：一个是自己独立可以达到的水平，另一个是在成人的帮助下可以达到的水平，这两个水平之间的距离就是最近发展区。

在小班，教师要根据本班幼儿的年龄特点和最近发展水平有目的、有针对性地投放区域材料，设置区域空间，给幼儿一个"跳一跳，够得着"的操作空间，多给幼儿选择、表达和操作的机会，使其在已有经验的基础上不断成长。教师要不断发现幼儿的最近发展区，提供最适宜幼儿提升的区域活动，从而激发幼儿的求知欲，培养其不断思考、探索和克服困难的能力。区域活动的目标、内容、实施等过程要结合幼儿的最近发展区，找到幼儿的差异性。

（三）蒙台梭利的教育理论

蒙台梭利的教育理论强调"自由""工作"。她提倡教师应为幼儿提供一个有准备的环境，让幼儿实现自我发展，幼儿只有在不打扰其他人的情况下才能自由地选择和探索。教师在幼儿面前，更多扮演的是观察者、提供者。教师在区域活动中要为幼儿提供自由操作的有准备的环境，让幼儿不断地与环境互动，从而得到发展。幼儿在与材料的操作互动中不断提高自己的能力。

三、区域活动的特点

（一）自由性

区域活动让幼儿依靠自身的能力，通过对各种材料的摆弄、操作去感知、思考，寻找问题的答案。幼儿可根据自己的兴趣、意愿、能力自行选择活动，自由结伴、自由选择、自由活动，促进幼儿在不同的水平上获得相应的发展。

（二）自主性

区域活动中，幼儿自主决定游戏的材料、方式、内容及玩伴，按自己的方式和意愿进行。区域活动是自我学习、自我探索、自我发现、自我完善的活动，可以充分发挥幼儿的主体作用，让幼儿成为自己真正的主人。

（三）个性化

教师通过设置各类活动区域、安排各种活动内容来满足不同发展水平的幼儿的需要，并根据幼儿的实际水平进行有针对性的指导与帮助，使幼儿在不同的水平获得不同的经验，让每个幼儿在原有水平上实现富有特色的发展。

（四）指导的间接性

区域活动中，教师退至幼儿的后面，幼儿成为活动的主体。教师的任务是观察幼儿的活动情况，分析指导的内容和决定指导的方法，以游戏伙伴的身份做隐性的指导，培养幼儿的积极性、主动性和创造性。

四、区域活动的意义

区域活动充分体现了幼儿身心发展的特点，可满足幼儿活动和游戏的需要，更好地促进幼儿自然、自由、快乐、健康成长，实现"玩中学、做中学"。

（一）区域活动的开展为幼儿的交往提供了良好的心理环境

区域活动的设置是自由的、开放的，幼儿可以根据自己的喜好选择相应的区域进行活动，丰富的环境为幼儿提供了探索、求知的空间，使幼儿的需求得到满足。

（二）区域活动为幼儿提供了协商、合作的机会

现在的幼儿多是以自我为中心的，在幼儿园的集体教育中，教师虽然比较注重对幼儿各方面的培养，但针对性不强，而区域活动的特殊性恰恰弥补了集体教育的不足。

（三）区域活动为幼儿的发展提供了广阔的空间

区域是幼儿自己的空间，幼儿在属于自己的空间里感受、发现和创新，自由自在地交往。幼儿的双手和头脑始终处于积极的状态，在自己的小天地里探索、操作，获得了更广阔的发展天地。

五、区域活动环境的创设

区域活动的教育价值主要是附设在区域内的操作材料、情境及相应的活动中。区域活动开展的前提是有一个特定的"有准备的环境"。《幼儿园教育指导纲要（试行）》明确指出："幼儿的空间、设施、活动材料和常规要求等应有利于引发、支持幼儿的游戏和各种探索活动，有利于引发、支持幼儿与周

围环境之间积极的相互作用。"

（一）活动区域的设置

在现阶段幼儿园室内环境设计中，有多种多样的区域，大致有以下三种类型。

1.常规区域

目前，幼儿园常规区域一般包括建构区、美工区、表演区、角色游戏区、阅读区、益智区、语言区、科学区、感官操作区、沙水区、运动区等。

2.特色区域

特色区域主要是与其他幼儿园不同的、比较独特的区域。这种特色可以是地域特色，也可以是园本、班本特色。

3.主题区域

主题环境的建构越来越引起教师们的重视，主题环境可以体现在墙饰上，也可以体现在区域环境上。教师可将某一主题活动内容物化在区域材料当中，引导幼儿在区域活动中实现主题目标。

（二）活动区域的布局要求

活动区域根据教室空间（面积、格局、形状）、幼儿人数（男女比例）、编班方式（年龄段、混龄、同龄）、幼儿园总体安排及课程设置等总体考虑，必须使地面、墙面、桌面得以充分利用，环境布置、材料设备等蕴含的教育因素能充分发挥作用，让幼儿在充分的活动中获得多方面发展。

1.活动区域的界限性

在划分界限时，除了考虑美观、漂亮之外，更要从教育的角度出发。活动区域可通过地面不同的颜色、图案或质地来划分不同的区域，也可划分立体界限，运用架子、柜子或其他物体隔离出不同的区域，形成封闭或开放的空间。还可以用写有相关活动区的文字、图片或装饰物帮助幼儿认识区别各个区域。各个区域之间还要留出足够的、便于幼儿进出的通道，保证活动的顺利开展。

2.活动区域的相容性

在布置活动区时要考虑各个区域的性质，尽量把性质相类似的活动区放在相邻的位置，如把以安静的阅读活动为主的图书区和以动脑为主的数学区放在一起，把操作活动为主的积木区和娃娃家放在一起，等等。同时，需要用水的活动区应当靠近盥洗间或取水处，自然区和图书区等需要明亮光线的区域应靠近窗户，等等。

3.活动区域的转换性

在考虑划分各个区域的同时，也要考虑幼儿可能出现将一个活动区内的活动延伸转换至其他活动区的需要。例如，在表演的角色游戏活动可能会延伸至积木区；在自然区的活动可能会延伸至美工区。教师应该预见幼儿可能出现的延伸活动，在活动区的设置上满足幼儿的这一需求。同时，密切观察幼儿在各个活动区的活动，细心了解幼儿的兴趣和需要，并及时调整活动区的种类和数量。

（三）区域活动材料的投放

区域材料作为幼儿活动的操作对象，是幼儿建构、学习、发展的媒介，材料的投放影响着幼儿活动的开展。教师在投放区域材料的时候要根据幼儿的年龄特点、幼儿的实际发展水平、近期的教育目标进行投放。

1.材料要有趣味性、新颖性

有趣的材料能够吸引幼儿主动参与操作及激发幼儿探索的欲望，从而提高目标的达成度。科学区中有趣的凹凸镜、奇妙的磁铁、会变的三原色、沙漏、转盘、拼图等，生活区中的夹弹子、动物喂食、小猫钓鱼等，计算区中的图形、数字宝宝、七巧板、多变的几何体等对幼儿充满了诱惑，幼儿参与的兴趣就很浓。材料的提供不能一成不变，要根据教育目标和幼儿的发展需求分期分批地投放，并依计划不断地更新材料，不断地吸引幼儿主动参与的兴趣与逐步深化的探究。在完成某个教育目标时所设计、提供的材料力求做到角度不同、充分多样，以满足幼儿反复操作的需要，使其积极性一直被保持在最佳状态。

美工区的幼儿在进行竹根的装饰彩绘时，教师观察到大部分幼儿只是根据竹根的自然形状将其简单地装饰成一个娃娃或大树。在活动过程中，教师又适时地增添了棉花、橡皮泥、小细管等，这种"新材料"瞬间给了幼儿新的信息，给他们的制作带来了新的刺激、新的目标。很多幼儿又纷纷拿起竹根继续装饰，进行新的探索。有的幼儿利用棉花把竹根装饰成长长的一条"龙"，有的幼儿利用橡皮泥做辅助，将竹根装饰成一台"机器人"……富于变化的材料为幼儿的探索及创造性的学习带来了更大的空间与挑战。

2.材料要有目标性、主题性

区域活动的材料要考虑幼儿的年龄特点、发展水平及最近发展区，使材料蕴含或物化着教育目标与内容。当幼儿操作这些材料时能揭示有关的现象和事物之间的关系，而这些现象和关系正是教师期望幼儿获得的，也是这个年龄段的幼儿能够获得的。例如，小班生活区提供纽扣、穿木珠、串线板等材料，目的是锻炼幼儿手指、手腕和手眼的协调能力；而中班教师在美工区投放的三原色，是希望幼儿通过颜色游戏感受与发现三原色的变化，通过自己的积极思维去建构颜色变化的规律。

教师有针对性地选择、投放与主题相关的操作材料，并且充分挖掘材料在不同区域的多种教育作用，使得一个目标可以通过若干材料的共同作用来实现，一种材料也能为达到多个目标服务。例如，积木区中，幼儿进行的不仅仅是"建构"活动，也可以进行艺术、语言、数学、社会等多领域的学习活动，关键是教师要有研究、发掘各活动区教育潜能的思想意识，时刻注意活动材料的多领域经验的指向性、材料的低结构性，注重隐性环境的暗示作用。

在幼儿园开展的"欢欢喜喜迎新年"活动中，教师围绕"让幼儿感受新年的节日气氛，体验过年的忙碌、热闹，参与新年的准备活动"这一活动目标，在社会性活动区域——超市为幼儿提供大量红色包装纸、卡纸和各种礼盒等，让幼儿通过在超市里的加工、分类、采购和互赠等活动，达到落实活动目标、促进其社会性发展的目的。不同的材料蕴含着不同的目标，包含特定的信息，引发幼儿特定的操作、探索，并以材料间接地暗示、调整、调节幼儿的建构活动。教师的指导策略渗透在此过程中。

3. 材料要有层次性、系统性

区域活动是幼儿个性化学习的最佳途径，教师根据幼儿的能力提供操作难易程度不同的活动材料。某些材料从加工程度来说，可为同一个活动区提供原材料、半成品和成品，由浅入深，从易到难，分解出操作层次，并构成系统性，以满足幼儿学习的不同需要。一位教师在图书区为不同层次的幼儿提供不同材料，并提出不同的要求：为能力较弱的幼儿提供音像设备，让他们仔细认真地听故事，以激发幼儿阅读的兴趣；为能力中等的幼儿提供图书，以锻炼幼儿看图阅读的能力及习惯；为能力强的幼儿提供故事的部分情节，让幼儿依据情节自己想象故事的发展并进行表达。幼儿根据自己的能力自主选择，这不仅使区域活动适应了不同水平幼儿的学习，更重要的是能使幼儿体会到学习的成功与快乐，更多地体验到自信。

在美工活动区，教师刚开始让幼儿练习编辫子，能力较强的孩子编了几次就掌握了方法，觉得活动太简单。于是，教师让幼儿在编好的辫子上做文章，有的幼儿就用编好的辫子练习粘贴杯垫，有的幼儿把辫子做成门帘，还有的幼儿尝试把辫子盘贴成花朵的形状或其他好看的图案，这就增加了操作的难度。幼儿在尝试中互相模仿学习、互相讨论，学习的主动性被充分调动起来。从这个例子可以看出，幼儿通过自己发现、探索、讨论、总结掌握了一些基本的方法，学会了学习。如果教师只限制他们固定用一种方法来操作，幼儿的情绪和活动的效果就会截然不同。

4. 材料要有操作性、探究性

所投放的材料必须引导幼儿对客观事物进行动手操作和动脑思考，保证动脑思考和动手操作交织进行。当前，很多教师往往将探索等同于一般意义上的动手操作，造成了幼儿在区域活动中简单机械的重复训练，没有对幼儿的心智提出积极的挑战，使区域活动不能最大限度地支持幼儿与材料之间的相互作用，不能引发幼儿的探究活动。例如，有的教师给幼儿投放一个用硬卡纸做成的时钟，让幼儿根据要求拨出不同的时间，这就仅仅是一个机械的动手操作活动，不具有探索性；而给幼儿提供钟面、时针、分针、数字等材料，让幼儿自己拼装出时钟，这就是具有充分探索性的活动。因为在组装时钟时，幼儿要不断地思考如何拼装各个部件、数字怎么安排、时针与分针如何协调、如何让各个部件活动起来等问题，幼儿在动手操作的过程中，即可不断地进行积极的探究。

教师不要一味地将区域活动学习化，应加强活动区的游戏性，特别是当前幼儿园盛行的任务定向的区域活动，应适当减少。教师要避免重视建构区、美工区、益智区等学习性强的活动区指导，而忽视角色区、表演区、沙池区、图书区等游戏性强的活动区指导。加大区域活动的游戏性，可以把一些适合活动区的教育目标当作游戏目标提出来。例如，可以采用为活动区命名的方法，渲染游戏气氛，创造童话般的境界，如把"美工区"变为"艺术坊"等，幼儿来到这里就扮起了假想的角色，或"做工"，或"作画"，把自己制造出来的"产品"拿到"商店"去"卖"，用绘制的作品办"画展"。这样，游戏的主题和内容仍与教育目标保持一致，与教育活动环环相扣，但活动的性质从学习变成了游戏，幼儿的身份从小朋友变为其所扮演的角色，活动目的从学本领变成了纯粹的玩，一成不变的活动区变成一个个变化的游戏场所，幼儿活动的兴趣就会明显提高。

第三节　主题活动

主题活动是围绕主题确定内容、具有综合性的一系列的教育活动的统称。主题活动能够充分调动幼儿的多种感官，并形成多种体验方式，在促进幼儿全面发展方面具有十分重要的意义。

一、主题活动概述

主题活动是指在一定的时间里，围绕一个中心内容（主题）组织开展的教育活动。主题活动打破了学科之间的界限，将各种学习内容围绕一个"中心"有机地连接起来，从儿童的兴趣和需要出发，紧密跟随现实生活发生的新变化和新形势，围绕主题展开一系列的活动，使幼儿通过探索和学习获得与该主题相关的比较完整的经验。

（一）主题活动的优点

以"主题"的形式建构每一阶段的生活经验，使幼儿园生活成为有利于促进幼儿持续发展的连续教育。

1. 主题活动更具生活性、开放性

幼儿园一般选择季节性、节日性的内容以及幼儿的兴趣点为主题，这样的主题贴近生活，幼儿非常感兴趣，当幼儿运用自己所学的知识解决生活中的问题后，学习的兴趣会更浓。主题活动具有丰富的教育资源，幼儿活动的地点不再局限于教室，幼儿园、家庭及社区均可为幼儿提供广阔的活动空间。

2. 主题活动更具系统性、综合性

主题活动是以一个主题为中心进行延伸的活动，这些活动紧紧围绕这个主题进行，这个主题始终贯穿于活动的始终，小的活动构成一个小主题，几个小主题构成最后的大主题。主题活动是一种跨学科的综合性教学形式，能够使各学科的教学内容互相联系、彼此渗透，有助于幼儿获得整体性、连贯性的知识，也有利于开发幼儿的多元智力。

3.主题活动更具探究性、生成性

主题教育的最大价值在于师幼之间共同有深度地探讨一个主题，通过自主探究等多样化的研究性学习活动形式发挥幼儿的主动性，促进幼儿的主动探索与学习，引导幼儿在愉快的体验中获得成功与发展，丰富幼儿的学习生活经验。这种伴随着活动过程而产生的丰富的内心体验是形成认知和转化行为的基础，为幼儿的终身学习打下了良好的基础。

（二）主题活动的各个阶段

1.起始阶段

教师引导幼儿围绕自己感兴趣的主题提出问题，初步编制主题网络。

2.发展阶段

幼儿在教师指导下开展多种活动，对主题进行深入探索。教师重视幼儿的发展与社会的密切关联，尽量提供机会让幼儿从多个视角来观察和看待事物，为幼儿介绍一些活动方法与技能，帮助幼儿制订解决问题的方案，做好观察记录、收集作品、自我反思以及叙述性的学习体验等各方面的记录。

3.结束阶段

教师组织汇报、表演等活动，让幼儿向全班幼儿、家长及全园甚至更大范围的人们进行成果展示。通过成果展示，幼儿的自我得以充分体现，获得一定的"高峰体验"，这种体验与满足激励幼儿继续进行新的探究活动，成为其学习过程的内在动力。教师关注幼儿提出的新问题，并为其继续探究提供支持。

（三）主题活动的实质

1.主题活动是一种探究活动

探究是幼儿学习的一种重要方式，探究的过程是问题解决和创造的过程。幼儿通过探究可以获得对知识的理解。幼儿天生具有探究的本能，正是这种本能促使幼儿去探寻事物的本质和解决问题的办法。随着年龄的增长，幼儿探究的欲望更加强烈，探究的范围也更加广阔，主题活动给幼儿提供了一个进一步探究科学世界的平台。

2.主题活动是知识整合的过程

在主题活动中，比较系统的学科知识是进行主题活动的基础与前提。主题活动注重学科领域内知识结构的重组以及在统一原理的基础上重新建构教学形态。主题活动可以灵活处理好学科知识之间自然的、相对的和灵活的关联关系，进而配合主题情境、相关的探索活动以及幼儿的学习需求，通过适当的安排让学科知识进入生活，使学习内容与幼儿的学习处于一种有机关联的状态。

3. 主题活动是幼儿认知结构建立的过程

只有幼儿自己具体地和自发地参与各种活动，才能获得真实的知识，才能形成他们自己的假设。在主题活动过程中，幼儿通过观察、操作等方式来表达对主题的理解和体验。幼儿不仅对事物进行了探究，而且在探究中主动地建构起自己的认知结构，获得了对事物的理解。主题活动的过程是一个操作、体验、理解的过程，也是幼儿建构自己的知识和经验的过程。通过主题活动，幼儿的认知、情绪情感和社会交往等能力得到了全面、协调的发展。

二、主题活动的有效开展

主题活动的开展是一个系统化过程。无论主题活动有多么大的灵活性，每一个活动的设计、开发和实施都应当是有计划进行的。为使主题活动有效开展，教师应综合各方面来选择主题、编制主题活动网络、科学组织主题活动等。

（一）选择主题

一个主题所要表达的是幼儿在这一时间段内所要参与的一系列活动，还有幼儿从中所要获得的主要经验。主题是教师选择组织学习内容、开展教育教学过程、创设教育环境的方向标。

1. 以幼儿的发展为中心进行主题设计

以幼儿某一阶段的发展为中心整合学习内容，如"我上中班了"围绕幼儿发展的四个方面——身体与动作、社会性、认知、情感组织活动，每一方面的发展都可以有几个次级主题，每一个次级主题都可以组织幼儿分小组从多方面开展活动。因不同阶段幼儿的发展特征不同，这类主题在课程目标设置上也容易体现出层次性和渐进性。

2. 以幼儿的心理逻辑顺序为中心进行主题设计

从幼儿在日常生活中认识事物的心理出发，把与某事物相关的其他事物整合在一起。例如，"街心花园"的主题活动按照幼儿进入街心公园时的所见、所闻、所想设计主题网络，使各项活动成为幼儿经验的连续体。

3. 以幼儿的生活为中心进行主题设计

幼儿以自然的方式去发现生活中事物间自然真实的内在联系。据此，幼儿生活中的自然环境与社会环境都可以成为幼儿园课程的主要内容，如动物、植物、四季变化、节令、纪念日、家庭、店铺、公共机关、风俗、疾病、游戏等都可纳入活动内容的范围。

主题活动既可各班独立开展，也可整体规划，全年级共同进行。由于教师自身有着较高的认知水平，他们为幼儿选择的主题也必然存在一定的可行性。同时，可以把活动主题选择的权利交给幼儿，鼓励幼儿自主进行活动主题的选择。幼儿选择的主题不一定比教师的科学，但这往往正是他们内心所需要的，能够最为有效地促进他们的成长。[①]

师幼在园中散步，幼儿看到柿子树上硕果累累，很感兴趣。于是，教师想选定以"秋天"为主题的活动，初步设计"幼儿园里的柿子树—收柿子—捂柿子—柿子分享会"的主题脉络。但经过进一步观察，教师发现幼儿感兴趣的并非果实而是落叶，由此教师将主题脉络调整为"捡落叶—落叶变变变—落叶与树妈妈—冬天里的树"。可见，教师应对幼儿平时的生活进行细致的观察，发现他们的乐趣，以此为基础进行活动主题的选择，同时预留幼儿经验生成的空间。

（二）编制主题活动网络

教师根据活动主题的教育价值明确主题要素的内容性质，根据幼儿生活经验和知识背景组织与拓展主题材料，构成各层次要素之间彼此关联的主题网，每个主题都通过网络的方式表现主题开展的基本线索。通过对主题目标、内容的确定和主题展开线索的呈现，进一步设计主题的环境、教学活动、家园联系工作及游戏等，同时提供主题涉及的主要资源。

（三）科学组织主题活动

组织主题活动不仅仅是组织学科内容的一种形式或技术，更是一种综合性、系统性思考的教育哲学实践。主题活动设计不仅要为儿童从多维且具有内在一致性的视角掌握知识提供机会，也要为促进儿童接纳知识或者多角度理解知识创造条件。

① 陈纳.论经验的完整性及其对幼儿园主题活动设计的启示[J].教育导刊：下半月，2013(10)：35-37.

1.在主题活动内容的选择与安排方面，需要从教学活动的综合度与关联性入手

主题活动所预期的目标直接制约主题活动的综合度。如果主题活动的目标主要指向儿童的知识关联，促进儿童认识世界的完整图景，那么其综合的范围往往具有灵活性，可以是一个领域内相关知识的关联，也可以是跨领域的综合。这种较高程度的综合要求知识之间的联系和结构都比较严密；如果主题活动的目标主要指向儿童的经验方面，那么活动内容之间的联系和结构可以比较松散，而更多指向儿童经验成长方面，关注个人综合应用知识解决问题的能力。

2.在活动与儿童之间寻找一种动态的平衡，以保证教学活动设计的科学性和可行性

一方面，从儿童年龄特征与需要出发，去联系和整合社会的需要，把社会对儿童的要求与儿童成长发展的需要结合起来，并将之体现在儿童培养目标和课程目标中；另一方面，在目标的指引下，动态地把握学科、儿童、社会三者的关系，并以此作为主题活动设计的依据。从社会与儿童的现实生活出发，按照认识事物的线索或者解决问题的线索去考虑学科内部知识的整合或者学科之间的综合；从儿童的需要出发，按照儿童现实生活的状况、经验、背景去考虑学科与儿童生活的关联。

3.主题活动需要妥善处理整个幼儿教育阶段的课程组织架构

一方面，主题活动需兼顾幼儿园各个年级儿童学习经验的横向衔接与纵向连贯，使整个学前教育阶段能够为儿童提供一个循序渐进、逐渐扩展的学习进程；另一方面，鼓励各个年级和学科教师合作设计活动，共同肩负主题活动的责任，互相配合活动内容，使彼此成为知识分享者、资源提供者，进而推动教学实践，促使儿童成长为积极、主动的学习者。

（四）充分发挥主题墙的教育价值

主题墙是主题活动的缩影，承载着分享合作、快乐讲述的多重功能，是融审美价值、教育价值等于一体的交互载体。每一个主题墙的创设，不仅是活动内容的体现、教学活动的反映，更是幼儿学习过程和结果的记录。教师应把主题墙的创设摆在体现教育取向的重要位置，支持幼儿的学习和活动，体现幼儿在整个主题活动发展中的表现。

在"小水滴旅行记"主题墙面上，教师设计了四个板块：一是"哪里有

水？"幼儿收集到江河湖海里有水、家里有自来水、游泳馆里有水、下雨时有雨水、冰雪融化时有水、洗澡时蒸汽会变成水滴、人的身体里有水等，培养了幼儿的发散性思维。二是"我们喝的水是从哪里来的？"教师根据自来水的生产过程，用图示的方法将水从水库引出、经过消毒过滤净化处理，最后从家里的水龙头流出来的全过程表现出来，使复杂的知识图示化，也让幼儿感到水来之不易。三是"水有什么用途？"幼儿发现：人和动物、植物的生长发育离不开水，人的生活离不开水，如洗澡、做饭等。四是"我们的一天离不开水"，让幼儿画一画或说一说一天中用水做的事情。

分析：幼儿在主题学习中知道了人类与水的关系，并从力所能及的方面提出自己的想法，去爱惜每一滴水。这样的主题墙面能根据核心价值，体现主题发展脉络，它注重的是幼儿在学习中的感受和体验，符合《幼儿教育指导纲要（试行）》倡导的课程精神。

1.体现自主性，使主题墙成为幼儿动手操作的舞台

教师让幼儿按照自己的意愿和能力自主使用空间和材料，创设属于自己的活动空间和活动场景，使幼儿对活动的探索、发现、讲述、展示、分享等通过主题墙进行展现。在内容的选择上坚持以幼儿作品为主，展示幼儿参与活动的全过程，以及幼儿在活动中的体验与收获，使之成为幼儿表达经验的空间，成为体验成功的展台。

在创设主题墙"小问号"时，教师只是在墙面上画了一个大大的问号，其余的空间都留给幼儿，幼儿自主自发地讨论，并制作颜色、形状不同的问题卡，然后将答题卡布置在大问号四周。教师鼓励幼儿表达真实的生活感受和体验，提出大胆的想法和观点以及与此相关的问题，让幼儿真实地看见自己的变化，看见自己的力量。每一步都是幼儿经验提升的体现，每一件作品都是幼儿学习参与的写照。

2.体现动态性，使主题墙成为问题探究的实验场

主题墙创设的动态性体现在两个方面：一是主题墙的内容应随着幼儿的兴趣需要、主题的变化而变化，如"丰收的季节"主题墙，初次布置以"秋天的色彩"为主线，展示了幼儿收集的有关秋天的花草树木的色彩变化以及幼儿和家长一起完成的调查表，以后则将幼儿在"丰收的秋天""快乐地郊游"等活动中的所看、所思、所想、所做等通过多种形式陆续进行展示；二是教师在主题墙创设中预设一些内容，随着主题活动的不断深化而展开、丰富，构成渐进的系列。

3.体现参与性，使主题墙成为家园合作的平台

充分调动幼儿和家长参与的积极性，有效利用家长资源，给每位幼儿和家长提供参与主题墙创设的机会。只有在幼儿、家长、教师的共同参与下，主题墙创设才会更有价值。这样不仅能促进幼儿的发展，也会使家园关系更为融洽。

在"端午节"的主题墙的创设过程中，教师请家长和幼儿一起收集有关端午节的风俗，制作有关端午节经验的调查表，鼓励幼儿广泛收集资料、互相交流、分享有关端午节的经验，并进行分类展示。幼儿通过画粽子，画龙舟，制作折纸粽、香袋、龙舟，悬挂艾草和菖蒲等美术活动，感受节日氛围。

为了组织有效的主题活动，教师应充分尊重幼儿的主体性，开展与幼儿生活有较强联系的活动。同时，教师应该与幼儿加强合作交流，给幼儿选择主题的权利，并根据幼儿的学习兴趣创设主题活动的各项内容，最终实现科学有效的主题活动目标。

综上所述，区域活动、小组活动、主题活动是我国幼儿园主要的活动形式，三者之间既有区别又有联系。一般来说，幼儿在区域活动中关注的是区域中环境的探索和活动内容的挖掘；在主题活动中关注的是寻找兴趣点和表达、表现；在小组活动中关注的是合作与研究。这种划分不是由规则所限定，而是由幼儿兴趣和活动需要自然形成的，因而三种活动经常互相融合。幼儿可能在某一游戏区发现兴趣点，生成主题后把活动扩展到其他区域；可能在主题活动中形成分工，分成各个小组去探索、表达。正因为三种活动具有相互联系、相互依存的特点，所以在学前教育实践中应使之自然融合，以达到更好的效果。

第五章　寓教于乐：学前儿童游戏

第一节　学前儿童的游戏性及其创造性

一、学前儿童的游戏性

（一）游戏性的概念

游戏是学前儿童最重要和最主要的活动，它贯穿于整个学前儿童的生长和发展之中。游戏是幼儿最喜爱的活动，他们每天都在玩游戏，并从中得到乐趣。游戏不仅仅是儿童的存在方式，也是人的存在方式。游戏对于人类来说，具有传承文化和适应社会的重要作用。没有游戏，儿童就不能很好地成长与发展。国内许多学者关注儿童游戏行为的发展特点，关注游戏对儿童身体、认知、社会、情感领域发展的重要促进作用，并在这些方面进行了大量的研究，但是对儿童在游戏中的个体差异研究甚少。

刘焱的《儿童游戏通论》一书、华爱华和郭力平译的《游戏与儿童早期发展》一书均从儿童个性发展的角度讨论了儿童游戏的个体差异，介绍了"游戏性"这一概念。

所谓"游戏性"，一般有两层含义：一层含义是把游戏看作游戏活动的一种客观特征，将游戏性作为游戏的特征来论述。另一层含义是把游戏性看作儿童的一种个性品质。利伯曼提出了游戏性的概念，她认为，游戏是童年期特有的活动类型，在这种活动中，儿童会形成对于周围环境的态度，这种以游戏活动为中介形成的态度会逐渐转变为个体的个性特征或品质，即游戏性格。游戏性具有个体差异，有的儿童游戏性强，有的儿童游戏性弱。游戏性强的儿童喜欢经常参与游戏，并能从单调的环境中创造出他们自己的游戏天地；而其他一些儿童即使是在丰富多彩的游戏环境中也很少参与游戏。

利伯曼认为，游戏性贯穿于人的一生，反映在人身心的各个方面。游戏性可以从下面五个维度来理解：身体自发性（physical spontaneity）、社会自发性（social spontaneity）、认知自发性（cognitive spontaneity）、外显的喜悦（apparent joy）和幽默感（sense of humor）。身体自发性表现为精力充沛，全身或部分身体的动作整体协调；社会自发性表现为与他人友好相处的能力以及进出团体的能力；认知自发性表现为想象力、创造力、思维的弹性；外显的愉悦表现为笑声、快乐和享受的表达；幽默感表现为对喜剧事件的欣赏、对有趣情境和玩笑的会意。本书将要探讨的是游戏性的第二种含义，即作为个性特征的游戏性。

利伯曼提出的游戏性的概念认为游戏性具有两个方面内容：一个方面是可以引发创造力和对笑话理解的认知方面内容，另一个方面是指在游戏的欢笑中表现出的情感。特鲁隆采用了改进后的利伯曼的《游戏性等级量表》对独自游戏中的30名幼儿进行了观察，结果支持了游戏性存在认知因素和情绪因素的区别，即"游戏性—趣味"方面和"游戏性—智能"方面。研究发现，游戏性的两个方面（认知和情感）对游戏有着不同的影响，游戏性量表中的"游戏性—趣味"部分用于测量快乐表现和幽默感，"游戏性—智能"部分用于测量智力和认知自发性。特鲁隆的研究发现，游戏性是一种很好的游戏活动的预测指标。

利伯曼认为，游戏性在儿童期是整合的，到了青少年期就分化成了"社会性／情感游戏性"和"学业游戏性"。"社会性／情感游戏性"是由积极的身体活动和友谊构成的，而"学业游戏性"是指认知的敏感性和好奇心。维乐特（Valett）认为，从出生到成年，游戏性的发展经历了五个阶段。①感觉探索期（出生至5岁）：游戏性主要表现为婴幼儿能够灵活地、富有热情地探索周围环境；②以自我为中心的推断假设期（2～7岁）：游戏性主要表现为幼儿富有幻想和想象，玩具和假想的朋友充斥着他们的生活；③个人实验期（6～10岁）：游戏性主要表现为儿童通过实物检验自己的感性经验、理解周围世界；④符号表征期（11～15岁）：游戏性主要表现为儿童采用绘画、公式、词语、舞蹈、雕塑等符号形式来表征自己的经验；⑤理性证实期（23岁以上）：游戏性主要表现为创造性的应用行为，能够运用已有的经验和成人的智慧来改造自我和环境。

邦迪（Bundy）把游戏性看作一种个性特征，认为游戏性是下面四个因素的结合：内在动机、内部控制、现实外的自由和构架。邦迪认为，内在动机指的是活动的内隐方面，而不是外在的奖励。这个因素可以通过游戏的可见的特征来测量，包括完全投入、重过程而不是重结果、令人惊喜与不可预测。内部控制表明儿童对活动的控制及对活动结果的控制。这个因素可以通过游戏者的安全感和接受自己能力之外的挑战观察到。现实外的自由指的是个体选择对客观现实的扩展如何。它可以通过当物体的常用意义不再适用时个体的游戏表现观察到。构架指的是个体给出或解释游戏线索的能力。这个因素可以通过儿童在游戏中给出或解释社会线索的能力来测量。这些因素不是互相排斥的。游戏行为会同时表现出一种或几种因素。每种因素的程度决定了儿童游戏性的程度。根据这个理论，邦迪编制了《游戏性测验》以观察和评估儿童的游戏性。

（二）游戏性与个性特征

弗洛伊德把游戏看作人格类型与内在愿望的表现，认为游戏与人格之间存在着密切的关系。后来研究者进一步提出了"富有游戏性的儿童"（play child）这个概念，把游戏性看作个性的一种特征。如前所述，相当多的研究证明了作为个性特征的游戏性的存在。游戏性作为一种个性倾向性，存在着个体之间的差异。这种差异既表现在游戏性的整体发展水平上，也表现在游戏性的各个构成因素上。

Singer等人对儿童所进行的游戏行为的定期观察的研究表明，游戏性在个体身上的表现具有非常显著的稳定性。这一研究进一步支持了利伯曼提出的游戏性的存在。该研究发现，游戏性高的儿童具有较高水平的积极情感、较高的身体主动性、较高的社会性、较多的想象游戏以及较高水平的语言能力。同时发现，超常儿童在社会性和认知活动、身体活动中表现出来的游戏性水平高于普通儿童，而在"幽默"和"快乐"方面与普通儿童没有差异。

二、学前儿童的创造性

（一）创造性概念的争论与结构

"创造"一词由来已久，在《辞海》中，创造是指"首创前所未有的事物"。完整地讲，创造是指在破坏、否定和突破旧事物的基础上，构建并产生新事物的活动。在英语中，"create"一词来源于拉丁文"creare"，其意为"做前人所没有做过的事情"。

在心理学上，创造性是一个十分复杂、颇有争议的概念。由于研究者观点的分歧和侧重点的不同，采用的判别标准各不相同，存在着多种有关创造的定义。

关于创造性的定义的争论主要锁定在"过程论"和"产品论"上。过程论强调创造过程的与众不同，具有不同于前人或超越自我的独特的途径和方法，并不过分强调创造产品的社会价值。著名心理学家吉尔福特在《论创造力》中指出，在创造活动过程中，创造性思维是个体创造性的具体表现，其核心是发散思维，即"从给定的信息中产生信息，从同一来源中产生各种各样、许许多多的输出"。他同时还强调，天才往往表现出较高的创造性，但创造性并非天才所独有，普通人也具有创造性，而且可以借助纸笔测量的手段对其创造性加以定量研究。近期，西方心理学家主要从创造性的产品这一角度来界定创造性。产品论强调创造就是提供新颖的、有社会意义的产品的活动，强调产品同先前产品相比具有本质的不同和实质性的进步。

目前，我国学者较为一致的看法是把创造性定义为"根据一定的目的，运用一切已知信息，在独特地、新颖地且有价值地（或恰当地）产生某种产品的过程中，表现出来的智能品质或能力。此外，他们还基于对以往创造性研究结果的分析，进一步提出了"创造性人才＝创造性思维＋创造性人格"的观点。[①]

创造性人格是创造性的重要组成部分，是指一个人对创造活动所具有的积极的心理准备。创造性人格是突出创造能力的心理倾向，它不是个体的实际能力，而是属于心理学家们所主张的能力中的潜在能力。在测量工具方面，常用的有《威廉姆斯发散思维情意测验》《托兰斯创造性人格自陈量表》《发现才能团体问卷》《探究兴趣团体问卷》等。董奇认为，创造型儿童的一般人格特征可以概括为以下几方面：具有浓厚的认知兴趣；情感丰富，富有幽默感；勇敢，甘愿冒险；坚持不懈、百折不挠；独立性强；自信、勤奋，进取心强；自我意识发展迅速；一丝不苟。

创造性思维涉及创造性的认知层面。德国心理学家韦特海默的专著《创造性思维》明确地提出了"创造性思维"这一概念。美国心理学家吉尔福特在"智力结构的三维模式"中提出了发散思维和聚合思维两种思维方式。

所谓发散思维，是指从已知信息中产生大量变化的、独特的信息的一种

---

① 林崇德.培养和造就素质的创造性人才 [J].教育探索，2000(1)：9.

沿不同方向、在不同范围、不因循传统的思维方式。例如，让儿童说出一件常用物品的用处，就可以从中看出该儿童发散思维的情况。所谓聚合思维，是指从已知信息中产生逻辑结论，从现成资料中寻求正确答案的一种有方向、有范围、有条理的思维方式。例如，从多项选择中选出一个适当的项目。在创造力研究中，发散思维常用来代表创造性思维，发散思维测验常用来测量创造性思维。

吉尔福特认为，经由发散思维而表现于外的行为即代表个人的创造性。吉尔福特在对创造性进行详尽因素分析的基础上提出了发散思维的四个主要特征：流畅性（fluency）、灵活性（flexibility）、独创性（originality）、精致性（elaboration）。该成果对创造性思维的研究与应用起到了巨大的推动作用。这种特征一般也被认为是创造性思维的四种基本品质。在这种品质中，流畅性是指在同一思维方向上能够产生大量念头的一种属性，标志着思维的速度，它是创造能力的重要表现之一。灵活性是指能够改变思维方向的一种属性，标志着思维的广度。独创性是指产生非同寻常的新念头的思维属性，标志着思维的新颖度。精致性则标志着思维的深度。

关于创造性思维的定义，从思维的成果、创造性思维的特点、思维的心理状态等不同角度分析便可得到不同的概念。有研究者提出，创造性思维是指以解决问题为前提，用独特的思维方法创造出具有社会价值的新观点、新理论、新知识、新方法的心理活动过程。托兰斯提出了创造性思维的四条标准：一是产品应该具有新颖性和价值；二是思维不落俗套，需要修改或抛弃某些观念；三是思维的进行要有强烈的动机和顽强的毅力；四是问题是含糊的、不明确的。其中第一条最为重要，任何创造性思维的定义都应该加上这一条。

（二）创造性的测量

儿童的创造性是一个多维度的复杂的心理品质，可以从多个方面、多个角度进行描述和测量，进行系统、综合的研究。测验法就是通过心理测验的形式对儿童的创造性进行测量的一种方法。一般是采用标准化的题目，按规定的程序对儿童施测，然后将测量结果与常模进行比较，从而对儿童的创造性发展水平或特点做出评价。

受吉尔福特的理论的影响，后来的许多学者把发散思维能力作为指导创造力测验编制的操作定义，即对规定的刺激产生大量的、变通性的和独特性的反应的能力。据此编制的各种创造性思维测量和创造性测量，实际上都是发散思维测量。

例如，影响颇为广泛的《托兰斯创造思维测验》《南加利福尼亚大学测验》《芝加哥大学创造性测验》。发散思维的测量发展由来已久，多年来，其常模不断更新，效度资料不断丰富。《托兰斯创造性思维测验》于1966年编制而成，它是目前最著名、应用最广泛的创造性测验，从幼儿园到研究生院都适用。托兰斯创造性思维测验对个体创造性有长期的预测效度。

儿童的创造性测验通常按照以下几个方面进行记分：①流畅性：儿童在单位时间内所列的有关观念的数量。这里必须排除那些重复的或无关的项目。②灵活性：所列有关观念的类别的数量，或者是解决同一问题所列出的不同方法的数据，它反映了儿童多角度、多方向思考问题的灵活程度。③独创性：超乎寻常的新奇程度。这项计分比较复杂，一般是根据统计偶发率来确定的。例如，所提出的观念如果是由5%以下的人提出的，那么记1分；如果是由不到2%的人提出的，则记2分。此外，有些测验还对精细度进行记分。所谓精细度，是指对图画的精细加工程度，或在语言测验中的详尽阐明程度。

本书的目的在于考察儿童的游戏性与创造性思维之间的关系。因此，本书中对创造性的操作性定义就是创造性思维。具体来说，对创造性思维的测量主要采用《创造性思维测验》。

（三）幼儿创造性的形成与发展

幼儿创造性的形成与发展的两个最重要的表现是幼儿的好奇心与创造性想象的发展。幼儿的创造行为和活动主要来自他们的好奇心。在好奇心的驱使下，幼儿特别喜欢从事以前没玩过的游戏、尝试做以前没做过的事情，并从中表现出他们的创造性。幼儿创造性想象的发展有三个阶段：小班幼儿的想象的创造性还较低，基本上是重现生活中的某些经验或由别人说话引起的创造想象。到了中班，随着知识经验的丰富以及语言和抽象概括能力的提高，幼儿的想象便有了一些创造性成分，常常在创造想象的过程中加进自己的内容。大班幼儿的创造性想象已较为明显和普遍，他们能通过自己的想象对教师提出的游戏主题加以充实。

马基（Markey）在研究中给幼儿若干积木、木偶、厨房餐具，让其建造尽可能多的事物、做尽可能多的事情。结果发现：在年长幼儿中发散思维、创造性想象成分较多，持续时间较长。柏莱（Berlye）对5岁的白人和黑人儿童的研究表明，他们的想象中含有不少创造性的成分，好奇心非常强，在某些方面与大学生不相上下。有的研究者也研究了幼儿的创造性想象，从独创性、深刻性方面记分。结果发现，在4岁时，儿童的创造性得分最高，5岁后逐渐下降；重定和重组能力在 3 ～ 4 岁达到高峰，4 岁后逐渐降低；女孩早一年达到自己创造性想象的高峰。

学前儿童的逻辑推理和思维能力还不发达，因而还不能从事科学创造活动。学前儿童可以从事几乎所有的艺术形式的活动，如绘画、音乐、舞蹈、手工制作等。由于绘画的工具较少，操作过程非常简单，幼儿有很大的创作自由，幼儿的创造性常常可以通过绘画表现出来。幼儿绘画也由此成为衡量幼儿创造性水平的外部指标之一。

3 ～ 4 岁幼儿的想象基本上是无意的，想象活动没有目的。比如，在绘画活动中，幼儿在动笔之前不能说出绘画主题，想象完全依赖行动过程；绘画后才会根据作品联想到主题。此外，3 ～ 4 岁幼儿的想象内容零碎贫乏，无意义联系，数量少，而且单调不精致。4 ～ 5 岁幼儿的想象非常简单，想象过程与行动相结合，常常是边想、边说、边行动。5 ～ 6 岁幼儿的创造想象已经明显表现出来，在想象活动之前已经有明确的主题，整个行动过程能够有秩序地按计划进行。因此，在绘画中，幼儿所画的内容往往都不会脱离主题。想象的内容也进一步丰富，开始有情节，并且开始有了较多的新颖性。不过，这个年龄的幼儿注意到了所创造的想象形象与现实客观事物的一致性；他们在绘画过程中常常会问"像不像？"因此，这可能是幼儿在 5 岁时创造性下降的一个原因。

契亚琴科等研究了幼儿园小、中、大班和小学预备班（7 岁）的幼儿的图画，发现其创造想象的发展可以分为 6 种水平：第一种水平，即最低水平，儿童不能接受任务，不会利用原有的图形进行想象，他们只是任意幻想，在图形旁边另画些无关的东西；第二种水平，儿童能在图片上加工，画出图画，但画出的具体形象是粗线条的，只有轮廓，没有细节；第三种水平，能够画出各种物体，已有细节；第四种水平，所画的物体包含某种想象的情节；第五种水平，能根据想象情节，画出几个物体；第六种水平，按照新的方式运用所提供的模型绘画，表现出相当大的自由。

第二节　学前儿童游戏的教学价值

一、幼儿游戏的功能

关于游戏的功能，俄国杰出的教育家乌申斯基曾写道："儿童在游戏中生活，这种生活给他留下的印象比实际生活所留下的印象更为深刻，因为他还体会不到实际生活中所遇到的现象和需要的复杂性，在实际生活中孩子不过是孩子，他还没有一点儿独立性，他盲目地无忧无虑地被生活所陶醉；可是游戏中的孩子已是正在成熟的人，他在试验自己的力量并独立地支配自己的创造力。"游戏的功能具体表现在以下两个方面。

（一）享乐功能

游戏之所以吸引幼儿，原因就在于它的享乐功能，在于幼儿可以获得难以言表的快感、舒适感。正是由于游戏的这一功能，幼儿扎堆于游戏之中，在游戏的海洋中尽情遨游，在游戏的乐土上纵横驰骋，并且乐此不疲。游戏的这一巨大魅力或许只有正在游戏的幼儿才能体会得到。比如，笔者曾经看见海滩上一个正在堆沙的小朋友，全然不顾周围嘈杂的环境，一丝不苟地忙于自己的"工作"，神情是那么专注，态度是那么认真，当看到自己的劳动成果成功展现于眼前时，他的脸上漾出甜甜的笑容。丰子恺也曾这样描述儿童对于游戏的痴迷："一旦知道同伴们有了有趣的游戏，冬晨睡在床里的会立刻从被窝钻出，穿了寝衣来参加；正在浴池的也会立刻离开浴盆，用湿淋淋的赤身去参加。被参加的团体中的人们对于这浪漫的参加者也恬不为怪，因为他们大家都把全精神沉浸在游戏的兴味中，大家入了'忘我'的三昧境，更无暇顾到实际生活上的事及世间的习惯了。"当然，享乐功能的发挥与幼儿的身心发展水平是相对应的，只有符合幼儿年龄特点的游戏才能使享乐功能有用武之地。试想，一个超出幼儿发展阶段的游戏，幼儿因不会玩，必然体验不到游戏的乐趣；而一个低于幼儿发展阶段的游戏，也必然使幼儿感到索然无味。

（二）发展功能

游戏的发展功能早已为学者和教育工作者们所重视，他们纷纷从理论层面或实践层面对游戏的发展功能进行了论述或尝试。福禄贝尔曾说："游戏是儿童发展的最高阶段，是这一时期人类发展的最高阶段……同时，它是整个生活所特有的，是人和一切事物内部隐藏着的自然生活中所特有的。所以游戏给人欢乐、自由、满足、内部和外部的平静和整个世界的安宁。它具有一切善的来源。一个能够痛快地、有着自动的决心坚持地游戏，直到身体疲劳为止的儿童，必然会成为一个完全的人，有决心的人，能够为了增进自己和别人的幸福而自我牺牲的人。"杜威从实用主义观点论述游戏"在低年级中最有用处"，在他的术语中，"作业""游戏""工作"三者是紧密联系甚至是含义相同的概念。作业通过游戏来完成，游戏以作业的形式表现。捷克教育家夸美纽斯则将游戏作为他在母育学校体系中对儿童进行教育的手段。

此外，还有一些学者从各自的角度对游戏的发展功能进行过分析和论述，并且在游戏发展的历程中占有一席之地。例如，从心理学角度的，以20世纪40年代至60年代的精神分析学派为代表，强调游戏对于儿童人格发展、心理健康的功能。再如，从认知发展角度的，如20世纪60年代至70年代，受皮亚杰等认知发展学派的影响，比较注重游戏的认知发展功能，认为游戏的发展水平与儿童智力（认知）发展的水平相适应，在智力发展的不同阶段，游戏的类型不同。在儿童认知发展的感知运动时期（0～2岁），儿童的游戏类型是练习性游戏。在感知运动时期的最后一个阶段（18～24个月），出现象征性游戏，练习性游戏在感知运动领域中的发展终结，此时儿童认知发展开始进入前运算阶段，与其相适应游戏形式就是象征性游戏。到了具体运算阶段（7～12岁），象征性游戏开始向两个方向发展：一是转变为结构性游戏，二是被有规则游戏所取代。又如，从社会文化历史角度的，20世纪60年代至90年代以维果茨基为代表的社会文化历史学派强调游戏的社会性本质，认为游戏创造了儿童的"最近发展区"，"在游戏中，儿童总是试图超越他现有的水平（最近发展区水平），所以，游戏正如放大镜的焦点一样，凝聚和孕育着发展的所有趋向"。其实，到20世纪80年代，人们已开始全面关注游戏对儿童各个方面的发展价值，并研究了不同种类游戏与儿童不同能力发展的相关性。比如，在运动型游戏中，幼儿激烈地竞争和角逐，智力得到开发，心胸更加开阔，勇气得到增长，判断能力和应变能力得到提高；益智游戏有助于开发幼儿的智力，增强幼儿的能力，发展幼儿的想象力，培养幼儿的社会交往能力；角色游戏能够满足幼儿社会性交往的需要，有利于幼儿通过情感体验，学习站在他人的立场理解和处理问题，不断提高自身道德认知，增强社会交往能力。

游戏的两个功能并非处在跷跷板的两端，二者不是此消彼长的关系，试想如果游戏最本质的"享受"没有了，正在进行的"游戏"还能称其为"游戏"吗？幼儿在享乐的同时，身体得到锻炼，智力得到提升，精神得以舒畅，知识得以巩固，最大限度的享受带来了最大收益的发展。我们不应把发展定位为一个狭隘的概念，发展应具有丰富的内涵，从一个长远、开阔、完整的视野来看，发展和享乐是辩证统一的。

二、幼儿游戏的教学价值体现

游戏是幼儿与生俱来的，无论是东方国家的幼儿，还是西方国家的幼儿，也不管是来自城市的幼儿，还是长在农村的幼儿，他们都在游戏，游戏是幼儿的存在方式。对于幼儿来说，游戏是第一位的，教学是第二位的；对于教师来说，教学是第一位的，游戏是第二位的。我们的目标就是如何利用在幼儿心中居首位的游戏去更好地完成教师眼中居首位的教学。因为我们不可能把游戏和教学截然对立，游戏一旦被植入教育的土壤，就被烙上了教学的印记，渗透了教学的因素，体现了教学的价值，所以与教育教学无关的"纯粹"的幼儿游戏是不存在的。游戏与教学的融合点越多、融合面越广，游戏对教学的发展作用就越大。游戏与教学的关系应该像人与人之间的关系，要么是普通朋友，要么是好朋友、铁哥们儿，而不应相互争斗、驱逐，唯有如此才能达到共赢。在现实的幼儿园教学实践中，游戏的发展功能为教学所采纳与利用，成为教学的一种手段，游戏的享乐功能却只被利用了一点表皮（一层包裹着枯燥无味知识的糖衣），我们期望让这层"蜜"渗入里面的教学，让游戏成为教学的存在方式，从而使教学的每一个角落都洋溢着欢声笑语。

具体来说，幼儿游戏的教学价值主要体现在以下两个方面。

（一）手段性价值：教学的形式

1. 游戏的手段性价值体现

我国《幼儿园工作规程》第四章第二十一条明确规定：以游戏为基本活动，寓教育于各项活动之中。第二十五条规定：游戏是对幼儿进行全面发展教育的重要形式。这些都是对于游戏的手段性价值予以关注的重要体现。游戏是幼儿生活的重要组成部分，对于幼儿来说，生活即游戏，游戏即生活，游戏的价值在于能够再现幼儿的生活世界，而幼儿的学习正是源于生活、回归生活的。因此，游戏为幼儿搭建了一个学习的平台。一方面，幼儿在游戏中进行自主学习。通过游戏将课堂中学到的各种知识加以练习、巩固、延伸；通过游戏中的言语交往不断扩充自己的词汇量，加快自身语言的发展……另一方面，幼儿在游戏中相互学习。幼儿通过与同伴之间的互动，逐渐认识自己、了解他人，学会与他人合作，懂得分享、谦让等良好的道德品质。维果茨基认为："游戏可以创造最近发展区。儿童通过游戏与同伴之间的互动获得交往经验，达到高于以前的交往水平，再在这一新的发展水平上向更高的水平发展，从而不断获得交往经验，促进他们的交往水平。"无论是幼儿的自主学习还是幼儿之间的相互学习，它们都具备学习的因素，而这些学习因素正可以为幼儿园教学所用。

幼儿园中的"教学游戏"则是游戏手段性价值的集中体现。教学游戏是教学和游戏的有机结合，是教师根据教学目的、利用游戏因素和形式所编制和组织的具有一定游戏性的教学活动。教学游戏实质就是把教学游戏化，目的是让传统的、枯燥无味的教学充满轻松愉快的游戏氛围，让幼儿在"玩"的过程中达到特定的教育目标和任务。这正如陈鹤琴先生所说："名义上虽是游戏，但所学的却是很好的东西。"请看下面这个关于认识"手指"的案例：老大有力气（伸出大拇指）；老二有主意（伸出食指，指一指太阳穴）；老三个儿最高（伸出中指向上举）；老四有志气（伸出无名指）；老五最最小，是个小弟弟（伸出小拇指）；五个兄弟在一起，团结起来力无比（攥成拳头）。教师为了让幼儿认识和了解人的手指，特别设计了这个手指游戏，相比传统的说教（大拇指粗，中指长……），这种教法更易于幼儿接受与理解，教学效果也会更好。

2.游戏作为幼儿园教学手段的意义

首先，把游戏作为幼儿园教学的手段，符合幼儿的学习特点。心理学研究表明，幼儿处于具体形象思维阶段，他们需借助具体的材料和直接的感性经验才能更好地理解言语陈述的材料，其学习带有很大的随意性、试误性和直觉思维的特点，传统的"接受学习"并不适合幼儿这一特定的年龄段，而幼儿园教学采用游戏的手段让幼儿在游戏中"发现学习"，积累丰富的感性经验，正切合了幼儿的身心发展水平，符合幼儿的学习特点，从而成为幼儿最佳的学习方式，成为幼儿获取知识的有效手段。

其次，把游戏作为幼儿园教学的手段，顺应了幼儿身心发展的特点和规律，有利于提高幼儿园教学活动的效率。儿童教育家陈鹤琴说过，小孩子是生来好动的，幼儿在身心发展上的另一特点就是活泼好动。这是因为幼儿神经活动的特点是兴奋大于抑制，神经系统抑制功能差，极易受周围事物的影响和干扰，导致注意力转移和分散。研究表明，幼儿的注意力只能维持十至十五分钟。一些幼儿教师为了维持所谓的教学秩序往往花费大量的时间和精力来要求幼儿像小学生那样长时间坐在板凳上，这样既不利于幼儿身心的健康发展，也会给幼儿入小学后的学习带来消极的影响，同时大大缩短了有效的教学时间，致使教学效率严重下降。而把游戏作为幼儿园的教学手段则可以变对幼儿行为的消极抑制为积极引导，如此，既顺应了幼儿的天性，又能有效地提高幼儿园教学活动的效率。

最后，把游戏作为幼儿园教学的手段，有利于幼儿教师对幼儿进行个别化教学，为每个幼儿创造"最近发展区"，使每个幼儿都能在原有水平上得到发展。游戏是幼儿喜爱的活动，幼儿一旦投入游戏就进入了"忘我"状态，所以幼儿在游戏中有最真实、自然的表现，并且积极主动地与周遭环境相互作用，不断探索与认识外部世界，逐步认清自我与外部世界的关系，并作出准确定位。教师可以抓住游戏的时机，一方面，尊重幼儿的游戏意愿，让他们自行决定活动的内容与方式方法；另一方面，对幼儿进行细致观察与积极引导，从而使幼儿的游戏富有教育意义。对于这种引导，我们提倡的是一种隐形的促进，以不破坏幼儿的游戏为前提。

（二）精神性价值：教学的灵魂——游戏的精神性价值体现

1.永恒的悖论：教学是自由与限制的统一

幼儿园教学具有指向自由和强调人的内心体验的特性。这种自由性体验在幼儿园教学中有哪些具体表现形式呢？卢梭从人具有自由的天性出发，肯定生活就是活动，于是积极倡导活动自由。蒙台梭利也把活动看作实现儿童自由的关键，认为"自由就是活动"。杜威则特别强调教育教学中理智自由的重要性。他说，只有理智的自由才是唯一的永远具有重要性的自由，外部活动的自由固然增加了，但教育上的问题并未解决。必须把如同囚犯的囚衣和拘禁囚徒的镣铐之类的措施全部废除掉，才能使个人在知识上有自由生长的机会，而没有这种自由，就没有真正的和继续的正常的发展。综合以上几种看法，笔者认为教学中幼儿的自由大致包括以下三个方面：一是行动自由。幼儿的行动自由体现于对教学时间和教学空间两个方面的安排上。首先，对教学时间的安排和组织要具有灵活性和伸缩性，让幼儿具有一定的自由支配的时间；其次，教学空间灵活多变，可以视教学的不同需要选择适宜的教学地点，如一片青青的草地、一片软软的沙滩皆可成为幼儿学习与交流的乐土。不要打着维持所谓教学秩序的幌子，把幼儿拘囿于一个狭小的空间（如固定的板凳），甚至要求幼儿倒背双手或将双手放在自己的大腿上。二是思想自由，也就是"心"的自由。这是一种真正意义上的自由。如果幼儿的"心"是自由的，那么即使身陷牢笼，思想的翅膀也会一直飞翔。曾经有这样一个故事："一只漂亮的小鸟被关在笼子里，它很不开心，在笼子里飞来飞去，想要跑出来。天使看见了，非常怜悯它，就把它从笼子里放了出来，重新给了它广阔的天空。可是，过了一段时间，天使又看到了这只小鸟，发现它更不开心了，天使很奇怪，就问它为什么。小鸟说：我不明白，这个笼子为什么这么大，我怎么飞也飞不出去。"这个故事说明一个道理：如果一个人的"心"感受不到自由，即使给他再广阔的空间、再无限的时间也是徒劳的，反而会给他带来更沉重的枷锁。三是表达自由。在教学过程中，教师应给幼儿留有思考问题的充足时间以便幼儿能够想之所想、思之所思；给幼儿充分的自由讨论的时间，以便他们能够各抒己见、畅所欲言。幼儿可以尽情说出自己的想法，也可以大胆质疑教师或同伴的观点，从而提出与众不同的观点，而对于这种观点教师要给予理解、支持与鼓励，哪怕这种观点是匪夷所思的，是错误的，教师也要予以宽容、体谅。其实，幼儿园教学中给予幼儿自由无非就是要求教师解放他们的双手和双脚，让他们自由地行动；解放他们的大脑，让他们自由地思考；解放他们的嘴巴，让他们尽情地说。

不过，教学中幼儿的自由绝不是绝对的、完全的、毫无限制的，幼儿的自由也需要规则和权威的约束与保护。罗素认为，儿童必须或多或少地听命于长者，而不能使他们自己成为自己利益的保护人。在教育中，权威在某种程度上是无可避免的，施教者必须找到按自由精神来行使权威的途径。之所以对幼儿的自由加以限制主要是基于以下三个方面的内容：第一，基于"自由的悖论"，即太多的自由将导致太少的自由。这是当代科学哲学家波普尔在其所著的《开放社会及其敌人》一书中提出的。这里所说的"太多的自由"就是指没有纪律和规则约束的自由，这种自由不是我们想要的自由，我们要追求的自由，是如罗素在《自由之路》中所说的："我们所要追求的自由不是压制别人的权力，而是在不妨碍他人的前提下按照我们自己选择的方式进行生活和思考的权利。"第二，基于保护幼儿的目的。幼儿是一个弱势群体，他们无论在生理方面还是在心理方面都比较脆弱，因而不能对自己所做的事情做出准确的判断和预测，也缺乏承担责任的能力，在这种情况下，出于保护幼儿的目的而对他们某些方面的自由做一定程度的限制，无疑是必要的。第三，基于教学自身的必然要求：秩序。一方面，教学的进行必须要有一些基本的秩序，如果没有

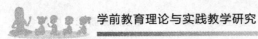

哪怕是最低限度的秩序条件，教学将是一盘散沙，无法进行。另一方面，教学环境不同于偶然的环境，它是人为控制的。尽管我们鼓励幼儿根据自己的兴趣、爱好自主选择，充分发挥他们的自主性，但这样的自主选择仍旧是在被幼儿园、教师认为有价值的范围内做出的。由此可见，合理的约束是对幼儿自由的保障，而非对幼儿自由的侵犯。

幼儿园教学的自由也涉及幼儿教师的教学自由，幼儿园教学管理要赋予幼儿教师相应的教学自主权和充足的教学自由。例如，使幼儿教师能够按照教学大纲、教学计划的安排等要求，结合自己教学的个性特点，自主确定教学形式和教学方法；根据教材的合理性和可行性对教材进行选择、调整、重组、删改，甚至再创造，以自主确定教学内容、自主安排教学进程等。之所以要保证幼儿教师的自由主要是基于以下原因：第一，只有保证教师的自由，才能真正保障幼儿的自由。如果对幼儿教师的教学自由约束过多，就会使他们感到处处受阻、无法施展身手，使他们满腹牢骚、对工作失去热情，时间久了，也容易导致他们的心理健康问题。试想，作为与幼儿朝夕相处，影响甚至决定幼儿一生发展的幼儿教师一旦出现了心理问题，他们教出来的幼儿还能是健康向上的吗？当然也更谈不上确保幼儿的自由了。第二，教师职业的专业性、科学性、创造性等特点决定了幼儿园教学管理要赋予幼儿教师教学自由。是否赋予幼儿教师教学自由关乎着教学的成败、课程改革的成败。当然，任何事物都有两面性，也正是教师职业的特殊性，决定了幼儿教师不能随心所欲，他们要接受幼儿园教学管理给予他们的外在约束，也要本着为社会、为家长、为幼儿负责的态度进行自我约束，努力在教学自由和教学控制之间寻求一种平衡。

2.幻想与真实交错，主体与客体统一

游戏的乐趣究竟是什么？幼儿为何对它乐此不疲，对它流连忘返，为它废寝忘食，为它神魂颠倒？秘密之一就在于游戏充满了体验性，游戏的世界是一个体验的世界，在这个世界里，幼儿可以遭遇各种各样的体验。例如，当幼儿沉浸于不同的角色游戏时，他可能是兴奋的，也可能是严肃的；可能是愤怒的，也可能是激动的。这些体验满足了幼儿的不同需求，使他们得以摆脱现实生活中难以承受的紧张与压力，情绪得到最有效的释放，身心得到最大限度的放松。虽然游戏是假想的、虚构的、幻想的，但幼儿却以自己的全部精力投入其中，以最严肃的态度来对待游戏，其在游戏中获得的体验是真实的，而幼儿在游戏中的幻想也并非乌托邦式的，幼儿会寻求一切可能的机会，等待时机成熟就将幻想变为活生生的现实。

幼儿在游戏中无论是兴奋的、激动的，还是严肃的、愤怒的，他们毫无例外地会感受到愉悦，而愉悦体验正是幼儿沉迷于游戏的根本原因。因此，借鉴这种游戏精神，好的幼儿园教学应该是吸引人的，能够使教师和幼儿都体验到愉悦，从而使他们陶醉其中、沉迷其中、享受其中。这就意味着好的幼儿园教学应努力达到一种游戏的境界，体现在幼儿园教学中，这种境界就意味着教学将成为一个体验的世界，一个师幼生命体验的过程。在这个世界里，一切都是有生命的，都蕴含着生命的意蕴和情调，教师和幼儿分别用各自独特的理解方式感悟、想象、体验、反思、创造着这个世界。这完全是一种被抓住、被震撼、被弄得神魂颠倒的心理状态。教师与儿童在游戏教学中能够变得更轻松、自由，师生关系也更融洽。正是这种游戏精神的体验性让幼儿教师在教学过程中看到最真实的幼儿，发现最本真的自我，享受到教学带来的乐趣，体悟到生命和生活的意义。在这个过程中，一个充分发掘和表达自我体验的幼儿教师的作用是不可低估的，他不仅能使自己享受到教学带来的无穷魅力，还能引导幼儿产生情感共鸣，使之做出丰富的反应。

幼儿园教学之所以要具有游戏精神的体验性，首先是基于幼儿这样一个特殊的年龄段。幼儿是一个相对来说比较弱势的群体，其各方面的发育还不够成熟和完善，他们的主客体意识尚未完全分化，还处于一种朦胧、混沌、模糊、原始的同一状态，所以在理解、吸收和利用外界事物时都倾向于采用体验的态度，体验成为他们获取知识的重要途径，成为他们对待世界最为普遍的一种方式。其次，让幼儿学会体验本身就是幼儿园教学的目标之一。幼儿园教学的根本任务就是为幼儿一生的发展打好基础。今后幼儿面对的成长环境是复杂多变的，幼儿必须学会体验生活的酸甜苦辣，才能在今后的发展之路上走得坚实稳定。再次，教师的体验性某种程度上决定了幼儿的体验性。由上可知，幼儿园教学的体验精神也涉及幼儿教师的体验性，指望一个不具任何体验性的教师培养出的孩子具有丰富的反应是不可能的。只有幼儿教师具备丰富的情感体验、生活体验才可能在教学中引导幼儿打开广阔的思想之路，最后从四面八方向中心汇拢，达到教学的目的。最后，幼儿教师的体验精神也关乎其自身的幸福。幼儿教师只有具备了体验精神才能真正感受到教学带来的乐趣，体味到教学带来的幸福感，才能将教学视为实现自己人生价值的"大舞台"。

3. 幼儿园教学的精髓：一种开放和创生的精神

游戏具有一种无限开放、不断生成、不断更新以及不断创生的精神，这种精神使游戏能够持续不断地进行下去。此种游戏精神恰好满足了人的这种愿望——使人可以以一个游戏者的心态，保持对未知世界的好奇心和求知欲，在有限的生命中不断向未知的领域探索。这个探索的过程包括两层含义：一是游戏者充分展现自我、表达自我，二是游戏者努力实现自我、超越自我。不难看出，这两层含义是逐渐递进的关系。在游戏中，游戏者以充满热情的想象力赋予寻常之物以不寻常的功用，甚至赋予无生命的事物以生命；他们每一次的真情投入，都会形成新的思想或产生不同的灵感，他们以不同的方式在游戏中展现自我、表达自我、实现自我、超越自我。幼儿园教学活动也应该是一个无限开放、不断生成、不断更新以及不断创生的过程，像游戏一样不断向外界开放，重复往返而又不断更新，对教师和幼儿形成超乎预料的吸引力，永远对教师和幼儿的知识和智慧构成挑战，并且随时召唤着他们创造力的涌动与勃发，使师幼潜能在富有挑战与激励的教学情境中不断释放。

4.幼儿园教学的最高境界：教学眼中无观众、心中无目的

前面说过，游戏精神也是一种整体的精神，一方面表现为游戏者不是主体，游戏也并非客体，两者没有主客之分。反映在幼儿园教学中就要求教学处于"无主体"状态，使教学活动成为一种无主体的活动。这意味着教学过程中不必再刻意追求谁是教学的主体、谁是教学的客体，而是应该把师幼双方置于平等的地位，使其相互尊重、相互展现、相互学习，为达到共同的教学目标而努力。另一方面，游戏精神的整体性表现为"游戏无目的"，这里说的"无目的"是指游戏者不会为外在的目的而表演，更不会为了表演而表演。体现在幼儿园教学过程中就要求教学眼中无观众、心中无目的。我们承认教学确实有表演成分，但不是教师或幼儿单方面的表演，而是双方共同的表演。既然是一场表演，当然要有观众。教学中的观众有时是在场的，有时是不在场的。有了观众参与，教学表演才是一个整体。"但值得注意的是，存在结果形态的表演和过程形态的表演。"从结果上来说，教学表演是有观众的，如接受幼儿园的教学考评、听取同行和专家的意见和建议等；从过程上来说，教学表演是超然的，眼中没有观众，只有教学本身；心中没有目的，它就是自己的目的。如此，教学才可能浑然一体，否则就会支离破碎。

5.游戏作为一种精神贯穿于幼儿园教学的意义

首先，它体现了对幼儿的人文关怀，让幼儿感到幸福。游戏精神是一种自由的精神、愉悦的体验，游戏抛弃了一切外在的目的，集中指向于"享乐""交融""体验""满足"，而这一切都渗透于幼儿园教学之中，幼儿将不再是为"知识""技能"而活着，而是为自己、为当下而活着，是在享受教学带给他们的欢愉和快乐。游戏精神贯穿于幼儿园教学，突出了幼儿当下生活的价值，关注了幼儿作为人存在的意义。

其次，它体现了对幼儿教师的人文关怀，保证了教师的幸福。游戏精神贯穿于幼儿园教学的同时关注了幼儿教师作为人存在的意义。长期以来，人们都认为教师应该扮演牺牲者的角色。"照亮别人，燃烧自己。""春蚕到死丝方尽，蜡炬成灰泪始干。"这是对教师职业的形象概括，教师自身的成长与发展遭到了忽视。游戏精神贯穿于幼儿园教学，不仅凸显了幼儿当下生活的价值，还凸显了幼儿教师当下生活的意义，幼儿教师不再是单纯的传授者、解惑者，而是与幼儿共成长、同进步的朋友。幼儿的发展过程是幼儿教师不断超越自我的过程，是幼儿教师自我生命不断增值的过程，这样的幼儿教师才会"学而不厌，诲人不倦"，才会如孟子一样视"得天下英才而教育之"为人生的三大幸福之一。

再次，它有助于促进幼儿的全面发展，更好地实施有效教学。前面提及游戏的首要功能在于享乐，但幼儿在享乐的同时身心也会得到最大限度的发展。同样，倘若把游戏的这种享乐、体验带入教学，教学也能在为幼儿带来享受的同时使幼儿全面发展。尤为重要的是，借鉴游戏精神的体验性进行情境教学对培养幼儿的审美、道德素质具有极佳的效果。这是由于情境教学通过创设情境，让幼儿完全融入其中，从而获得审美、道德情感体验。

最后，它有助于使传统的幼儿园教学迸发出激情与活力。传统的教学把让幼儿掌握确定性的知识，以便为其将来的生活做准备看作首要的、基本的任务，这迫使教学始终处于一种封闭、沉闷、压抑的状态。游戏精神存在于传统的幼儿园教学中，它既使传统的教学形式得以保留，又为传统的教学注入了一股清新之气、一脉新鲜血液，从而使传统的幼儿园教学焕发出勃勃生机。

第三节　学前儿童"学"与"玩"的融合

在学前期，儿童的生活和学习浑然一体，他们主要的学习内容就是基本生活经验和技能。生活既是学习的手段，又是学习的目的。简单的生活和游戏活动是身心水平处于学前期发展阶段的幼儿所能适应的全部。因此，可以说幼儿是以生活和游戏为主要活动的人。然而，在实际情况中却并非如此。幼儿园教育偏重学科技能的训练；家长过分看重考试成绩，偏重智力训练，等等。儿童的游戏权利和时间被取代和压缩，天性得不到解放。

一、"学"与"玩"的有机结合

在前文论述中，"在学中玩"与"在玩中学"是符合儿童天性及发展规律的，是能够促进学前儿童健康和个性全面发展的教育。当下社会，如何在幼儿园和家庭教育中有效推进学前儿童学玩结合、以玩促学的实施呢？

（一）营造适合学前儿童玩的环境

适宜的环境是学前儿童进行自由玩耍的物质前提和基本条件。就幼儿园班级而言，主要包括室内及室外环境创设，其中有对基本空间以及玩具材料的设置要求，目的是为儿童营造一个安全有趣且丰富多样的玩耍环境。

大自然是最具创造性的室外玩耍环境。大自然拥有最丰富的资源，能容纳每一个幼儿的独特个性和自由发展。幼儿喜欢投身自然，喜欢在操场玩耍，这是因为大自然、大环境能够让幼儿放开拳脚，纵情奔跑，尽情玩耍。宽敞自由的户外游戏深受儿童喜爱，如丢沙包、跳格子、捉迷藏、踢毽子、老鹰抓小鸡等，此类游戏的开展需要足够的活动空间。教师在进行户外活动环境的创设时，要注意做到以下几点：保证户外活动场地的安全，提供丰富的户外玩具材料，充分高效地利用已有的运动器械区，设计有趣、富有挑战性的户外游戏活动，保证幼儿有足够的户外活动时间，等等。在每一所幼儿园的每一个班级中，都应该设置专门的玩耍区和丰富多样的玩具材料，通过设置适宜的游戏环境，筛选丰富多样的游戏材料，最大限度地提高儿童对游戏环境和玩具材料的利用率；教师对游戏过程的安排、玩具的不同玩法、单独活动与集体游戏的设计和指导，保证了每一个儿童的游戏权利，并为儿童进行更富创造性的活动提供了保障。

（二）幼儿园活动的综合化

《幼儿园工作规程》中指出，应该让游戏成为幼儿的基本活动。游戏作为一种内容和形式融入幼儿园教学和各种活动，不仅符合幼儿直觉形象思维的认知发展特征和需要，还能够让幼儿真正享受到快乐美好的童年。

游戏是儿童积极情绪的最主要来源。以游戏的形式开展课程能够充分调动学前儿童学习的积极性和主动性，让儿童在游戏中主动、快乐、轻松地学习，激发儿童学习的兴趣。另外，由于儿童的发展速度和水平存在着差异，统一的学习内容对于接受程度不同的儿童来说难易程度有所不同。教师要灵活变化上课的方式，针对不同班级和年龄水平的儿童选择不同的学习内容，创设不同的游戏环境，选择不同的玩具材料，以迎合不同儿童的身心发展水平，遵循其年龄特点和成长规律，帮助儿童更加轻松地理解和掌握学习的内容。一般来讲，适合大班儿童、能够引起其兴趣的游戏主要有智力开发性游戏、建构性游戏、角色扮演游戏等。教师要从实际情况出发，根据班级空间、儿童的兴趣、幼儿园基础设施等条件选择安排不同的游戏活动，以满足不同儿童的学习、发展需求。

（三）生活知识的学习最重要

生活知识的学习正符合学前儿童的成长需求。学前儿童在日常生活知识的学习过程中逐渐获得基础知识和基本技能，为今后的全面发展和终身学习奠定基础。基础知识和基本技能的获得不能靠一日之功，要在生活中日积月累。比如，在教孩子识字时，除了让孩子按照识字课本和画册中一个汉字一个汉字地读记外，还可以培养孩子喜欢看书的习惯，在日常生活中随处可见的文字，如汽车站牌、广告画报、电视节目、食品包装等，都可以有意识地教给孩子，经过反复识记，孩子自然而然会认识这些字，而不需要再去刻意记读。学计算，同样可以运用日常生活中的机会来进行，且在无意中学会比单纯的课堂教学更容易使他们理解和记住。但家长要牢记，抽象的理性知识应该让幼儿在接受正规教育后再学习，学科知识、书本知识不是学前儿童的主要任务。

快乐和智慧的学习对学前儿童的成长也尤为重要。快乐的学习源于对生活的热爱。只有让儿童发自内心地热爱生活，儿童才会真正地喜爱学习、喜爱游戏、喜爱课堂。教师和家长应在学习中发掘儿童丰富的内心和丰盈的情感，让儿童感受到自己的每一点进步、体会到与同伴合作竞争的乐趣、收获到帮助他人的喜悦、感受到努力完成一项任务后的成就感；让每一位儿童都积极参与集体活动，找到共鸣；鼓励儿童五花八门的想象，让儿童不断地挑战自己、超越自己、了解自己。另外，教师和家长要知道，智慧并不等于智商。智慧并不是靠简单的知识积累和技能训练就能获得的，也不是靠单纯的语言就能描述其习得的途径的。智慧要靠日积月累，需要不懈坚持，需要儿童不断地积累经验和收获感悟。

智慧是所有儿童和成人的终极目标。因此，家长和教师要时时刻刻督促自己去努力感悟、去坚持、去积累、去包容，努力带着儿童一起成长，让每一个儿童在学习中、生活中、游戏中获取经验，丰富内心，汲取智慧。

（四）培养良好的生活习惯

成功与失败在很大程度上来自不同的行为习惯。良好的行为习惯是幼儿高素质的集中体现，是促使其身心健康发展的动力，是开启成功的金钥匙；而不良的行为习惯对儿童的身心发展都具有阻碍作用。学前时期，儿童的可塑性极大，是养成良好行为习惯的关键期。但家长要时刻警惕，因为在该时期，儿童极易养成良好的行为习惯，也极易沾染不良的行为习惯，机会和危机是并存的。不要等到儿童已经养成不良习惯后，再苦苦寻求纠正的办法；而要在习惯还未形成的前期，便用心培养儿童良好的行为习惯，杜绝不良习惯。比如，生活习惯：食有定时，不挑食、不偏食；按时睡觉，定时排便；锻炼身体等。卫生习惯：早晚洗漱，饭前便后洗手；勤洗澡，勤换衣等。良好的交往习惯：尊敬长辈，待人热情；注意倾听，礼貌大方；谦让分享，与人合作等。学习习惯：勤于思考，敢于探究；好学习，乐学习等。劳动习惯：自己的事情自己做；不怕脏不怕累，帮父母做家务等。良好的品德习惯：爱护公物，关爱动物；节约能源，保护环境；遵守秩序，服从规则等。

学前儿童教育绝不是为小学一年级储备知识，所以不能把小学教材、教法、活动准则等提前搬到幼儿园来，那些抽象的理性知识和书本知识等到儿童上了小学接受义务教育后再学习也不迟。在学前阶段，更重要的是帮助儿童建立成就一生的好习惯。良好的行为习惯涉及生活的方方面面，说话、交往、听课、做作业……教师和家长要在日常生活中，在学前儿童点点滴滴的饮食起居中有意识地培养儿童良好的习惯，开启学前儿童的潜在能力，让学习变得自觉、轻松而高效。好习惯的养成、不良习惯的杜绝需要家长足够的爱心、耐心和引导，必要的时候也应给予恰当的批评。

二、因"材"施"玩"的学前儿童教育

著名幼教专家陈帼眉教授说过：对小孩子的教育，第一就是培养他良好的生活习惯，第二就是跟他们做游戏。学前阶段的儿童，最喜爱的就是和父母、教师或同伴在一起玩耍、游戏。开展游戏，是学前儿童生活和成长的需要，也是完成学前儿童教育使命、促进儿童身心健康全面发展的需要。

（一）亲子游戏与家长教育观念的转变

儿童的全面发展离不开亲子游戏的开展。丁海东在《学前游戏论》中，根

据马斯洛的需要理论，将儿童的生活需要划分为生理的、心理的和高级的精神性或社会性需要，包括社会交往、自我实现、受人尊敬和被人认可的需要。儿童在学前期已经表现出获得成功、表现自我、赢得赞同和认可等自我意识的发展。游戏活动是学前儿童生活的重要构成部分，其根本原因在于游戏是儿童自身发展的需要，游戏的发生根源在于儿童生理的、心理的、精神的、社会的等整体生活需要的支持。儿童是生活的主体，在学前儿童的眼中，任何活动都可以成为一种游戏。家长要善于掌握时机，积极主动地构建愉悦的亲子游戏活动。在与幼儿共同参与游戏的过程中，相机而教，因势利导，促进幼儿在多方面和谐发展。

皮亚杰在《儿童的语言与思维》中提出："儿童任何知识的构建都要通过儿童的操作活动来获得，活动在儿童的智力和认知发展中起着重要作用。"[1] 在亲子游戏中，活动的情境和游戏语言的运用能够帮助儿童获得一定的生活和交往经验，建构外部环境的知识，了解别人的想法；儿童在自由操作、观察思考、认识事物的过程中能够提高思维能力，收获对自我的认识，获取知识。

如何有效开展亲子游戏，需要注意以下几点：第一，从多方面入手，全方位做好亲子游戏的社会实践工作。许嘉璐先生在百年中国幼教纪念大会上向广大学前教育工作者提出了新目标：把素质教育的视线延伸到儿童出生的那一刻……从多方面入手，全方位做好亲子游戏实践及社会意义的宣传工作。可以通过亲子教育中心或新闻媒体，向家长讲解亲子游戏对幼儿发展的意义；也可以通过举办家教讲座和现场研讨活动，帮助家长研究亲子活动中的问题，使家长重新认识幼儿年龄特点和游戏需要，以便更好地开展亲子游戏。第二，发挥幼儿园的积极作用，让幼儿园引导、协助家庭开展亲子游戏。教师可以结合节庆日、主题活动等契机，邀请家长和幼儿一起参与多种类型的亲子游戏。此外，教师要指导家长在家庭中循序渐进地开展各类亲子游戏，纠正家长对亲子游戏的错误认识，使家长树立正确的亲子游戏观念、真正地参与到亲子游戏中，重视亲子游戏在儿童成长中的重要作用，以提升亲子游戏的教育价值。亲子游戏有助于推动儿童在认知、情感、语言、动作等方面的和谐发展，也在家长与幼儿之间建立起深厚亲密的情感联系。第三，科学选择游戏材料，不断丰富游戏内容。大多数家长认为贵的、新奇的就是好的，一味追求娱乐性，却忽视了适宜性，忽视了游戏材料的意义。亲子游戏的材料应具有多样性、多变性和新颖性，符合幼儿的年龄特点。自制玩具、家用物品以及大自然中的材料也

---

① 让·皮亚杰.儿童的语言与思维[M].傅统光，译.北京：文化教育出版，1980：264.

具有极大的游戏价值，这些幼儿熟悉的事物不仅很好地丰富了游戏内容，而且有助于发展幼儿的智力和想象力。另外，政府和社会也应及时伸出援手，可以通过发放游戏推介手册、举办专题讲座等多种渠道为家长提供游戏资源，开阔家长视野，增强家长开展亲子游戏的理论自信；可以引导家长从孩子的生活中挖掘、自创游戏，让游戏的魅力在童年尽情绽放，让孩子在游戏中快乐发展、全面发展。①

（二）幼儿园角色游戏与幼儿社会性发展

角色游戏的特点是"社会性"游戏内容能够积极反映社会生活与"创造性"——儿童在参与过程中要充分发挥创造才能。角色游戏的"创造性"使得传统的学前儿童教育由封闭型走向开放型，使独立的儿童走向合作群体，使自主的学习走向创新，这有利于让儿童获得健全的人格和良好的社会性发展，与当下幼儿教育改革下的新型人才观不谋而合。"社会性"体现在角色游戏上是指建构互动的儿童群体的典型游戏。角色游戏的发生始于学前儿童对社会生活和成人的模仿欲望，游戏中的每一个角色都是在儿童与成人的交往活动中或对成人的观察模仿中发展建立起来的。《幼儿园教育指导纲要（试行）》指出："游戏是幼儿园的基本活动。"角色游戏是学前期儿童所特有的，是儿童最主要、最典型、最有特色的游戏，也是儿童自发性最高、接触时间最长的一种游戏，是学前儿童快乐生活、健康成长、全面发展的一部分。

角色游戏启发了学前儿童的角色意识和社会交往规范。在角色游戏中，儿童扮演着不同的角色，体验着不同的身份。在特定的身份下，儿童就会模仿表现出该有的语言、动作、行为等。在整个游戏过程中，学前儿童通过对角色的模仿和表现，对社会有了最初步的体验，对不同的社会角色有了最初步的感受。比如，在家家酒游戏中，儿童扮演着爸爸妈妈的角色，就会自然而然地模仿生活中爸爸妈妈的言谈举止，将他们理解的爸爸妈妈的日常行为表现出来。另外，角色游戏有助于促进学前儿童社会交往能力的发展。在日常生活中，幼儿扮演着自己的角色；而在角色游戏中，儿童会模拟成人之间或不同社会角色之间的交往。儿童展现的是他们在日常生活中对不同社会成员之间交往方式的观察、学习和模仿。儿童对在生活中观察到的不同场合、不同地点、不同情境中不同人物的交往经验都可以在游戏中进行模仿。例如，商店里店员对物品的

---

① 许嘉璐.把教育的视线延长到儿童出生的那一刻：在"中国幼教百年纪念大会"上的讲话[J].早期教育：教师版，2003(12)：2.

介绍、推荐，顾客对商品的询问、挑选，菜市场中的讨价还价，快递点对信息的填写、对价格的咨询。在游戏的情境再现过程中，社会生活中人际交往的种种细节和微小层面便全部展现在儿童面前。同时，教师通过有效引导向儿童传递文明、和谐的交往方式。

幼儿园在组织角色游戏时，应注意以下几点：第一，创设适合不同年龄段儿童的角色游戏环境。只有当环境适应幼儿的特点和需要时，幼儿才会主动地去适应，在与环境的交互作用中获得发展。温馨的游戏环境有利于幼儿专注于游戏，产生积极的情绪，主动与他人合作。第二，游戏主题要更好地反映生活。角色游戏建立在幼儿所掌握的知识和经验的基础上，教师可通过讲故事、带幼儿远足、参观、讨论等活动使幼儿获得直接或间接的生活经验，为幼儿进行角色游戏提供素材。游戏主题源于幼儿，我们可以鼓励幼儿按自己的意愿提出游戏的主题，不断拓宽幼儿的视野，丰富幼儿的生活经验，不断提升游戏的教育价值，促使幼儿在游戏中得到全面发展。第三，做好角色游戏前的准备工作。与其他游戏类型相比，角色游戏所需时间较长，且要有一定的空间和游戏材料，教师应为幼儿提供足够的时间、宽敞的空间以及类型多样的游戏材料。第四，预设游戏与生成游戏相结合，使游戏主题不断发展，使其不断满足幼儿探索与发展的需要。以"烧烤店"为例，首先是预设游戏"快乐商业街"，幼儿在商业街中购物、吃饭、游玩，在游戏进行中，幼儿会发现没有钱，可以随之生成"银行游戏"，或者顾客买了东西发现没有座位，又可以生成新"餐厅"主题游戏，在餐厅吃完东西，又可以添加新的游戏角色——"清洁员"等，使游戏不断发展。将预设游戏与生成活动相结合，根据新需要而添加新的游戏主题，把儿童的强项在游戏中体现出来，努力实现游戏与生活、学习的相互促进。每一个学前教育工作者都不应孤立地看待游戏或轻视游戏，要善于在游戏中发现每一个儿童的闪光点，用发展的眼光看待每一个儿童，培养儿童的健全人格，促使儿童个性的全面发展。

（三）幼儿游戏回归自然、回归生活

毋庸置疑，学前儿童的天性是玩乐。因此，游戏是最贴合儿童天性的，是最适宜也是最受欢迎的教学活动，可使学前儿童在游戏中获取知识，丰富经验，得到发展。这符合以玩促学、寓教于乐的教育宗旨和原则。游戏回归自然，主要是指教育活动要遵循儿童自然成长规律，游戏环境的设置和材料的选择要贴近自然。游戏回归生活，是指游戏的主题要源于儿童的生活，游戏内容要为儿童未来生活做准备。两者看似简单，但要真正做到却十分棘手。幼儿园

和家庭游戏活动的顺利开展受到游戏组织者的教育理念的影响，并在很大程度上反映了家长或教师教育理念的科学性。

《幼儿园教育指导纲要（试行）》明确规定，幼儿园教育应以游戏为基本活动，这充分体现出游戏在我国学前儿童教育中的重要地位。现阶段，游戏活动在幼儿园的开展存在着明显的地区差异，在经济发达地区发展速度很快，而在边远地区、贫困地区难以落实，其他地区水平参差不齐。针对该现状，党的十八大报告明确指出："要加大对教育公正性的监督力度，提高教学资源的有效利用率，关注边远、贫困地区教育的开展情况，出台相关优惠政策加以扶持。"通过良好的宣传与推广提高地区教师将教育政策与本地文化和教学需求相结合的能力。

根据地区社会文化背景，与典型成功案例相结合，进行地方性游戏的开发和实践，以此达到充实地方幼儿园游戏方式与内容的目标。有些地区具备着开展丰富多彩的游戏的天然的优势条件与丰富资源。比如，宽广辽阔的天地是最佳的户外活动场地；沙石、流水、山坡、牛羊等是丰富的自然游戏材料。从我国学前儿童教育的发展现状来看，幼儿园游戏回归自然、回归生活不仅包括精神层面的回归，更要落实到物质和实践层面。精神层面的回归，要求幼儿教师首先树立科学的游戏观。幼儿教育应以儿童为核心，游戏活动也应以儿童为核心，通过游戏实现幼儿园教育中各类知识的融合，促进儿童整体地、全面地发展，并使儿童逐渐学会自主实现。但幼儿教师要注意的是，幼儿园教育并非完全以游戏的形式开展所有活动，游戏并非教育的全部内容和唯一形式。物质和实践层面的回归是指游戏道具的选择，游戏环境的设置要贴近自然、贴近生活。在组织游戏的过程中，教师要注意多运用自然素材，把生活中常见的元素作为游戏材料，设置适合儿童成长的、自然的游戏环境。源于生活、贴近生活的游戏情节更容易调动学前儿童的兴趣，激发其浓厚的探索欲望，从而使他们积极主动地参与到游戏和教学活动中。

除了对教育机构的一再强调，家庭教育也有着回归自然、回归生活的需求。当下人们的物质生活水平较从前有了飞跃性的进步，受到各类高新技术的影响，学前儿童的娱乐形式也越来越丰富，特别是各种电子娱乐产品层出不穷，占据了儿童的生活，取代了传统的游戏活动，使得人与人的交流转变为人与机器的"交流"。[1] 传统的游戏活动带给学前儿童的价值是难以估量的。通过儿童感兴趣的游戏开展学习活动会使儿童更容易接受，并感到学习的乐趣。

① 姚永强.我国义务教育均衡发展方式转变研究[D].武汉：华中师范大学，2014.

学前儿童的成长也是其完成社会化的过程，其只有在与同伴的交往中，在与自然环境的接触中，在生活知识与技能的获取中，才能培养良好的心智，陶冶美好的情操，在交往中控制自身的情绪，合理调节自己的情绪情感，使之保持在愉悦状态，获得关于自我的意识，并最终实现社会化。为此，在家庭教育中，家长可有意识地规划制订一日活动计划，并将计划适时转化为诸多的游戏主题，还原生活原貌，使幼儿在娱乐的同时接受新的知识。幼儿的健康成长以及个性习惯的养成，对幼儿的发展无疑是大有裨益的。强调游戏在幼儿园教育中的重要地位，就要倡导幼儿游戏回归自然、回归生活。基于此，幼儿园和家长应充分利用学前儿童生活环境特点、年龄特点、个性发展水平等，从实际出发，不断充实游戏内容、丰富游戏形式，使学前儿童能够顺利吸收并学以致用。从本质上来讲，回归自然与生活旨在让幼儿回归自然天性，使其能将所学知识灵活地运用到生活实践中。

第四节　学前儿童游戏中的教师介入分析

一、教师介入儿童游戏的方式

　　我国学者对幼儿园教师介入儿童游戏的方式进行了论述，其中，曹中平认为教师对幼儿游戏的指导包括两个方面的任务：游戏的准备工作和游戏的介入指导。其中指导策略，即指教师介入游戏的方式。一般有以下四种指导方式或策略：平行游戏法、合作游戏法、指导游戏法、"真实发言人"。邱学青则根据教师在游戏过程中影响游戏活动的形式，把介入游戏的方式分为以下三种：平行介入法、交叉式介入法、垂直式介入法。华爱华则认为教师指导幼儿游戏有外在干预和内在干预两种形态，具体的干预方式包括平行游戏、共同游戏、现实比照三种。

　　本书将游戏介入方式界定为在幼儿游戏过程中，教师参与、介入幼儿游戏所采用的方式方法，包括平行式介入、交叉式介入、垂直式介入，具体的方法则包括言语与非言语。平行式介入是指教师在幼儿四周和幼儿玩相同或不同材料和情节的游戏，目的在于引导幼儿模仿，教师起着暗示指导的作用。当幼儿对新玩具材料不感兴趣、不会玩、不喜欢玩时，或只喜欢玩某一类游戏而不喜欢玩其他游戏时，教师可以用这种平行介入的方式进行指导。教师一般以平行角色的身份或教师的身份来参加游戏。交叉式介入是指当幼儿有教师参与的需要或教师认为有指导的必要时，由幼儿邀请教师作为游戏中某一角色或教师自己扮演一个角色进入幼儿的游戏，通过教师与幼儿、角色与角色的互动，起到指导幼儿游戏的作用。当幼儿处于主动地位时，教师则扮演配角，根据幼儿的游戏行为做出反应。如果教师认为有必要对幼儿游戏进行直接指导，则可以根据游戏情节的发展提出相关问题，促使幼儿去思考。垂直式介入是指如果在幼儿游戏中出现严重违反规则、攻击性等危险行为，教师就以教师的身份直接进入游戏，对幼儿的行为进行直接干预。三种游戏介入的效果体现了游戏活动是自愿自发的，活动的目的不指向外部，不指向结果，不受外部的控制和约束。游戏是儿童自发的活动，也是儿童自我满足的活动，个体在游戏中获得需要的满足，这才是个体追求游戏的根本目的所在。驱使儿童游戏的根本性动因是游戏自身的内在价值，而非外在价值。游戏的外在价值是成人或教师由于教育需要而赋予游戏的，它必须与其内在价值相一致，否则将破坏它的本体性，即因忽视儿童需要而强加于儿童，使游戏异化为非游戏。因此，教师介入幼儿游戏的效果就在于考察教师的介入是否支持了幼儿的游戏，是否满足了幼儿的游戏意愿，而不是考察教师的介入是否达到了其介入的教育目的。

笔者按照教师介入行为对幼儿游戏产生的不同影响，把游戏介入效果分为正效介入、无效介入、负效介入三种类型。正效介入是指教师的介入支持了幼儿的游戏意愿，使幼儿游戏顺利地进行下去；负效介入是指教师的介入干扰了幼儿原来的游戏活动意向，阻碍了幼儿游戏的发展；无效介入是指幼儿对教师的介入不理会。

二、教师介入儿童游戏的建议

（一）提高教师的反思能力，增加教师介入幼儿游戏的有效性

教师的教育是有目的的。陈桂生先生说："真实的教育目的存在于千百万教育过程当事人的教育行为中。"教师对幼儿游戏的介入体现了一定的教育意图和要求。游戏作为幼儿园教育的基本活动，应是有目标与计划性的，但是并不意味着教师一定要硬性安排，或教师完全成为游戏的"导演"，规定幼儿怎

么去玩，必须玩什么。研究中看到，教师具有游戏指导的价值理念，指导应该为幼儿游戏提供必要的支持帮助，但是对于如何介入、怎么介入幼儿的游戏等问题存在理论上的困惑，实践中也不知该如何去做。针对上述情况，笔者认为，虽然教师不可能记录自身所有的介入案例，但是可以记录一定数量的典型案例，对这些案例进行分析和总结就可以在一定程度上帮助教师。此外，幼儿园还可以开展游戏指导观摩活动，教师之间开诚布公的批评和建议也可以促进教师对幼儿游戏的介入水平。因此，教师必须结合自己的理论对实践进行不断的反思，总结经验，提高自己介入幼儿游戏的有效性，提高自己利用游戏对儿童的学习和发展进行教育支持的水平。

（二）提高教师介入幼儿游戏的质量

要提高教师介入幼儿游戏的质量，首先要确保教师有足够的时间对幼儿游戏进行观察。教师的介入行为中存在着不加观察的介入以及介入频率较高的现象，这就说明教师很少观察或者没有时间进行观察。因此，教师在介入幼儿游戏时要给自己一定的观察时间，放慢自己介入的速度，这样不仅能够帮助教师制订教育教学计划，也能使教师更加深入地了解幼儿的兴趣和需要，有的放矢地指导幼儿游戏。只有在观察的基础上才能选择适合幼儿需要、有针对性的介入方式。其次，教师要学会站在幼儿的角度来看待幼儿的游戏，切不可以自己的角度去度量幼儿游戏的正确与否，这样的话幼儿就没有了游戏的自主性，幼儿的游戏就成了教师的游戏。如果教师对幼儿游戏用一种欣赏的眼光来看待的话，就会觉得幼儿的表现是那么优秀，想法是那么奇特，这样教师在介入幼儿游戏时才能与幼儿的游戏意愿相一致，才能成为幼儿游戏的支持者、引导者。

（三）教师应明确自身在幼儿游戏中的角色

游戏创造了幼儿的最近发展区，教师作为幼儿发展的"脚手架"，起着支持幼儿发展的作用。在幼儿游戏中，教师完全不介入是不合适的，而不恰当的介入更不合适。怎样的介入是合适的呢？我认为最重要的前提就是教师的角色定位。教师必须思考自己在幼儿游戏中是观察者、支持者、引导者，还是指挥者，必须在认识幼儿游戏的同时认识到自己在其中的角色。观察中，教师在幼儿游戏中的角色经常出现两个极端，放任不管或者成为控制者。这样的观念与行为说明教师没有充分认识到自己在幼儿游戏中所扮演的角色。教师的介入是为了促进游戏的发展，进而促进幼儿的发展，所以教师在介入幼儿游戏的时候要明确自己的角色定位，用不同的角色介入，对幼儿发展所起的作用是不同的。

第六章　智润童心：学前儿童教育活动实践

第一节　学前儿童语言教育活动实践

赵寄石、楼必生认为："语言教育活动是以语言教育为主要目的而组织的教育活动。"周兢、程晓樵认为："学前儿童语言教育活动是有目的、有计划、有组织地对幼儿进行语言教育的过程。"张明红认为："学前儿童语言教育活动是指在幼儿园中开展的以幼儿为主体，以语言为客体的一种有目的、有计划的多种形式的活动过程。"从这些研究者对学前儿童语言教育活动的定义可以归纳出一些共同点：第一，学前儿童语言教育活动的主体是幼儿；第二，学前儿童语言教育活动是教师有目的、有计划、有组织地实施的专门的教育活动；第三，学前儿童语言教育活动的主要目的是对幼儿进行语言教育，促进幼儿语言能力的发展。学前儿童语言教育活动的内涵比较广阔，既包括专门的语言教育活动和渗透的语言教育活动，也包括以家庭和社区为依托的语言教育活动。本书只对专门的学前儿童语言教育活动进行了研究。本书将学前儿童语言教育活动界定为教师有目的、有计划、有组织开展的，以促进 3～6 岁幼儿语言能力发展为主要目的的集体教育活动。

语言是交流和思维的工具。学前时期是儿童语言发展，特别是口语发展的重要时期。学前儿童语言的发展贯穿于各个领域，也对其他领域的学习与发展有着重要的影响。学前儿童在运用语言进行交流的同时，也在发展着人际交往能力、理解他人和判断交往情境的能力、组织自己思想的能力。通过语言获取信息，学前儿童的学习逐步超越个体的直接感知。

一、学前儿童语言教育的目标

学前儿童语言教育的目标从纵向和横向两个角度可分为层次结构和分类结构。

学前儿童语言教育目标可以分解为语言教育总目标、年龄阶段目标和活动目标三个层次。总目标是学前儿童语言教育总的任务要求；年龄阶段目标是学前儿童某一年龄（班）的教育目标，是总目标在各年龄阶段的具体体现；活动目标一般是由教师自己制订的，是为语言教育总目标和语言教育年龄阶段目标服务的，是总目标和年龄阶段目标的最终分解和具体化。

学前儿童语言教育目标的分类结构是指教育目标的组合构成，它可以分为倾听、表述、欣赏文学作品和早期阅读四个主要部分。倾听是儿童感知和理解语言的行为表现。表述是以一定的语言内容、语言形式以及语言运用方式表达和交流个人观点的行为。欣赏文学作品是感知理解文学作品并尝试艺术地建构语言方式的行为。早期阅读行为是学前儿童从口头语言向书面语言过渡的前期阅读和前期书写准备。

（一）学前儿童语言教育目标的层次结构

1.学前儿童语言教育终期目标

学前儿童语言教育终期目标有时也称为学前儿童语言教育目标。它是语言教育所期望达到的最终结果，是学前阶段语言教育任务要求的总和。学前儿童语言教育终期目标是学前教育总目标的一个组成部分，与总目标在方向上是一致的、相辅相成的。

2.学前儿童语言教育的年龄阶段目标

学前儿童语言教育的年龄阶段目标是终期目标在各年龄段上的具体体现，也就是对托儿所和幼儿园各年龄（班）儿童语言发展提出的具体要求。尽管整个学前阶段，儿童语言发展表现出一定的共性和连续性，但仍要将语言教育目标分化为不同的要求，形成对每一个年龄段儿童逐步提高的要求的具体目标，这是年龄阶段目标的一个特点。每一个年龄阶段的具体目标都建立在上一个阶段语言发展的基础上，并对这个阶段的儿童具有一定的挑战意义，使儿童在经过语言学习后能更上一层楼。

3.学前儿童语言教育活动目标

学前儿童语言教育活动目标一般由教师自己制订，它有两层含义：一是指各项学前教育活动所指向的学前儿童语言发展目标。二是特指语言教育活动目标，如谈话活动目标、讲述活动目标、听说游戏活动目标、文学作品学习活动目标、早期阅读活动目标等。因此，在专门的语言教育活动中，其目标指向于为儿童提供尽可能丰富的有益的经验，为其全面发展做出贡献。

（二）学前儿童语言教育目标的分类结构

学前儿童语言教育目标的分类结构是指教育目标的组合构成。任何教育目标都不是单一的，不管从哪一阶段出发，语言教育目标的最终归宿必然是儿童语言的发展。从儿童语言能力的构成、语言教育的作用和语言教育目标本身的角度对语言教育目标进行分类，可将其分为以下四大类。

1.倾听行为的培养

倾听是儿童感知和理解语言的行为表现，也是儿童不可缺少的一种行为能力。只有懂得倾听、乐于并善于倾听的人，才能真正理解语言的内容、语言的形式和语言运用的方式，掌握与人进行语言交流的技巧。

2.表述行为的培养

表述是以一定的语言内容、语言形式以及语言运用方式表达和交流个人观点的行为，是学前儿童语言学习和语言发展的主要表现之一。只有懂得表述的作用、愿意向别人表达自己的见解，并且具备表述能力的人，才能真正地与人进行语言交际，达到交流的目的。因此，表述行为的培养是学前儿童语言教育目标的重要组成部分。

3.欣赏文学作品行为的培养

文学作品欣赏活动是感知理解文学作品并尝试操作艺术语言的行为。这种通过语言塑造形象、表现生活的艺术作品带有口语的特点，却又不同于口语，它们是艺术语言的结合体，也是书面语言的反映。对学前儿童书面语言的发展以及其他方面的学习具有特别的意义。

4.早期阅读行为的培养

早期阅读行为是指学前儿童从口头语言向书面语言过渡的前期阅读准备和前期书写准备。其中包括儿童在学前阶段知道图书和文字的重要，愿意阅读图书和辨认汉字，同时掌握一定的阅读和书写的准备技能，等等。由此可见，早期阅读行为的培养主要在于激发学前儿童阅读的兴趣，使其养成良好的阅读习惯，掌握早期阅读的有关技能。

二、学前儿童语言教育内容的结构

（一）谈话活动

谈话活动创设的是日常口语交往情境，活动要求学前儿童调动自己已有的经验，围绕一定的话题倾听他人的意见，表达自己的想法。谈话活动的重点目标在于培养学前儿童运用口头语言与他人交际的意识、情感和能力。谈话内容涉及两个方面：个别交谈和集体交谈。谈话在培养语言交际意识、情感、能力方面有特别重要的意义。语言交际的效果在很大程度上取决于交谈双方是否能从对方的角度思考所谈的问题。谈话中互为听者和说者，要倾听对方的讲述，并做出应答，说清意思，注意反馈等，为语言交际能力的发展打下重要基础。谈话也是讲述的基础。讲述的效果不但决定于表述是否清楚、连贯，而且需要考虑听者已知什么，需要听什么，怎样说别人才能懂。教师要重视培养学前儿童的谈话能力，可以适当降低讲述的困难程度。因此，教师要为学前儿童选择丰富多样的谈话内容，使他们在以下方面得到发展。

1.个别交谈

（1）注意别人对自己说的话，并做出积极应答（以表情、声音、手势、体态、词、句等不同方式）。

（2）懂得听说轮换。

（3）主动发起与成人或同伴进行的个别交谈。

（4）注意倾听对方说的话，并能听懂意思。

（5）针对对方说的话表述自己的意见，并使对方听懂。

（6）耐心地把对话延续下去，集中注意询问和答话。

2.集体交谈

（1）积极参与多人、小组或全班的交谈。

（2）注意倾听教师在集体活动中的提问，并做出相应回答。

（3）注意倾听同伴在集体中的发言，根据谈话主题陈述自己的意见。

（4）针对别人的发言提出评价性意见。

（二）讲述活动

讲述活动主要是指为学前儿童创设正式的口语表达情境，使学前儿童有机会在集体面前表达自己对某一图片、实物或情境的认识及看法等，从而学习表述的方法和技能。这类活动能够培养学前儿童认真倾听的习惯和完整、连贯、清楚表述的能力，促进其独白语言的发展。讲述活动的内容主要涉及以下方面：用简单明了的语言，把某一实物的特征、功用解说清楚；用比较恰当的语言讲述图片或影片中的主要人物、事件；用生动形象的语言讲述处在某一情境之中的人物的形态、动作等。讲述用的是比较连贯的独白语言，要求语言内容比较丰富，语句结构完整。学前儿童进行讲述时通常需要图片、情境表演、教学玩具等来提示讲述的主题和主要内容，帮助其构思语句。在学前儿童讲述感兴趣的、熟悉的事情时，教师应培养他们不用辅助材料进行回忆和构思的能力，仅使用恰当的语句表述。因此，教师要选择多种讲述内容和形式，使幼儿在以下几方面得到发展：

（1）会用几句话描述事物。

（2）描述图片上的物体或人们的动作及心理活动。

（3）讲述自己的经验（亲身经历的过程）。

（4）讲述图片所表现的事情（重点在事物间的关系上）。

（5）讲述图片内容所发生的事情的过程，并利用想象补充完整情节。

（6）能理解多幅图片间的联系及表现出的情节，并会进行连贯讲述。

（三）听说游戏

听说游戏能为学前儿童提供一种游戏情境，使学前儿童在游戏中按一定规则练习口头语言，培养学前儿童在口语交往活动中快速、机智、灵活的倾听和表达能力。听说游戏涉及以下语言教育内容：巩固难发的音和方言干扰音，练习声调和发声用气；扩展、丰富词汇量，练习词的用法；在游戏中尝试运用某些结构的句子，锻炼语感。

（四）文学活动

文学活动是从某一具体文学作品入手，为学前儿童提供一个全面学习语言的机会，使他们在理解感受作品的过程中，欣赏和学习运用文学作品提供的有质量的语言。文学活动着重培养的是学前儿童欣赏文学作品的能力以及利用文学语言表达想象、表达生活经验的能力，包括聆听和朗诵、表演两大方面。活动可先由教师朗诵儿歌，让学前儿童逐渐养成爱听文学作品（成人直接朗读或放录音）的习惯，从而提高其积极主动吸收成熟语言信息的能力。因此，教师要为学前儿童创造欣赏内容、形式不一的文学作品的条件，使学前儿童得到以下几方面的发展。

1.聆听文学作品

（1）能注意倾听成人朗诵各种体裁的文学作品。

（2）通过反复聆听，养成对文学语言的爱好。

（3）能在生活中创造性地运用文学作品中的成熟语言。

（4）具有一定的文学艺术想象力。

2.朗诵、表演文学作品

（1）跟随成人朗诵作品中的对话。

（2）参与成人朗诵作品中的对话。

（3）用动作、表情等参与朗诵，表现情节。

（4）会分角色用道具来表演文学作品。

（五）早期阅读

早期阅读活动是利用图书、绘画为学前儿童创设一个书面语言环境，使学前儿童有机会接触书面语言，了解语言的基本文化内涵。早期阅读活动重点培养的是学前儿童对书面语言的兴趣，引导他们逐渐产生对汉字的敏感性，丰富他们前阅读和前书写的经验。早期阅读是由口头语言向书面语言过渡的过程，是理解口语和书面语言之间关系的重要经验。活动可以由教师先用口语对图书中的物体及人物或动物的动作进行命名、描述，逐渐地讲述图书中的情节，再向朗读文学发展，让学前儿童边听边说，最终使学前儿童达到对熟悉的图书能独立地边看边说内容或默读的程度。在这个过程中，学前儿童逐渐学会翻阅图书、辨认物体、理解情节以及懂得口语和书面文字之间的关系。

早期阅读包括以下内容。

前图书阅读：学习翻阅、理解和制作图书，了解图书画面、文字与口语之间的对应关系。

前识字：感受文字的功能、作用，了解识字的最基本规律和方法。

前书写：感受汉字的基本结构，认识汉字的书写特点和工具，学习书写汉字的基本方式。

（1）能注意看画面，听成人讲。

（2）能根据画面内容回答成人的提问。

（3）注意倾听成人讲述画面的情节。

（4）看着画面会讲述自己对画面内容的理解。

（5）能集中注意力倾听成人朗读图书中的文字。

（6）爱看书，会按顺序翻书页，爱护图书。

三、学前儿童语言教育活动的指导策略

（一）引导学前儿童主动参与语言教育活动，有效促进学前儿童语言的发展

学前儿童语言教育活动是学前儿童置身于语言环境或语言信息中的主动学习过程。无论是活动目标的确定还是内容的选择或是方式的考虑，这个活动自始至终都是教师根据语言教育目标及本班学前儿童语言发展状况而定的。这样才能保证语言目标的有效实施。教师在组织活动中要注意技巧，切实关注学前儿童的需要，以发展的眼光关注学前儿童的即时教育契机，努力使学前儿童的学习与需要、兴趣相一致，与学前儿童的发展要求相一致。教师要不断提高学前儿童学习语言和参与语言活动的兴趣，从而使学前儿童在活动过程中保持主动和积极的学习状态，引导学前儿童主动获取知识，并有力地促进其语言能力的发展。同时，教师要有意识地从学前儿童活动时的语言运用中发现并提出新的学习对象（词汇、句子、语调等），组织随机学习；要善于把握学前儿童最想学的"一刹那"，学前儿童喜欢什么就教什么，以保持他们旺盛的求知欲，最终有效地促进学前儿童语言的发展。

（二）运用学前儿童已有经验，适时促进学前儿童语言的发展

设计语言教育活动，首先考虑的是学前儿童的语言经验。语言经验表明了当前学前儿童语言发展的实际水平，这是设计教育活动的基本前提。只有了解学前儿童已有的语言经验，才能设计出符合学前儿童表达需要的、促进学前儿童语言有效发展的教育活动。新经验应该是建立在原有经验的基础上的，学前儿童通过自己的努力能够达到的经验，也就是人们常说的"跳一下，够得着"。例如，在设计大班欣赏散文诗《雪花》活动时，无论是内容及方法的选择，还是对活动组织的整体策划，都必须以学前儿童的语言经验为前提。大班学前儿童已有多次欣赏诗歌的经验，将散文诗《雪花》作为一种新的文学形式提供给学前儿童欣赏，学前儿童是能接受的。同时，从散文诗中，学前儿童可以感受到诗歌内容的意境美和诗句的语言美。在基本完成活动目标以及学前儿童又积累了新经验的基础上，可使活动相应延伸，让学前儿童尝试着仿编诗句，这是学前儿童通过努力就能够达到的。学前儿童通过参与文学活动，不仅丰富了词汇，学习了句式，而且获得了新的语文知识，为以后专门的语言教育仿编诗歌活动积累了新的经验。

（三）教育活动中主体和客体相互作用，促进学前儿童语言的发展

《幼儿园教育指导纲要（试行）》中明确指出：教师要"关注学前儿童在活动中的表现和反应，敏感地察觉他们的需要，及时以适当的方式应答，形成合作探究式的师幼互动"。因此，在语言教育活动中，教师要通过主体和客体不断的、连贯的相互作用，使学前儿童语言获得有效的发展。例如，小班开展看图说话"自己的事情自己做"活动，为使每个学前儿童都能主动参与，必须准备与学前儿童人数相等甚至多一些的能激发学前儿童表达的"工具"（图片）。小图片不仅是引导学前儿童说话的"引导物"，也是帮助学前儿童学习说完整句子的"参照物"。为使学前儿童有多次的、不同场合的练习说话的机会，活动方式的组织程序应设计为每个学前儿童在座位上看图、轻声学说话，说给旁边的同伴听，与旁边同伴交换图片，继续轻声看图说话，向全班小朋友讲图片内容。最后，在教师的带领下，全班学前儿童边说边做动作，以游戏形式自然地结束活动，整个过程使学前儿童在看图中多次练习说话，在动作操作中巩固了对完整句的掌握，同时接受了教育。

（四）教育活动中各领域相互渗透，促进学前儿童语言的发展

《幼儿园教育指导纲要（试行）》中明确指出：学前儿童语言的发展与其情感经验、思维、社会交往能力等其他方面的发展密切相关。因此，发展学前儿童语言的重要途径是通过相互渗透的各领域的教育，在丰富多彩的活动中发展学前儿童的经验的，提供了促进语言发展的条件。因此，在设计语言教育活动时，教师要将各领域内容有机结合，将美术、音乐甚至动作等自然地糅合在语言教育活动中。

（五）活动内容和活动方式相适应，促进学前儿童语言的发展

语言教育活动的内容是多方面的，活动的方式也变化无穷，它们之间存在着一定的关系。在教育实践中，这种关系具体表现为不同的活动内容可以选择相同的活动方式。例如，故事、诗歌、图片和情境讲述，可以采用逐幅出示图片的方式，也可以采用按内容段落分批出示图片的方式，还可以采用几幅图片一次性全部出示的方式来组织学前儿童观察、思考、局部讲述，直至连贯讲述。在设计语言教育活动时，必须考虑活动内容和活动方式相适应的问题。活动方式的选用，取决于活动内容是倾听还是表述、是欣赏还是阅读，要选取适合活动内容的类型。总之，活动方式必须与活动内容相适应，服务于活动内容。比如，小班的《做几个摇篮好》活动，活动内容是看图说话，属于"表

述"类活动，因而教师要给每个学前儿童较多的练习机会，采取的方式应该是为每个学前儿童提供小图片，并安排多次学说完整句的机会，最后以动作的参与结束活动，使原先较枯燥的学习内容变得丰富生动，以此保持学前儿童学习的兴趣与主动性、积极性。因此，活动内容和活动方式相适应，是使学前儿童较快地积累经验、有效地促进语言能力提高的重要原则。在语言教育活动中，将教师的设计与指导、计划的制订和实施、材料的提供和运用、提问的设置和处理以及活动过程对观察、评价、指导的适时运用综合起来才能发挥其适度的作用，才能促进学前儿童语言的发展。

第二节　学前儿童科学教育活动实践

一、科学教育概述

（一）科学教育

科学教育作为学校教育的基本内容，促进着现代社会文明的进步。伴随着社会发展和教育改革，科学教育已从传统科学教育转变为现代科学教育。科学教育的内容变得更加丰富，在教育目标上以科学素养为核心，强调现代科技与日常生活在教育内容中的融合，在学习过程中更加重视实践性。幼儿科学教育的培养最重要的是启蒙，给予幼儿更多的亲自实践操作的机会，获得关于新事物的理解与认识。顾志跃在《科学教育概论》中提出，科学教育是"在有效利用现代科技知识及价值的作用下，能够帮助学生学习科学知识，掌握科学方法和形成科学态度的教学活动，为提升国家科学素质水平去培养专业科学人才"。[①]

结合上述观点，科学教育作为整个教育体系的重要组成部分，是一项主要基于数学和自然科学教学的教育实践活动，可以提升全体学生的科学素养和创新能力。

---

① 顾志跃.科学教育概论[M].北京：科学出版社，1999：16.

（二）幼儿科学教育

根据《幼儿园教育指导纲要（试行）》中的规定，对幼儿的科学教育主要是科学启蒙教育，它可以尽可能地满足幼儿的好奇心和探索欲望，为了使幼儿更好地参与教育探索活动，科学知识教育应与幼儿的实际生活紧密相连，教师需要充分利用周围环境与事物，引导幼儿对提供的材料进行主动探究，激发幼儿的好奇心，通过创设的各种条件来使幼儿获得科学的知识、经验与科学态度。

施燕在《学前儿童科学教育》中指出：学前儿童科学教育是在教师的引导下，幼儿经过亲身的实践活动，对周围的自然界及社会事物经过探索、发现的过程，可以培养幼儿的观察与操作能力。[①]

综上所述，笔者认为：幼儿科学教育就是幼儿在教师的支持和指导下积极探索周围的物质世界，提升幼儿解决问题的能力，培养幼儿的兴趣和好奇心，从而帮助幼儿获得科学的情感和态度、掌握科学的研究方法、体验科学精神的过程。

二、开展学前儿童科学教育活动的策略

（一）合理安排科学教育的内容

1.根据学前儿童的认知特点，分阶段安排活动内容

科学教育内容是很广泛的，它包括人体和健康、植物和动物、生态与环境教育、自然科学现象与科技教育等。学前儿童受年龄特点的限制，不能理解深奥的科学原理，对科学现象的认识也只是初步的，所以应结合学前儿童的生活经验，分阶段安排活动内容。

2.体现时代特点，适当安排现代科技的有关内容

对学前儿童进行现代科学技术的教育、培养学前儿童的现代意识是学前儿童教育的一个重要目标。教师应当主要从以下几方面安排教育内容：第一，了解家庭中的现代化技术。认识一些生活用品，探索其中蕴含的科学原理，知道它们在生活中的应用。第二，了解社会生活中的现代化技术。认识社会生活中的各种现代化工具，如移动电话等，了解它们的先进功能。第三，认识科学

---

① 施燕.学前儿童科学教育[M].北京：中央广播电视大学出版社，2007：18.

技术的进步。初步认识现代科技，知道科技是在不断发展的，它会给人们带来更多方便，如灶具从柴灶、煤炉发展到液化气灶、电饭锅、微波炉；通信从烽火、旗语发展到寻呼机、移动电话、可视电话；计算工具从计数算盘发展到计算器、电脑等。

（二）多渠道开展科学教育活动

1.巧妙组织教学活动，激发学前儿童的兴趣

兴趣是学习的动力，是获得经验的先决条件。如果教师能巧妙设计，有效组织教学活动，就能激发学前儿童的探索兴趣和主动性。

2.利用活动角开展多种活动

学前儿童科学教育仅仅依靠集体是不够的，还应注重以下几方面：第一，活动内容要符合学前儿童的年龄特点和发展水平。太容易的内容，学前儿童没有操作的积极性；太难的内容，学前儿童不能理解。只有安排适当的活动内容，才能促进学前儿童的发展。第二，材料有利于学前儿童操作。第三，创设宽松的心理环境，让学前儿童充分操作、主动学习。宽松、和谐的气氛能活跃学前儿童的思维，有效地激发其探索兴趣。活动角活动可以是集体教学的前奏，也可以是集体教学的继续。

3.注重在一日生活中渗透科学教育的内容

学前儿童的一日生活丰富多彩，其中包含了许多科学教育素材。教师可以在一日生活中渗透科学教育，让学前儿童发现问题并解决问题。

（三）精心指导科学教育活动

在学前儿童科学教育活动中，教师的指导作用应体现在促进学前儿童与材料、同伴的相互作用上，以培养学前儿童的学习积极性和良好的个性品质。

除此之外，还应注意以下几方面。

1.精心设计提问，指导学前儿童活动

在教学活动中，怎样向学前儿童提出有质量的问题是很重要的，教师应根据学前儿童的不同发展水平提出不同层次的问题。问题要带有启发性，能激发学前儿童的思考。同时，问题的设计要注意开放性，使学前儿童能大胆表达。另外，问题要紧扣活动内容，使学前儿童在问答时有明确的思路。

2.灵活运用观察、实验等方法开展活动

在科学教育活动中，观察是最基本、运用最多的方法。实验能培养学前

儿童的动手能力，充分激发学前儿童学科学的兴趣。教师若能灵活运用这两种方法，使学前儿童感知科学现象，探索学习方法。例如，在"不碎的鸡蛋"活动中，教师可以先请学前儿童做实验，用海绵垫把鸡蛋包起来使劲扔，看鸡蛋会怎么样。于是，有的学前儿童把鸡蛋扔到地上，有的学前儿童从房子的一边扔到另一边，还有的从二楼往下扔。最后，学前儿童得出结论：易碎的物品在细软且有厚度的材料的保护下就不易碎了。

3.重视教育评价，促进活动的开展

在评价时，要重视学前儿童参与活动的态度，重视学前儿童的探索过程，对积极参与活动的学前儿童进行鼓励，对采用不同于别人的方式进行尝试的学前儿童要提出表扬。教师可利用非言语信息对学前儿童做出评价，如点头、微笑等，还可以把学前儿童在活动中的表现记录下来，与学前儿童一起分析、评价。总之，恰当的评价能激发学前儿童再次参与的愿望，促进活动的开展，使每个学前儿童都能感知和体验到科学教育活动的无穷奥秘和乐趣。

三、在科学教育活动中提升幼儿学习品质的对策

（一）尊重幼儿在科学活动中的主体地位，设计灵活多样的教学形式

在科学活动组织的过程中，教师只是一个观察者、引导者、倾听者、合作者和支持者，必须尊重幼儿在活动中的主体地位，活动需要幼儿来确定活动的目标、采用什么样的方法、选择什么样的活动材料，最后让幼儿一起参与活动的多元评价。在科学活动中树立以幼儿为主体的地位，就要在设计教学活动时考虑幼儿学习品质的发展，重视幼儿自身的能动性，设置符合幼儿特点的"生动的和个人亲身体验的课程"。这种课程与幼儿的生活经验紧密相连，还会融合幼儿自己需要主动建构的学习内容。幼儿成了活动的主体，这会让幼儿有一种成就感，可以很好地调动其学习的内部动机。教师应该在科学活动中相应地增加幼儿自主尝试探究的时间，这样幼儿的好奇心与兴趣、坚持、想象与创造等积极的学习品质更容易被激发出来。通过幼儿的全程参与，可以提高幼儿参与探究活动的主动性和积极性，对幼儿目标意识、坚持性、抗挫折能力以及专注程度、独立性等相关能力和学习品质都会有所提升。

在科学教育活动中，尤其当教师采用讲授法时，儿童说话的机会较少，显得更加被动，不利于激发儿童积极的学习品质。通常情况下，相比于集体讲

授教学，儿童在操作探索活动、合作学习等方式中获得的经验更多。例如，在分组合作中，每名儿童认领不同的任务，还需要和其他儿童进行沟通协调，这对培养他们的责任心和合作能力具有促进作用。同时，对于那些能力较弱的儿童来说，在小组中通过观察其他能力较强的同伴的想法和做法，能够在一定程度上促进自身经验的获得。这种同伴之间的互动起到的作用并不比教师的指导差。

科学教育活动中，教师应该转变自己的教学模式，尝试多种不同的教学形式。个别教学主要是针对能力较差的幼儿或者是有特殊需要的幼儿，关注个体差异，才能达到所有的幼儿共同进步的效果。因此，教师不应拘泥于单一的教学形式，而应该采取灵活多样的形式组织儿童积极地参与到学习活动中来。

（二）创设宽松的科学探究环境，培养幼儿敢于探究想象的学习品质

美国大卫·杰纳·马丁在《建构儿童的科学：探索过程导向的科学教育》一书中认为，教师应营造有利于学生探究的学习环境，并允许学生进行科学探究活动。[①]

一是创设宽松的物质环境。环境的准备有室内环境和室外环境的创设利用。教师要为儿童创设材料丰富的条件，儿童对材料的探索和使用是开展科学教育活动的前提。只有了解材料特点并掌握使用材料技巧的儿童才能在实践中便利高效地使用材料。在创设物质环境的过程中要注意与科学的教育目标相结合，幼儿在宽松的科学环境中更容易激发积极性与独立思考的能力，更愿意把想法进行多次尝试。二是创设宽松的心理环境。教师包容的心态和激励性的言语指导在科学活动中对于培养幼儿的学习品质起着关键作用。为了有效提高幼儿的活动参与度，教师可以利用激励性语言对幼儿进行指导，在幼儿失败时，引导、鼓励其自主解决问题。教师需要在活动结束时组织幼儿对本次活动进行交流探讨，引导幼儿进行自我反思，这有助于幼儿对自己的表现进行客观认识，对幼儿独立性、主动性、目标意识的培养具有重要作用。

只有幼儿愿意积极参与探究，尝试把材料进行不同利用与组合，才能真正激发想象力与创造力，在一次次的实践与失败尝试中验证猜想，向更高水平的探究迈进。教师需要具有宽松容错的心态，或许教师眼里幼儿看似"破坏"

---

① （美）大卫·杰纳·马丁.建构儿童的科学：探索过程导向的科学教育[M].杨彩霞，于开莲，洪秀敏，译.北京：北京师范大学出版社，2006：364.

的行为实则是幼儿想象力与创造力的表现，幼儿的好奇心驱使其对材料有不同的玩儿法。因此，教师需要理解幼儿行为，鼓励幼儿敢于探究与想象，使他们愿意利用创造与想象进一步拓展学习，培养良好的学习品质。

（三）投放充足多样的科学活动材料，提高幼儿兴趣与活动参与度

布鲁纳认为学习的最佳动力是对材料的兴趣，科学探究材料的选择与投放在幼儿的发展中起着重要作用。大班幼儿由于年龄比较小，对科学教育活动中所运用的材料非常容易产生兴趣，所以在科学教育活动中合理利用丰富材料对学习品质的培养具有关键作用。教育者在科学教育活动的材料的选择上应考虑幼儿的兴趣与需要，保证材料种类的多样性和数量。同时，教师要鼓励幼儿一起参与到材料准备中，与幼儿共同完成材料的收集与制作，这不仅可以培养幼儿的责任感，而且可以锻炼幼儿的操作能力。教师可以与幼儿一起完成材料的准备。有利于幼儿在实践动手操作中形成积极的态度与行为。教师听取并讨论幼儿的意见，给予儿童更多思考与发现问题的机会，这对幼儿好奇心、坚持性、想象力与创造力的培养具有促进作用。

根据苏霍姆林斯基的非智力因素教育，在科学活动中设计引起幼儿学习兴趣的内容，幼儿会表现出较高的参与度，会更积极参与活动、主动思考，敢于大胆想象、动手尝试操作，更容易培养积极的学习品质。幼儿对大自然充满好奇与兴趣，我们要让幼儿关注周围事物。科学教育需要来源于生活，幼儿对身边感兴趣的事物进行的探索活动需要我们去支持引导，因为这是幼儿认识世界、获得知识的一个有效方法。幼儿经常对生活里天气的变化、动植物的出现和社会事件的发生产生好奇心。好奇心能够让幼儿产生极大的热情与兴趣，进而有了探索的欲望。可见，兴趣与好奇心能够促使幼儿探索新事物，帮助幼儿获得新知识与能力。因此，在设计与组织科学教育活动时，必须注意活动是否具备教育性及可操作性，更重要的是适合儿童身心发展的特点。在科学教育活动的过程中，利用幼儿的好奇心与兴趣这一特点，对活动内容进行灵活选择，使幼儿在科学活动中养成坚持、独立、团结合作等良好的学习品质。

（四）加强教师对学习品质的理解，提升教师培养学习品质的能力

笔者在对教师的访谈中发现，许多教师对"学习品质"这一名词都不太了解或缺乏深入的认识。虽然一些专家或者文件对学习品质进行了一系列的解读，但是教师应用到实践中比较少，不能有效地掌握具体的培养方法。教师的教育理念对其教育行为起着关键作用，教师对学习品质的认识决定了其能否根据幼儿在活动中的表现制订有针对性的计划。笔者通过对幼儿园教育活动的观察了解到，教师多以经验进行科学教育活动，特别是在学习品质理论方面有所欠缺。因此，幼儿园应该加强教师对学习品质的认识，加强教师对学习品质的理论培训，认真研读相关文件政策。教师应在学习过程中不断反思，更新教育理念，准确及时地发现幼儿活动过程中表现出的学习品质。同时，幼儿园也可以组织教师通过教学实践相互交流学习经验，从而更好地去指导实践。

教师教育能力与知识的提升需要以充分了解幼儿为前提，教师若不能足够地了解幼儿，就容易选择不适合儿童发展的知识内容，设计与组织的活动不适合儿童成长。对于不适宜的内容与活动，幼儿容易丧失兴趣。教师了解幼儿最直接的途径就是去观察幼儿，或者与儿童互动，一起进行游戏，必要时给予幼儿支持与帮助。教师要将活动目标和内容与幼儿的兴趣及需要相结合，对幼儿在活动中的行为表现进行观察，要能看到幼儿所体现出的学习品质，根据幼儿的年龄与思维特点，为幼儿创造足够的自主探究机会。教师在幼儿体验过程中尽量不要打断他们，在探究过程中应学会尊重与理解幼儿，通过观察了解不同的幼儿学习品质表现的情况、在什么情况下容易体现、在什么情况下可能得到培养。这一过程不仅可以帮助教师清楚地了解幼儿的特点，也利于教师提升自身的教育知识与技能。

（五）引导家庭重视幼儿的学习品质，加强家园合作

根据布朗芬布伦纳生态系统理论，家庭作为儿童成长学习的重要环境，家庭环境和家园沟通会影响儿童学习品质的形成与发展。研究表明，良好的家庭环境可以增强儿童的主动性、好奇心和独立性，促进儿童想象力的发展，激发儿童的创造力和热情。教师引导家庭重视儿童的学习品质，是儿童积极学习品质发展的有力保证。

为了提高儿童的学习品质，教师应计划动员家庭力量来支持：首先，在与家长具备平等关系的基础上，教师要主动与家长交流积极学习品质的重要性，并通过对话了解儿童在家庭中学习品质的表现。其次，教师和家长分享一些实用的策略，可以提高儿童的积极学习品质，鼓励家长在家庭中建立一种温暖、安全和积极的亲子关系，并讨论儿童的行为表现或学习兴趣。可以引导家长通过语言向儿童传递一些肯定和鼓励学习品质的话语，如"我看到你在用积木搭建，你坚持了很长时间"。

在科学教育活动中培养大班幼儿的学习品质，不仅需要幼儿园及教师的关注和指导，还需要家长的大力配合。幼儿园、教师和家长之间的积极互动与

合作对于儿童学习品质的提升至关重要。首先，教师应在活动开始前主动与家长进行沟通，如为科学教育活动准备材料等，以便家长了解相关活动，更好地合作。

活动结束后，教师可以与家长合作继续开展活动，使儿童可以更深入地探索科学活动的主题，以促进儿童的坚持性、独立性、想象力和创造力等学习品质的发展；家长必须与教师积极沟通，只有引起家长和教师的重视，才能形成培养儿童学习品质的共同力量。

第三节　学前儿童社会教育活动实践

一、学前儿童社会教育活动的目标

学前儿童的社会教育是一个综合的学习领域。社会学习往往融合在各种学习活动中，并渗透于学前儿童生活的各个环节。学前儿童社会教育活动应该围绕着学前儿童的自我意识、社会、认知情感、行为、技能、道德品质、社会适应等几方面来开展。与学前儿童现实生活联系越紧密的内容越容易引起学前儿童的兴趣，并容易为学前儿童所理解和掌握。

学前儿童社会教育活动的目标是促进学前儿童社会性的发展。学前儿童的社会性是在其自身与社会的相互作用中发展起来的。生命个体从呱呱坠地的那一刻起，社会就通过各种途径和方法对其施加影响，期待他们成为社会需要的人。学前儿童为了自己的自下而上的发展，也总是在积极地适应社会，逐渐接受与内化社会规范、道德准则和行为方式，并在自己的个性中显现出来，这就是学前儿童社会化的过程。由此可见，必须依据社会的要求、学前儿童的发展及学科本身等多个方面来确立学前儿童社会教育的目标。

（一）社会的要求

每一个社会都有一定的社会宗旨，这一宗旨要在各个教育领域里贯彻落实。未来的一代应塑造成什么样的人，是学前儿童社会教育活动领域担负的责任。因此，学前儿童社会教育活动目标要反映社会的要求和愿望，并关注社会的变化，关注社会和世界的未来。对话、沟通和融合已成为当今世界政治格局的新态势，全球科技革命使人类生活日新月异，人类的物理距离相对缩小，不同国家、不同民族间的相互依赖性、制约性正在加强，人类的命运日益受到一些共同因素的制约，"地球村""地球公民"等名词反映了人类的相互联系、相互依存日益加强的趋势。社会的发展突出了学会合作与分享的重要性，这些社会的变化势必要求学前儿童社会教育活动做出调整以使人类的下一代了解这个世界、关注这个世界，进而理解这个世界。

（二）学前儿童的发展

学前儿童所拥有的生活经验非常有限，主要有家庭、幼儿园及常规社会机构的生活经验。因此，社会教育内容的选择应以学前儿童的发展为依据，应建立在儿童已有的经验上，并以各种可感知的方式呈现以扩展学前儿童的经验，使教育内容真正被学前儿童所理解接受并内化为自己的知识，继而产生特定的情感和行为。学前儿童现有的生活经验及学习的能力，制约着幼儿园社会教育活动内容的广度和深度。教师和家长是学前儿童社会学习的重要影响源，而学前儿童的学习能力正在发展过程之中，即学前儿童处于感知运动阶段，抽象思维水平还没有得到发展。因此，学前儿童社会教育活动的内容应建立在学前儿童已有的经验基础之上，适当扩展，并以各种可感知的方式呈现，以扩展学前儿童的经验。学前儿童社会性经验的培养需要家庭社会保持一致、密切配合。脱离学前儿童的生活而进行的社会教育往往会适得其反，甚至会带来假道德或不道德的恶果，对其童年造成危害。学前儿童的经验和发展不是笼统的，而是具体的、具有一定的结构的，在选择活动时，应考虑到这种结构，考虑到学前儿童教育和发展的不同侧面。社会学习具有潜移默化的特点，尤其是社会态度和社会情感的习得，这往往不是教师直接教的结果。学前儿童主要是通过在实际生活和活动中积累有关的经验和体验而学习的，教师要注意通过环境影响感染学前儿童。学前儿童有多种多样的经验，也有多方面的发展，一定要根据学前儿童发展的需要、学前儿童发展的不同侧面使教育内容更有效地促进学前儿童的发展。

（三）学科本身

学前儿童社会教育涉及的学科众多，如历史学、社会学、地理学、人类学、经济学等。每一个学科中的基本目标或启蒙性目标都将在一定程度上影响

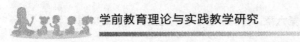

学前儿童社会教育目标的选择和确定。例如，社会学中关于了解和理解一定的社会角色，参与社会交往等目标都以最基本、最启蒙的形式影响学前儿童社会教育目标的确定。再如，人类学中关于不同的民族有不同的文化，应理解其民族文化自身的合理性，并学会尊重他人的文化，这也会以最基本、最启蒙的形式体现在学前儿童社会教育的目标体系中。

当然，从以上三点出发，无论是社会的、儿童的还是学科的各方面都可列出许多教育目标。因此，在具体制订社会教育目标时，应从我国教育的现实及对学前儿童发展的价值上审慎考虑。

二、学前儿童社会教育活动的内容

学前儿童社会教育活动的内容是指幼儿园社会领域所包含的特定现象、事实、规则及问题等基本的组成部分。它们依照一定的原则，是一个有机的整体，是实现社会教育目标的重要保证。

学前儿童社会教育活动的内容包括四个相互联系的方面，即人际关系、社会环境、社会行为规范和社会文化。

人际关系指学前儿童在与周围环境中人的交往过程中形成的相互关系。人际关系方面的教育内容主要包括交往态度、交往规则、交往技能以及交往中形成的自我意识、他人意识和相互关系。这些教育内容主要存在于各种各样的交往活动中。幼儿园与家庭相比，具有进行人际交往教育的诸多有利条件。教师应充分利用这些条件帮助学前儿童学习如何积极地对待别人、认识自己，如何与人和睦快乐相处，如何正确处理分歧和纠纷，懂得分享和尊重别人。

社会环境指学前儿童生活中经常接触的一些社会组织形态、社会机构和其中的社会角色，如家庭和家庭成员，幼儿园和幼儿园工作人员、小朋友，商店和售货员、顾客，医院和医生、病人以及家乡（城市、农村）、祖国和她的建设者、保卫者等。选择这方面内容作为教育内容，是为了帮助学前儿童了解和熟悉自己的生活环境、与自己生活有关的人及他们的劳动，从而丰富学前儿童的生活经验，扩大其视野，让其初步感受人与人（包括自己）之间、人与社会之间的相互依存关系，进而提高他们的社会适应性。

社会行为规范指学前儿童在社会生活和社会交往中需要了解和掌握的各种行为准则，如遵守公共秩序、爱护环境，不随便打扰别人，不损害别人的利益，举止要文明，待人有礼貌，要诚实守信等。选择这方面的社会行为规范作为教育内容，是为了使学前儿童从小就懂得社会生活是有一定规则的。通过学习，学前儿童习惯于按照这些准则去行动，从而逐渐培养起道德意识和按道德标准行动的自觉性。

社会文化指学前儿童需要了解的人类在社会历史发展过程中所创造的物质财富和精神财富。社会文化主要包括社区文化，即我国主要的文化精品、民间节日、民间艺术等，世界著名的人文景观，优秀的艺术作品，等等。选择社会文化作为教育内容，为的是引导学前儿童从小熟悉民族的优秀文化，认同它们，使爱国主义情感潜移默化地深深扎根于他们幼小的心灵之中。同时，世界优秀文化是全人类的共同财富，了解各种不同的文化，学会尊重它们、鉴赏它们，有利于开阔学前儿童的视野，培养其广阔的胸怀。

学前儿童的社会教育是一门关于人和社会文化的课程，离开社会现实，离开学前儿童熟悉的社会生活，远离学前儿童已有的经验，这一课程就失去了其存在的根基，因而要选择适宜贴切的内容。可见，学前儿童社会教育所选择的内容十分重要：

第一，与目标无关或关系不大的内容必须删除。

第二，所选内容应在学前儿童的最近发展区内，既以学前儿童的心理水平为基础，又有发展性。

第三，所选内容要有启发性，要能锻炼学前儿童的思维、启迪学前儿童的心灵。

在组织内容时，要把逻辑顺序和心理顺序相结合。逻辑顺序即知识系统的内在逻辑体系，心理顺序即学前儿童学习活动内在的认知规律。因此，适合学前儿童发展水平的课程内容应当以学前儿童为中心，并以学前儿童的特点和需要为出发点来制定。有效教学始于学前儿童的现有知识，他们的文化实践、信仰以及他们对学科内容的掌握程度应以适宜学前儿童发展的方式来呈现教学内容。社会学习是一个漫长的积累过程，不是一蹴而就的，应该特别珍视人通过体验获得的生活经验。正如苏联心理学家鲁克所言：个人的情绪经验愈是多样化，就愈容易体会了解想象别人的精神世界，甚至会有密切的情感交流。在教育中抓住一切社会教育的契机是对幼儿园教师的基本要求。社会教育是与现实生活紧密关联的教育，它通过真实的生活事件和生活情境培养学前儿童的基本社会生活能力和技能，增进学前儿童的相关知识，激发学前儿童的社会情感。教师要充分利用现实生活，在生活实践中利用一切可以利用的机会，让学前儿童练习实践，因为只有这种结合现实生活的社会教育才能真正取得成效。社会教育强调学前儿童在做中学，通过真实的体验来学习。

三、学前儿童社会教育活动的途径

（一）专门性教育活动

专门性社会教育活动是指幼儿园教师根据教育目的和教育计划以及本班儿童的身心发展规律和特点选择合适的教育内容，采取合理的教育方式和方法，对学前儿童进行社会教育的形式。专门的社会教育活动具有比较明确的目标性和计划性，内容也比较系统和集中，教师对儿童的组织和指导作用更加直接、更加明显，也更具有针对性。

（二）综合教育活动

综合教育活动是教师组织儿童围绕一个主题，综合运用上课、游戏、参观、劳动等教育形式发挥各种教育手段的作用，促进儿童社会性发展的一种教育形式。在综合教育活动中，教师可以采用多种教育形式将儿童的兴趣和需要以及幼儿园的社会教育目标结合起来，使儿童增进社会认知、产生社会情感、形成良好的社会行为习惯。

（三）游戏

游戏本身就是学前儿童认识社会、参与社会生活的一种独特方式。它不仅可以满足儿童参加成人生活的愿望，而且对于他们的社会认知、人际交往、社会行为等都有着其他教育形式不可替代的作用。游戏不仅可以独立作为社会教育的活动形式，也可以与其他教育形式相结合而产生作用。

儿童喜欢游戏，随时随地就会开始游戏。对儿童社会性发展影响较大的主要是角色游戏/表演游戏等。在这些游戏中，儿童必须和同伴协商内容、分配角色、处理纠纷、克服困难，以保证游戏的顺利进行。这就促使儿童不断地认识自己，协调自己与他人的关系，从而提高自己的社会交往能力。

（四）区域活动

作为集体教育活动的补充，区域活动也是幼儿园社会教育的途径之一。在区域活动中，儿童可以自主选择、自发地活动，并且以小组形式进行活动，有协商、有配合，精神上没有压力。活动区也给儿童提供了更多自由交往和自由表现的机会，使儿童之间能够增进了解、增长知识。例如，角色游戏区、积木区、语言区、音乐区都可以对儿童的社会性发展起到良好的促进作用。儿童在不同的区域里自由地说笑、操作、听音乐、表演、玩积木、阅读、饲养小动物等，乐趣无穷。活动区主要是通过活动材料的投放来实现对学前儿童进行社会教育的功能，让学前儿童在与活动材料、环境、同伴的互动中实现发展的目标。因此，创设有利于儿童社会性发展的环境，尤其是投放相应的材料就显得非常重要。

研究表明，在活动面积较大、活动材料丰富的情况下，儿童的竞争性、破坏性都低于活动空间小、活动材料缺乏的情况。同时，要根据儿童的年龄特点和发展的需要提供不同种类的材料，尤其应注意投放一些需要儿童互相合作、互相帮助的材料。

四、学前儿童社会教育活动的指导策略

（一）建立平等互动、积极有效的师幼关系是实施学前儿童社会教育的前提

平等互动、积极有效的师幼关系的建立是学前教育的基础。师幼互动不仅会影响互动中的教师和学前儿童，也会影响其他在场的学前儿童和教师，产生场效应。同时，师幼关系的建立本身就是学前儿童社会化发展的重要内容和途径。教师的行为及与学前儿童的互动作为最重要的潜移默化的社会教育资源，对学前儿童的社会化发展影响极大。从这个意义上来说，平等互动、积极有效的师生关系的建立，在学前儿童社会教育领域有其独到的作用。

第一，安全、愉快、宽松的外部氛围是建立积极、有效互动的前提。如果学前儿童在教师面前不敢说、不敢动、不敢表达自己的愿望、不能做到与教师自由愉快地交往，教育是极难开展的，也是很难见效的。因此，教师的角色定位非常重要。在师幼互动中，教师绝不仅仅是简单的管理者、指挥者或裁决者，更不应是机械的传授者，而是良好师幼互动环境的创造者、交往机会的提供者、积极有效师幼互动的组织者和学前儿童发展的支持者与促进者。教师在师幼互动中更应关注的是学前儿童的发展，而不是课堂上的违规行为，也不是以约束纪律和维护规则为目的和内容的互动。要正确对待学前儿童间的矛盾，要和学前儿童一起活动和游戏，进行以情感、心理的接近与交流等为内容的互动，关注学前儿童心理情感上的特殊需要，重视和学前儿童的情感交流。师生间的情感交流以及由此产生的心理氛围是促进师幼积极有效互动的必要条件。在积极的情感氛围中，教师和学前儿童更容易产生被支持感，互动的动机更强，效果也更好，特别是对年幼的学前儿童来说，情感的交流意味着一种依恋

关系的重新建立。

第二，师幼关系的平等性是师幼关系的核心内容。长期以来，师幼关系的平等性体现不足，学前儿童心理上没有平等的感觉，而教师更多的是管理和控制，对学前儿童真正深层心理的关注和敏感性心理的注意也存在不足。学前儿童的行为得不到教师的高度关注，对教育效果的影响很大。师幼双方特别是教师在师幼互动中对学前儿童保持关注是师幼互动得以进行的前提和基础，也是学前儿童产生被支持感和信任感的基本条件。在学前儿童社会教育活动中，教师关注的重点应当是学前儿童自我意识的发展、个性的完善、情绪和情感等内容。

（二）创设使学前儿童感受到接纳、关爱和支持的良好学习环境

《幼儿园教育指导纲要》在社会领域的指导要点中明确指出：要创设一个能使学前儿童感受到接纳、关爱和支持的良好环境，避免单一呆板的言语说教。这不只是为了提高学前儿童的学习效率，也不只是为了提供一个积极的学习环境，更多的是为了给他们创造一个健康的人际环境，以发展学前儿童客观积极的自我意识。教师作为学前儿童生活中的重要参与者，当其用积极的眼光、正面的姿态、接纳与宽容的心理去面对学前儿童、去和学前儿童互动的时候，实际上是在给他们一个良好的社会的界定，能够促使学前儿童也用一种积极的态度去看待自己。

能使孩子感受到接纳、关爱和支持的良好学习环境，最直接和最显见的意义是有助于学前儿童保持良好的情绪状态，激发其学习动力，为他们的学习提供一个积极自主的空间，更进一层的意义则在于给学前儿童一个积极的"他人眼中的自我"，使学前儿童在长期的自主活动中形成内在的、稳定的、一贯的独特性，使儿童意识到自我。

接纳、关爱和支持的良好学习环境，意味着一个能够诱发、维持、巩固和强化积极的社会行为的环境，这种环境应该具备以下基本特征。

1. 物质材料的多样性和丰富性

物质材料的多样性和丰富性，即物质材料能充分满足学前儿童活动的需要，能充分支持学前儿童的自主性活动和自主性选择，利于学前儿童的交往和合作，帮助学前儿童更好地表达自己的意愿和情感。物质材料的多样性和丰富性往往直接联系着一种人性、民主、宽裕和宽容的教育方式。

2. 活动氛围的宽容性和接纳性

一个宽容和接纳的环境氛围有助于学前儿童自我意识和个性的发展，进

而使他们形成良好的社会认知，培养积极的社会情感，形成正确的社会行为，使他们更加积极主动、充满自信地和外界交往。

宽容和接纳的环境氛围意味着教师要正确看待学前儿童在活动中的"错误"表现。从学前儿童发展的角度、获取经验的角度、成长的角度来看，有时所谓的错误不见得就是错误，而是每个学前儿童成长中的必经过程。宽容和接纳要求教师用多元的、多角度的观点来看待学前儿童在活动中的表现，要给他们创设一个安全的、宽松自由的活动氛围，让他们在其中随心所欲、自由自在地表达自我。只有这样，教师才能发现学前儿童身上存在的各种问题，看到学前儿童需要改善和提升的方面，为有效指导奠定基础。

宽容和接纳的活动氛围有时候也意味着一种幽默，意味着在某些并不是很严重的问题上，教师可以采取积极的鼓励态度。

3. 环境设计的倾向性和暗示性

环境是重要的教育资源，应通过环境的创设有效促进学前儿童的发展。社会领域的教育具有潜移默化的特点，所以环境是无言的教师，可以起到暗示的作用及诱发学前儿童积极行为的作用，其效果往往比教师的言传身教来得更实在。

（三）利用多种社会资源对学前儿童进行社会教育

教师在指导学前儿童社会教育活动时，应善于利用多种社会资源，如家长资源、社区资源等。教师可以让不同职业的家长给学前儿童讲解不同的社会分工，利用社区资源安排学前儿童参观社区小学、图书中心、中国移动大厦、敬老院等社会场所，了解与自己生活有关的各行各业的人们的劳动，增进学前儿童对社会的认知，培养其对劳动者的热爱和对劳动成果的尊重。

第七章　携手相伴：幼儿园、家庭和社区的协同合作

第一节　幼儿园与社区资源的合作

通过对幼儿园管理者和社区人员进行的访谈，我们发现两者缺乏双向互动，大部分仍然处于单一方牵引合作，处于单方依赖状态。梳理幼儿园与社区合作所开展的教育活动，能使幼儿园与社区在资源合作的基础上形成资源平衡的相互依赖关系。

若以组织间共同生存和发展为合作的最终目标，其组织就必须与环境中其他组织群体合作，不断寻求共同的目标与利益，互相借助对方的组织资源达成共同目标与利益。笔者以资源依赖理论的核心思想为基础，以幼儿园与社区合作达成平衡的资源依赖为最终目标，形成幼儿园与社区共同生存和发展的合作模式。为此，本书主要以组织引领型模式、社会交往型模式和互利共生型模式为构建幼儿园与社区合作的参考模式，提出构建幼儿园与社区形成资源动态平衡合作关系的实践合作机制。

一、幼儿园层面：能力提升与资源扩展

资源依赖理论将组织描述为资源获取系统，并强调组织专业化对合作具有重要作用。组织专业化有助于实现领域重叠，从而达成共识，减少活动中的竞争与冲突。依据资源依赖理论，幼儿园与社区间若要形成稳定的合作关系，需增强自身的能力和丰富自身的教育资源。为此，幼儿园自身应提高服务能力

和丰富教育资源，在社区中突出治理成效，增强自身资源的不可替代性。长期以来，社区在公共事务和资源占有上处于主导地位，其依赖幼儿园资源的程度较低；同时，由于幼儿园教育的专业性不足，社区在教育上依赖幼儿园的程度也较低。资源依赖理论认为，专业服务能力越强的社会组织越能在社区中获得生存空间。因此，幼儿园需提高自身专业服务能力，以增强社区对幼儿园的依赖。

（一）积累经验，增强治理和服务能力

幼儿园能力的提升也依赖其内部管理和资源。管理人员使用管理控制增加内部资源的提供，以增强自身的能力和提高资源的不可替代性。

1. 加强专业知识积累，增强专业服务能力

幼儿园的专业性是被社区、家长、社会人员等所看重的，专业服务能力越强的幼儿园越能在社区中获得生存空间。幼儿园主要以幼儿教育的专业性为主，自身拥有专业的工作方法，依据不同幼儿自身发展的特点，采取不同的专业方法，使幼儿获得全面发展。幼儿园专业性的服务主要以家庭为服务对象，针对不同的家庭，不同专业背景的家长的需求，采取"个案""小组"等方式指导众多的家庭对幼儿进行科学的家庭教育。因此，幼儿园专业服务能力的提高，是对不同的社区群众、社区幼儿的教育需求进行满足，从而提高幼儿园自身的不可替代性，并以专业的服务质量换取资源的。[①]

2. 利用教育活动，提升内部管理能力

幼儿园的内部管理对幼儿园自身的发展起着重要的作用。首先，幼儿园的内部管理是对幼儿园所有资源进行合理的分配和使用，提高资源的利用率。其次，提高幼儿园的内部管理能力可以增加幼儿园的社区参与度，进而丰富幼儿园资源，促进资源的有效利用。幼儿园管理能力的提升是经验的积累，是在开展各式各类的教育活动中日积月累而形成的。教育活动的实施能否顺利进行，教育资源能否合理利用，是对幼儿园管理能力的考验，也为今后进行教育活动提供了一定的经验。因此，幼儿园对教育活动开展的总结反思极为重要，这也是对经验的梳理。提高幼儿园自身管理能力必须建立严格的自我管理机制，加强资源的统一规划配置，完善园所人员的管理制度；加强与社区的联系，通过社区管理人员、社区居民和幼儿园内部等多重监督机制，确保教育资

---

① 张圆.小组工作在亲子教育服务中的应用研究[J].赤峰学院学报：自然科学版，2017，33(12)：224-226.

源的合理利用，促进幼儿园与社区共同发展。①

（二）构建园社合作群，挖掘社区教育资源

幼儿园组织获取其所需要的社区教育资源，必须创立一种依赖于社区组织以获取资源的途径。首先，利用家长资源丰富教育资源，调动社区组织和居民的参与性，以家长委员会的形式引领家长的内部力量，加强资源整合。其次，聚集社区内部力量，创建合作团队②，加强社区教育资源的沟通协作和资源整合。最后，为了深入了解社区的需求，减轻幼儿园资源压力，可创建志愿者团队，保障人力资源的提供。综上所述，建立园社合作群是整合教育资源、提高双方互动质量的有效路径。沟通是合作的重要前提，人与人、组织与组织间的沟通影响着合作的进程、效果等。为此，建立沟通渠道是实现园社合作的重要前提，也是挖掘资源的手段。

1. 组建家长委员会

《幼儿园工作章程》中明确规定幼儿园应建立家长委员会。家长委员会主要由在园的幼儿家长组成，可以在每个年龄班中选取部分志愿家长，也可以采用推选的方式选取代表家长。③ 家长委员会可与幼儿园共同制定教育计划、参与幼儿园重要事宜的决策。同时，家长委员会是幼儿园与全体家长沟通的桥梁，在活动开展中整合家长资源，帮助家长了解幼儿园工作并让他们参与进来。

家长对幼儿教育起着主要的影响，是家园共育中不可或缺的一部分。幼儿家长所从事的职业各有不同，他们对自身职业的体会和专业的掌握较为深入。为此，幼儿园可利用不同职业、不同特长的家长开展教育活动，增强教育活动的专业性。幼儿园通过"请进来"的方式，根据教育计划请家长当助教，对幼儿开展相关教育。例如，请职业为交警的爸爸组织交通安全教育活动，让幼儿了解交通规则；请职业为医生的妈妈组织防蛀牙的教育活动，让幼儿知道如何养成良好的生活习惯；请职业为足球运动员的爸爸教幼儿如何踢足球，激起幼儿对运动的热爱。幼儿园可以通过"走出去"的方式，带领幼儿进入家长的工作环境，让幼儿亲身体验不同职业的特点。例如，请研究

---

① 林美云. 实施民主管理机制，促进民办幼儿园快速发展 [J]. 早期教育：教师版，2011(3)：38-39.

② ［澳］大卫·沃纳. 知识时代的学校 [M]. 北京：北京出版社，2007：273.

③ 阎乃胜. 幼儿园家长工作指导 [M]. 上海：上海交通大学出版社，2016：34.

机器人的爸爸带领幼儿走进大学，认识机器人的制造；带领幼儿到家长工作的银行，了解银行的运行情况；带领幼儿到超市，让幼儿亲自体验购物的具体步骤。总之，家长委员会可以在幼儿园计划的前提下，整合全体家长资源，帮助幼儿园与家长沟通，并邀请家长进入幼儿园开展教育活动；或是带领家长参与教育活动，深入挖掘家长资源。

2. 组建合作行动团队

幼儿教育应贴近幼儿的生活，所以幼儿教育应选择与幼儿有联系的社区教育资源。起初，社区教育资源的利用较为随机，没有一定的计划性，在资源的联系上也没有完善的系统，所以资源的利用率较低，为了增强资源的利用率，需要建立一个相关的部门进行资源整合。为了能统整、调动和发挥教育资源的作用，政府应组织教师、幼儿园行政人员、家长、商家、社区合作者以及其他有关人士建设合作行动团队。① 合作行动团队将教育资源整合起来的同时，制订详细的合作计划，做好资金预算工作和资源侦探工作，在实施的过程中做好带头工作。在活动后，合作行动团队还要做好进展情况与效果的评估工作。合作活动要对家长、社区成员和其他社区人士出色的参与行为表示赞赏，力求加大家庭和社区的参与度。园社合作应以促进幼儿健康成长为目标，在合作进程中以此为工作重心，做好资源的统筹与整合，提高双方合作质量。

3. 创建志愿者公众号

幼儿园与社区合作需要大量的人力资源进行配合，志愿者是人力保障的主要群体之一。为了确保志愿者的稳定性，保障活动所需的人力资源供给渠道，应创建志愿者公众号。首先，政府需要加强对志愿服务工作的规划、指导和协调工作，建立志愿者公众号。其次，社区组织应建立志愿者服务组织和志愿者服务站点，在实践中完善志愿者招募、注册登记、管理培训、服务记录等制度。② 最后，幼儿园应积极组织家长、园内教职工参与志愿者服务，积极响应政府号召，通过志愿者公众号与社区形成联动机制。政府、社区、幼儿园三方合作，聚集社会不同职业人员，共同为幼儿教育事业奋斗，共同为促进幼儿全面发展而努力。从实践层面，志愿者公众号可以号召家长参与园所活动，帮助幼儿园顺利开展教育活动，保障幼儿园教育活动所需的人力资源。

---

① 矫佳凝，但菲. 家、园、区合作共育理论探究与实践路径 [J]. 中国冶金教育，2018(6)：110-112.

② 李世荣，孟祥乐，加金轮. 陕西省体育大学生社区志愿服务激励机制研究 [J]. 延安大学学报（自然科学版），2014，33(2)：93-95.

二、社区层面：树立幼儿教育紧密合作观念

目前，在幼儿园与社区的合作过程中，幼儿园处于较为积极的状态，幼儿园和社区的合作较为紧密，社区能为幼儿园的活动提供一定的物质和人力资源。例如，幼儿园活动的场地、服装、卡片等均来自社区。此外，在一些特定活动中，社区人员会进入园所，给幼儿园相应专业的活动指导，如消防人员进入园所开展消防演练活动，大学物理教授进入园所开展科学活动，等等。但是仍然存在社区人员合作意识较差的问题，对此可从以下两个方面解决。

（一）广泛宣传，提高社区人员的合作意识

幼儿园与社区合作应是双向的，单单是幼儿园管理者起主导作用是不够的。

如果仅依靠幼儿园进行幼儿教育，会导致幼儿发展的局限性，为此，社区应发挥对幼儿教育的辅助作用。笔者通过对社区人员的访谈发现，大部分社区管理者对幼儿教育持"事不关己"的态度。目前，幼儿园作为幼儿教育的主要团体，应肩负起幼儿教育的责任，加大幼儿教育宣传，带动社区人员合作意愿。幼儿教育走进社区，首先，幼儿教育者应对社区管理者进行宣讲，明确园社合作对幼儿发展的重要性；其次同社区管理者协定，设立幼儿教育宣讲日，让幼儿教育工作者定期到社区开展教育活动，提高社区人员对合作的意识。在通信方便的今天，宣传方式也是多样的，可以分发宣传手册，也可以通过电脑、手机等通信工具进行宣传。

（二）树立早期教育共同体思想

社区教育共同体以共同志趣和学习效果实现为目标，对社区教育资源进行优化组合，促进社区各方主体和谐发展，提高社区成员文化素质水平和社区治理的参与意识，在社区治理中发挥着重要功能。[①] 教育共同体必须倡导共同体主体间的交往行为，建立双向建构、双向整合的教育系统[②]，而不仅仅是依靠某一方单独建构。建构教育共同体，首先要促进教育共同体意识的生成，树立教育共同体的思想。幼儿园作为幼儿教育的主要机构，应对社区进行开放，

① 王建凯.社区治理视角下社区教育共同体建设探析[J].中国成人教育，2018（16）：138-141.

② 董雅华.论思想政治教育共同体的建构[J].思想理论教育：上半月综合版，2017(11)：52-57.

让幼儿教育走进社区。同时，提出全民为幼儿教育服务的思想，在明确幼儿教育主干的同时加强家庭与社区的合作，形成"三位一体"的教育模式，即以幼儿园为骨干、家长和社区进行辅助的教育模式。教育共同体是指发挥各类主体的作用，集合各类主体的教育资源。教育资源的整合，即对各类主体中的人力资源、物力资源和文化资源进行整理，形成教育资源库，以此加强教育资源的利用。教育共同体建立的前提是树立教育共同体的思想，这决定着教育资源的整合和利用，是教育合作的基础。教育共同体的建立，首先，可以实现社区教育资源在教育中的充分利用，并加强在原有教育资源的基础上对这些资源的深入开发和循环利用；其次，可以扩大资源的整合，把未挖掘区域中的潜在资源加以整合，赋予一定的教育意义，丰富教育资源，以满足教育活动所需。教育共同体的建立是以共同发展为目标，将不同主体集合在一起，以相同的教育目标集合资源来促进同一目标的实现。

三、共同营造良好的合作环境，加强资源共享

资源共享是幼儿园与社区合作的基础，幼儿教育机构在实现资源共享的同时，还扮演着资源的提供者和利用者这两种角色，这两种角色缺一不可。如果仅是幼儿园提供资源或单一利用资源，从资源依赖理论来看都是不可持续的，为共享环境创造两者"互赢互利"的通道，是实现幼儿园与社区合作的重要手段。

（一）构建"共建"关系，深入活动合作

"共建"是幼儿园与社区合作的重要途径，是两者进行资源共享的前提。因此，构建"共建"关系，可以加强资源共享。共建是指通过合作机制，与其他组织建立联盟、沟通平台等，通过共建与合作实现资源共享。

1.签订"共建"协议，形成共建联盟[①]

伙伴关系可以成为改善组织人力资源和获得关键资源的重要途径，联盟已经成为协调组织的一种机制。幼儿园与社区共建联盟有助于摆脱信息不畅通这一关键因素，强化双方合作。[②]"共建"是组织与组织间形成双赢的主要方式，幼儿园和社区各自所拥有的资源有限，构建"共建"关系可以形成资源

---

① 张晶.评估视域下高校教学建设与发展[M].合肥：安徽大学出版社，2017：158.
② 夏征.家庭与社区教育[M].武汉：武汉大学出版社，2015：215.

共享。因此，采用正式途径签订"共建"协议，组成共建联盟可以将组织间的资源整合，实现共享；签订"共建"协议，可以使双方的发展有同盟、有保障，在发展过程中，"共建"协议能使双方互帮互助，在资源利用交流上，也简单化。

为此，建立共建联盟可以深化幼儿园与社区间资源共享、利用、协作的效能。"共建"协议在促进组织生存和发展方面拥有法律保障。此外，还可以通过建立社区教育基地，形成教育共建联盟，整合多组织资源发展教育。总之，要通过整合幼儿园、社区的各项资源促进幼儿发展。[①]

2.共同制订教育计划，明确共建形式

幼儿园是社会的一部分，与社会存在一定的联系，特别是对其所在的社区。想要确保幼儿园自身的生存和发展，促进幼儿全面发展，就必须在保障幼儿园内部组织机构和谐协作的同时，与社区、家庭进行密切互动。为此，在制订幼儿园教育方案时，需要幼儿园园长、教师、家长、社区人员共同讨论并制订教育计划，共建单位的负责人也应深入参与此项工作，明确活动中工作人员和家长的互动、集体决策、工作和工作场所的组织、日程计划、管理和儿童之间的关系、教育项目与材料使用、学校和社区的互动、家庭会议的时间与组织。是共建单位走进幼儿园进行组织活动，还是幼儿园进入共建单位由共建单位组织活动，或是共建单位仅仅进行协助工作，都需要进行明确。双方在进行共建时，应以促进双方发展为原则，以幼儿身心健康发展为目标，组织协调合作活动，形成共建联盟。

（二）构建分享平台，营造开放教育

幼儿教育是全社会的责任，开放幼儿园一日生活可以让全社会在每个时期都能了解幼儿园教育的进程及状况，同时可以让社区人员更加了解幼儿教育的观念。开放幼儿园一日生活可营造以幼儿教育为中心的文化氛围，是创造社会以儿童为中心的前提。

1.园所开放日

适时地让家长及其他社区人员看到幼儿园的日常活动，了解幼儿园的一日教育活动，有利于其对幼儿园的理解和信任，并积极支持幼儿园的工作。园所开放是让家长及社区人员了解幼儿园的一日教育活动的直接渠道，是让家

---

① 卡洛琳·爱德华兹，甘第尼，福尔曼.儿童的一百种语言：转型时期的瑞吉欧·艾米利亚经验 [M].3 版.尹坚勤，王坚红，沈尹婧，译.南京：南京师范大学出版社，2014：135.

长及社区人员了解幼儿教育的主要途径之一；加强家长及社区人员和幼儿园的联系，有利于幼儿园和社区这两个与幼儿成长密切相关的环境之间建立相互信任、积极定向和目标一致的关系。① 同时，向家长及社区人员开放幼儿园的一日生活，搭建了幼儿园与社区沟通的桥梁，提高了他们的参与教育意识，不仅可丰富幼儿教育资源，也帮助家长及社区人员了解幼儿教育，使他们逐渐从旁观者变成主动的参与者，与幼儿园同向同步地教育孩子。

2.创建幼儿活动分享平台

将幼儿园的生活体系扩大至社区的生活圈，让社区了解幼儿园的工作。创建幼儿活动分享平台，是让幼儿教育走出园所、面向社区的主要途径之一。在信息时代，分享平台呈现多样性，更加有利于幼儿教育思想的传播。幼儿教育分享平台可以是微信公众号、微博、网站帖子等通过电子设备传播的分享平台，也可以是普通的文化长廊、宣传手册等形式的分享。创建幼儿活动分享平台，可以让幼儿教育走进社区生活，使社区更加了解幼儿教育，建立对幼儿园的信任。

（三）加强政府职能，营造合作环境

制度环境深刻影响组织的形式结构，结构和制度会影响组织决策、组织间关系、组织内关系，组织必须遵守环境中普遍存在的规则和规范。政府对我国教育的发展起主要领导作用。教育工作由政府指导和干预，政府的指令是教育工作的方向。总体来说，政府可以通过政策和制度等形式明确幼儿园和社区的教育职责与义务，强化幼儿园和社区教育资源的开放，促进幼儿园与社区间的资源整合，丰富幼儿园所需的教育资源。

1.加快学前教育立法，制定合作政策

建立相对完善的社区教育资源开发保障机制是解决社区教育资源开发和整合问题的途径之一。社区教育资源开发和整合工作急需在制度、法律等层面加以改善解决。② 目前，我国不断加强对幼儿教育的园社合作共育的重视，加快学前教育立法进程、制定合作政策是合作的重要前提和保障，社区教育资源的开发需要法律法规或政策保障。目前，我国学前教育处于发展阶段，人们对学前教育的重要性认知不强，学前教育法的确立能提高人们对学前教育的认

---

① 李燕.学前儿童家庭与社区教育[M].北京：高等教育出版社，2017：16.
② 朱永新.家校合作激活教育磁场：新教育实验"家校合作共育"的理论与实践[J].教育研究，2017，38(11)：75-80.

知，同时保障幼儿园活动更顺利地进行，并且明确了学前教育的责任权利。政府应强化学前教育在社会发展中应有的作用、保障机制、资源共享策略、未来的发展之路以及基层部门承担的责任等，并从法律上予以明确，使相关法律真正为社区教育提供支持、保驾护航、解决存在的问题和矛盾。政府应通过学前教育法不断传递尊重儿童、保护儿童权益的观念，全面为学前教育服务的信念，让0~6岁儿童的保育和教育成为国家的一项重要工程，最终形成一种教育文化。

2. 以儿童为中心，创建儿童友好社区

社区是儿童启蒙教育中熟悉的物质场所和精神空间，构筑了儿童成长发展的重要生存空间。相关部门开发社区儿童教育资源，搭建以儿童为中心、家庭为基础、社区为纽带的平台，联结和整合社会资源，提升社区公共服务的专业化水平、促进以社区自治为目标的儿童友好社区。[①] 儿童友好型社区是指在儿童生活的家庭、社区中，对儿童的成长是友好的、健康安全的，能方便儿童随时随地学习、游戏的物质和精神空间。儿童友好型社区建设：首先要营造良好的教育氛围和沟通环境，以便带动家庭、幼儿园和社区的互动交流，共同以幼儿全面发展为目标。其次要加强家庭与幼儿、社区人员的互动，提高社区人员的教育水平，提高社区教育资源为幼儿教育服务的水平，有助于社区形成良好的教育氛围。例如，瑞吉欧教育体系中以儿童为中心、以社区为基础的管理模式，不仅存在于学校，而且存在于社区的公园、剧院和各个场所，与城市密切联系、相互往来，成为这座城市的精神。

---

① 李辰辰.社区儿童教育资源开发与儿童友好型社区建设探索 [J].少年儿童研究，2019(1)：32-40.

第二节 幼儿园亲职教育的实施

一、亲职教育概述

（一）亲职教育的概念界定

亲职教育最早开始于 20 世纪 30 年代的美国。其在美国被称为 "parent education" 或 "parental education"，在德国被称为 "Elternbildug"（双亲教育），在俄罗斯被称为 "家长教育" 或 "家长的教育"。1925 年，哥伦比亚大学首次设立了亲职教育的课程，可以给弱势、贫穷、有需求的家庭提供为人父母的知识和教养技巧。"亲职教育" 一词是针对父母教育或家长教育的专业术语。在我国，最初由台湾学者使用，随着两岸学术交流的不断增进，我国大陆学者也逐渐使用该词代替家长教育。

目前，亲职教育在学术界没有统一的概念，但内涵基本相似。综合国内外学者的观点，有以下几种看法：《教育大辞典》上将亲职教育定义为对父母实施的教育，其目的是改变或提升父母的教育观念，使父母获得抚养、教养子女的知识和技能。王连生先生认为，亲职教育应有广义和狭义两种。广义的亲职教育是指一个家庭亲子关系的精神感染活动及情意陶冶过程，旨在透过亲情交流的运作，使家庭成员的居家生活各尽其分、各司其职，扮演好 "慈父、良母、子孝、孙贤" 等各自的角色，构设出一幅 "亲亲仁民，职职连心" 的天伦美景。狭义的亲职教育是现代父母运用角色扮演对其子女施以人格陶冶，使家庭和亲情更为融洽，达到家庭生活圆满的目的。① 林清江先生也认为，亲职教育应有广义和狭义的双重意义，广义的亲职教育是培养（包括现在与未来）父母成为健全的父母；狭义的亲职教育是针对某些不健全的父母而实施的，帮助其改进教育方式，成为健全的父母。② 张秀如对亲职教育的介绍是经由教育及

---

① 施欣欣.亲职教育 ABC[M].北京：中国纺织出版社，1999：3.
② 施欣欣.亲职教育 ABC[M].北京：中国纺织出版社，1999：5.

学习的方式而表现称职父母的角色，并帮助父母了解子女的身心发展需要及了解子女的不适应行为，与子女建立正向的亲子关系，涵盖了父母的教育与父母对子女的教育两方面。[1]林家兴先生认为亲职教育是成人教育的一部分，以父母为对象，以增进父母管教子女的知识能力和改善亲子关系为目标，由正式或非正式的学校亲职专家所开设的终身学习课程。[2]从上述学者对于亲职教育内涵的看法可以看出，不同学者在定义亲职教育这一概念时有的侧重教育对象，有的则侧重教育目标和方法，内涵上并没有很大的出入。

综合上述各学者关于亲职教育的定义，本书将亲职教育定义为以3～6岁幼儿的父母为教育对象，其目的是改变或提升父母的教育观念，使父母获得抚养、教养子女的知识和技能，最终促进父母与子女的共同成长。研究者最终使用"亲职教育"这一术语，是因为研究者认为父母就是一份职业，需要进行职前培训和在职培训，提高科学育儿的质量，成为有效能的父母。"亲职教育"这一叫法更加体现父母的育儿不应该被看作个人的本能，而应该被看作社会的理性行为。

（二）相似概念辨析

笔者在进行相关文献检索时，发现亲职教育与家庭教育、家长教育等概念有相似之处，因而有必要就亲职教育与家庭教育，亲职教育与家长教育之间的区别进行论述，以便更好地区别和认知。

1.亲职教育与家庭教育

一般理解，家庭教育就是发生在家庭内部的父母对子女的教育，这一观点是对家庭教育的狭义解释。广义而言，家庭教育不仅是父母对子女的教育，也是子女对父母的教育，甚至包括双亲之间、子女与子女之间、子女与祖辈家长之间的教育，是双方双向互动的过程。[3]亲职教育与家庭教育的相同之处都是以促进子女身心健康发展为目标，在生活中进行教育，都会对子女的发展起到决定性的作用。不同之处在于：①从教育对象上来说，亲职教育以父母为教育对象，目的是帮助父母更成功地扮演父母这一角色，而家庭教育则是家庭内部成员相互教育的过程；②从教育重心来看，亲职教育是以父母为中心，父母

① 马青原.3-6岁幼儿家庭的亲职教育需求研究：以南京市为例[D].南京：南京师范大学，2015.
② 林家兴.亲职教育的原理与实务[M].新北：心理出版社，1997：3.
③ 缪建东.家庭教育学[M].北京：高等教育出版社，2009：102.

的教育以子女的需要和困难来施教，家庭教育以子女为中心，从成人的角度和期望施教；③从教育模式来看，亲职教育采用辅导的方式，对父母进行鼓励和引导，而家庭教育采用训导的方式帮助子女进步；④从教育氛围来看，亲职教育较为民主，而家庭教育偏重权威，趋于严格管教；⑤从教育方法上来看，亲职教育通过更多的亲情交流，期望父母与子女加深对彼此的了解，消除代沟，而家庭教育则是利用身教和管教的共同作用，期望子女用符合父母标准的行为生活。从以上五点可以看出，亲职教育在很多层面上都和家庭教育存在着明显区别。

2. 亲职教育与家长教育

关于这两个概念，学术界没有明确的界定标准，但有的学者指出可以从指向对象来进行区分。两者在教育的指向对象上有所区别，家长教育包括父母和祖辈家长等监护人的教育，指向的范围略大；而亲职教育强调的是对父母的亲代教育，指向的范围相对狭窄，二者的区别就在于"家长"和"父母"。本书选择亲职教育是因为父母比起祖辈家长在教育子女方面的作用和影响更大，对子女的教育更有话语权，应该重点提高父母的教养素质与技能，为幼儿的成长提供一个积极健康的环境。

二、幼儿园实施亲职教育的策略

人类发展生态学提到，要促进个体的发展就需要研究影响个体生活环境的所有系统，并加以协调统合。因此，要研究幼儿园实施亲职教育的策略就需要从宏观层面和微观层面进行，如微系统中的学校、社区、家庭就需要相互协作，更积极地与儿童互动；宏观系统就需要制度、习俗、价值观等发挥作用。研究发现，幼儿园在实施亲职教育中具备优势，能够开展相应的活动来提高父母的认知，但由于对亲职教育的投入存在不足、教师的培训缺位、管理不力以及缺少相应的政策、课程支撑，亲职教育优势没有充分发挥。因此，笔者基于人类发展生态学理论，围绕"如何有效地实施亲职教育"，从社会角度、幼儿园角度进行策略研究，更好地解决幼儿园优势发挥不足的问题。

（一）社会角度

1. 社区介入，整合相关教育资源

社区工作的优势在于合理整合、利用优质资源，支持幼儿园开展亲职教育活动。例如，社区可以整合不同层次的教育机构，如推荐小学的教师向幼儿家长介绍如何在家庭中配合幼儿园做好孩子的幼小衔接工作；推荐卫生保健机构部门为幼儿家长开展专题讲座，提供服务；推荐优秀的志愿者帮助幼儿园开展亲职教育活动，缓解幼儿园人手、精力不足的问题；推荐相关的育儿专家与幼儿园形成合作，定期围绕某一教育主题向家长介绍，使家长接受的亲职教育更加系统化；为幼儿园推荐优秀家长，这类家长自身已经拥有一套教育子女的方法，在幼儿园向其他家长介绍育儿经验和想法，使不同的教育理念相互碰撞，激发家长的自我效能感，让家长看到亲职教育发生在孩子和自己身上的具体变化，转变家长的观念，使其在参与幼儿园活动时从被动的接纳者、学习者转变为主动的参与者，提高参与活动的积极性。

2.组织配合，指派专家入园指导

幼儿园应该借助妇联等其他机构的优秀资源为自身亲职教育的发展提供指导，如家庭教育指导站是根据中国关心下一代工作委员会文件积极开展的"中国校园健康行动"，并且授权给教育机构做具体执行策划，所以妇联应该与幼儿园进行配合，帮助幼儿园设计具体的亲职教育项目与活动方案。妇联的市家庭教育讲师团专家是经过妇联精心选择的教育专家所组成的团队，该讲师团成员对家庭教育的研究已有扎实的基础，而亲职教育作为家庭教育中的一部分，专家对此也有相应的知识积累。妇联应该指派专家入园指导，帮助幼儿园梳理亲职教育课程，创新亲职教育活动的方式，真正地提高幼儿园开展亲职教育的质量。亲职教育属于成人教育的一部分，中国家庭教育学会也应该推荐家长教育的专家入园，对幼儿教师进行相关的培训，帮助幼儿园梳理自身的亲职教育活动设计，从具体方向到实施细节帮助幼儿园完善亲职教育的实施。

（二）幼儿园角度

1.加强管理，提高亲职教育工作效率

（1）成立亲职教育工作小组。幼儿园应该设立亲职教育工作专项小组，通过小组负责制让教师进一步明确亲职教育的工作目的与内容，提高亲职教育的实施能力。由专人负责亲职教育的整体规划与安排，不仅能确保亲职教育工作的专业性和完整性，而且通过小组的讨论与协商能更好地为幼儿园亲职教育发展提供保障，从内容的选择到活动的组织更加有条理性和系统性。

（2）将亲职教育纳入幼儿园工作。《中国儿童发展纲要（2010—2020年）》明确提出，要积极开展家庭教育的宣传与指导，确保儿童家长每年至少能接受两次家庭教育指导服务，参加两次实践活动，所以幼儿园应该保证每学期亲职教育的活动次数，为家长提供学习的机会，促进家长自身的发展与家庭的建设。幼儿园应该将亲职教育纳入幼儿园工作，明确具体的活动次数并制订工作计划，利用幼儿教师自身的创造力通过教研小组制定新颖、有趣的亲职教育活动计划，如幼儿园可以从实施日期、活动名称、活动项目、实施目标、实施策略、活动对象、活动负责人等方面一一落实，确保活动的有序开展。

（3）建立奖励机制，把亲职教育开展情况纳入教师考核。幼儿园应建立关于亲职教育公平的激励、奖励制度，提高教师开展亲职教育工作的积极性，合理的激励制度能让教师更加投入、更有效率。对于一些开展亲职教育表现出色的教师应该给予其必要的荣誉奖励，这不仅可以满足教师的成就感，也可以为其他教师提供学习的机会，让教师更加重视亲职教育活动的组织与开展。幼儿园应该将教师开展亲职教育的工作纳入年度考核标准，有效提高教师对亲职教育工作的重视程度，让教师投入更多的精力去组织和筹备活动，而不仅仅是为了完成学期工作任务而开展活动，使家长会、亲子互动等活动失去意义和效果。

（4）形成反馈闭环，有效调整活动环节。幼儿园在活动结束后会了解家长的反馈意见，但我们从调查中了解到，幼儿园的反馈环节没有形成闭环，活动结束后填写完的反馈表更多是用作档案管理，而且反馈的内容比较杂乱，教师在分析和整理时也较为困难。因此，幼儿园应该有较为规范化的反馈表格，利于分析统计，更好地为改进活动提供数据和资料。幼儿园可以从质的评价与量的评价出发，设计相关的表格，更好地评价活动的效果；从认知、情感、技能方面可以获取质的评价，从具体的数据得到幼儿园的发展情况。洛杉矶亚太家庭服务中心（Asian Pacific Family Center）的亲职教育课程评量表（见表7-1）则是将质的研究和量的研究相结合，一次填写就可以获得两种结果，值得幼儿园借鉴。

表7-1 亲职教育课程评量表

这是一份不记名的评价表，请根据您参加本次活动的感受进行填写，以作为我们评价本次活动的依据。谢谢您的合作！（1代表很差，5代表很好）	
活动名称：	日期：
教师：	地点：
1.请从以下几个方面来评价本次活动（以√表示）	
很差 □ 一般 □ 很好 □	
A.整个课程的品质	1□ 2□ 3□ 4□ 5□

B. 课程的内容	1□ 2□ 3□ 4□ 5□
C. 课程的安排与组织	1□ 2□ 3□ 4□ 5□
D. 教师的素质	1□ 2□ 3□ 4□ 5□
E 教师对家长需要的了解	1□ 2□ 3□ 4□ 5□
F. 课程对管教孩子的帮助	1□ 2□ 3□ 4□ 5□
2. 对于本次课程，您最喜欢的是哪些地方？	
3. 假如本次课程可以重来的话，您会有哪些建议和希望有哪些改变？	
4. 参加本次课程，您的收获是什么？	
谢谢您的合作。	

任何教育和辅导活动都包括计划、实施与评价三个部分。活动是否达到了预期的活动目标，活动过程存在哪些问题以及是否满足了父母的亲职教育需求等。评价信息的收集都可以促进幼儿园进一步完善亲职教育活动。幼儿园将反馈结果进行整理分析，发现家长的共性需求，及时调整和改进下次的活动；而对于反馈中家长的个性化要求，幼儿园也应该在合理的范围内尽量满足。只有这样才能形成反馈与改进的完整环节，真正发挥评价的作用。

2. 园本教研，提高教师亲职教育的专业能力

园本教研是立足于幼儿园现实状况，在幼儿园开展教研活动的一种形式，不仅可以提升幼儿园的管理水平，还可以促进教师的专业发展，对幼儿的成长具有重要的价值和意义。园本教研具有灵活性、针对性、可操作性等特点。因此，幼儿园应该依据自身的实际情况，将亲职教育纳入园本教研，组织园内教师定期开展专题教研活动。园本教研能够促进教师在理论层面有更深的认识与理解，进一步掌握亲职教育的相关知识。而且在实践中，教师通过总结园所开展的相关活动，发现问题，相互交流经验，也可以促进自身的思考。幼儿园应通过合理规划与设计教研活动进一步提高幼儿教师的亲职教育能力。

3. 规划课程，加强亲职教育支撑

（1）从自身出发，提高亲职教育课程的系统性。亲职教育的内容应该依据父母的教育需求而设定，亲职教育课程不是解决所有问题的方式和手段，在有限的时间和人力条件下，它只能达到一定的教育目标。因此，亲职教育课程的选择对于幼儿园来说就显得十分重要了。幼儿园在开展亲职教育活动时内容应具有适切性。幼儿园教师在日常的教育活动和生活中对幼儿观察比较全面，能够根据幼儿发展的年龄特点和身心规律为家长提供一些支持。但不同的家长在教育子女时的需求是不同的，所以幼儿园应该依据自身面对的家长群体，在活动开展前花费一些时间与精力，通过问卷等形式了解家长的教育需求，从而针对需求内容设计本园的亲职教育课程。将家长的教育需求以主题的形式开展，进行不同单元活动的延伸，保证本主题的活动次数、内容和深度能够提供给家长系统的亲职教育知识。

（2）寻求外界帮助，完善亲职教育课程。从调查结果可以看出，幼儿园目前在实施亲职教育活动中面临的最大问题就是缺乏系统的课程做引导，迫切需要一个科学的指导课程，带领幼儿园、教师更有方向、更系统、更专业地开展亲职教育活动。有效的亲职教育是经过精心设计和规划的结果。有效的课程规划包括需求评估、确立目标、实施细节、管理与效果评价等内容。

这方面幼儿园可以参考国外的相关活动项目。例如，IY 的项目——不可思议的年岁（The Incredible Years）。该项目不仅适用于有特殊需要的家长，也适用于无显著问题的幼儿家长。针对不同年龄段儿童的家长设计不同的学习内容，具体包括婴幼儿家长培训、早期儿童家长培训、学龄儿童家长培训，还有针对高危家庭的家长以及提高儿童学业成绩的相关培训项目。目前，推广应用最多的是早期儿童家长培训，针对 2 ～ 8 岁儿童的家长，以 8 ～ 12 个家长为一组，每周培训一次，一次时间为 2 小时，共 10 ～ 14 周。该项目的主要内容包括：家长如何与幼儿玩耍、如何设立奖励机制、如何设置界限、如何有效暂停、如何合理运用自然后果和逻辑后果、如何让儿童学会自己解决问题、家长如何进行自我管理等。因此，幼儿园应该在自身亲职教育课程发展的基础上寻求科研部门和高校研究人员的帮助，专门针对家长开展社会调查，了解家长的实际状况，如接受亲职教育的状况、教育困惑以及教育需求等，并参考有关专家的意见，制定一个成熟的课程或方案，如小班专题 10 个、中班专题 10 个、大班专题 10 个等，将课程的时间安排与主题选择都进行详细的介绍与说明，这样幼儿园在课程开展过程中就能把握正确的方向，家长也能更了解幼儿的变化以及指导方法，形成一个系统的知识链，使自身亲职教育的能力和素质有明显的提升。

（3）注重亲职教育内容的全面性。

①了解家长需求并做引导。在幼儿不同的发展阶段，父母的教育需求是不同的。相关研究表明，父母关于亲职教育的需求主要体现在四个方面：家长的心理调适需求、社会资源需求、教养幼儿知识和技能需求、沟通与社交需求。幼儿的群体差异和个体差异也使得家长在需求方面的表现不同，只有依据幼儿在成长中的表现和问题开展活动，才能解决家长最迫切的需要。因此，幼儿园在开展相关活动之前应该以问卷形式调查了解本次参加活动父母的亲职教育需求，在活动准备的过程中收集相关的资料和信息，为本次活动提供有针对性的解决方式和教育策略，保证活动的有效性。盖笑松在其文章中指出，通过调查发现，家长对不同的讲座内容感兴趣的程度是不同的：如何开发孩子的智力潜能（72.1%），如何培养身体健康的孩子（70.1%），如何指导孩子的学习（70.1%），如何培养孩子的性格（57.5%），怎样帮助孩子交朋友（41.9%）。[①]从这组数字可以看出，家长在教育孩子方面最感兴趣的是智力、健康、学习，而对于性格、社会性交往这方面的关注比较少，所以幼儿园在开展相关活动时应该注意引导家长，让家长意识到培养孩子不单纯是为了智力和成绩的。

②分别开展父职教育和母职教育。因为社会分工不同，家庭内部的事务不同，传统的"男主外，女主内"观念深入人心，通常情况下，母亲主要负责家庭的琐碎事务以及孩子的教育问题，而父亲更多的是在外工作，承担家庭的经济来源。相对而言，父亲对孩子身心发展规律的了解就不如母亲多。相关研究表明，幼儿在成长的过程中，父亲的教育缺位主要表现在两个方面：一是父亲工作忙，陪伴幼儿的时间很少；二是父亲的陪伴质量较低，亲子互动较少。因此，幼儿园应该认识到父亲教育子女的重要性，在开展相关活动时，可以适当增加关于父亲参与教育的内容，如在家长助教活动中增加消防员、警察、军人等活动内容，激发幼儿对父亲的崇拜，从而让父亲更加适应这个角色，发挥自身的教育作用，共同承担教养责任，促进幼儿的发展。

4.创新活动形式，丰富幼儿园亲职教育活动方式

（1）完善并增加亲职教育活动形式。

①增加团体辅导方式。林家兴将家长分为三类：第一类是初级预防的对象，是一般功能正常的家庭；第二类是次级预防的对象，是情绪和行为出现

---

① 盖笑松，王海英.我国亲职教育的发展状况与推进策略 [J].东北师大学报：哲学社会科学版，2006(6)：154-158.

问题的家长及其子女；第三类是三级预防，是患有严重身心疾病的家长及其子女。不同的家长需要的亲职教育的实施方式不同，具体情况见表7-2。

表7-2 亲职教育的三级预防与实施方式

实施方式	初级预防	次级预防	三级预防
非正式的研习课程：如专题讲座、座谈、自修	√	√	√
正式的研习课程：大团体上课	√	√	√
小团体研习	√	√	√
个别指导 家访指导		√	√
心理健康服务 社区福利服务 特殊教育服务		√	√

　　根据幼儿园的实际情况，所面对的家长绝大多数都是需要初级预防的家长，通过亲职教育的实施可以有效预防亲子冲突等问题，所以幼儿园在开展活动时更多的是选择集体指导形式，如各个专题讲座、亲子活动、家长会等。理想的亲职教育团体课程是需要亲职教育专家上课的，每期学习课程至少10小时，还应提供学习资料，这就要求幼儿园培养教师成为亲职教育的专家，每个学习活动开展的次数也需要保证。因为一般知识性的讲座方式所发挥的效果有局限性，所以幼儿园应该开展以团体辅导为形式的亲职教育活动。要想真正帮助父母学习适当的教养方法，培养父母胜任亲职的能力，则需要通过正式的研习课程才能达到比较理想的效果。这就需要以团体的形式开展亲职教育活动。幼儿园应通过活动前的访谈与调查将有同类教育困惑的家长分为一个小的学习团体，活动前设计相关的主题，规划相应的上课时长，通过持续的指导方式，帮助家长系统掌握某个主题的亲职教育内容、树立正确的教养观念、有针对性地解决当前的教育困惑。

　　②增加现场指导式互动。幼儿园的讲座和课程培训一般只有家长参与，而教育中最重要的幼儿却没有参与其中，脱离了幼儿的亲职教育就像无源之水。因此，幼儿园应采用"现场指导式"的方式开展活动。现场指导式即由幼儿园组织游戏和布置活动，邀请家长和幼儿参与其中，教师通过观察亲子的互动，发现问题，并及时干预，或者教师先进行示范，由家长学习。在这种方式中，教师、家长、幼儿三方互动，不仅能直接帮助家长发现问题，让家长了解全新的教育方式，也可以增进亲子的有效互动。但是现场互动对教师的要求比较高，

对师生配比要求也比较高，这就要求幼儿园在实施现场指导式的活动中合理安排参与活动的人员，保持数量的合理性，以确保亲职教育活动开展的有效性。

③合理利用网络资源。随着"互联网＋教育"的提出以及移动设备的广泛使用，幼儿园也应该充分利用新媒体，发挥新媒体的优势，以更好地开展亲职教育工作。笔者通过搜索相关幼儿园的微信公众平台发现，在板块设计方面基本都有家园共育、家园直通车的设计，里面的内容较多是记录和推送幼儿园开展家长会的情况，幼儿园应该完善板块内容，并将一些关于亲职教育的内容加入其中，由专人负责编写，让父母利用碎片化的时间学习。幼儿园在开展专题讲座时可以利用网络平台，以现场直播的形式进行记录，为因工作忙而无法参加活动的家长提供视频学习的机会，这样不仅克服了时间与空间的限制，而且使学习更有时效性；充分利用网络的便捷，设置家长提问环节，实现家长与教师的实时互动。幼儿园也应该完善自身的网站建设，随着幼儿教育越来越开放，应该利用网站让家长更加了解幼儿园。不仅要宣传幼儿园自身的教育理念，更应该将亲职教育的内容分主题、分板块地进行设计排列，相比微信公众平台，网络所涵盖的内容应更广，让家长可以根据自己的需要进行检索，通过专题式的学习掌握该部分的亲职教育知识，也应该设置答疑区域，让家长提问，教师回答，通过双向互动更好地推进幼儿园亲职教育的发展。

第三节　关于家庭教育与家园合作的思考

一、幼儿园家庭教育指导的价值

（一）家庭教育指导有利于提高家长的教育素养

现实生活中，由于家庭教育的不和谐，我们经常能从媒体中看到一些关于孩子不听话、不服管，进而出现严重后果的消息，有些事件甚至就发生在我们身边。孩子教育中出现的问题越多，家长的困惑和担忧就越多；而幼儿园作为专门的幼儿教育机构，对开展家庭教育指导具有绝对的专业优势，幼儿园有教学经验丰富的教师，有先进的现代教学设备，有较大的活动空间和浓厚的教育氛围，所以幼儿园有责任、有义务，也有充足的条件对幼儿家长进行有效的家庭教育指导，使家长掌握家庭教育的要点；并运用多种形式有针对性地做好家长工作，对不同幼儿、不同家长的特殊问题，深入细致地加以指导，从而提高家长自身的教育水平和素养。

（二）家庭教育指导有利于促进教师专业发展

为了更好地帮助家长提高家庭教育水平，教师自身需要有丰富的知识结构、熟悉幼儿的身心发展规律、了解幼儿的个性特点和需求、掌握相关的家庭教育知识。教师只有通过不断的学习，拓展自己的教育视野，才能引导家长有效地开展家庭教育。因此，家庭教育指导不仅是对家长进行家庭教育的指导，还可以帮助教师快速成长，促进教师的专业发展。

（三）家庭教育指导能更有效地促进家园共育

如今，家园共育已然成为世界幼儿园发展的共同方向。家庭和幼儿园作为家园共育的两大主体，必须形成教育合力，综合发挥效能。家园共育有很重要的两种形式：一是家长在幼儿园教师的带动和引导下直接或间接参与到幼儿园的教学活动中来，发挥家长的个别教育优势，共同培养幼儿；二是幼儿园发挥群体和专业优势，让家长在幼儿园的帮助和指导下树立正确的家庭教育理念，掌握科学的家庭教育方法和技能，更好地教养幼儿。在对幼儿的教育问题上，幼儿园和家庭的目标是一致的，但由于受教育水平的不同，家长对孩子的教育理念、教育方法不同。这时，幼儿园就要担当起指导家长有效实施家庭教育的重任，向家长宣传科学的家庭教育知识等，指导家长正确了解保教特点和方法，让家长意识到教育孩子不是幼儿园一个方面的责任，家长要和幼儿园携手共育；要运用多种形式帮助家长更新家庭教育理念，掌握科学方法，提高家庭教育水平。

二、改善幼儿园家庭教育指导的策略

（一）树立科学的家庭教育指导理念

1.深化服务意识，积极提高家长的家庭教育理论水平

家庭教育指导是一种服务。幼儿园家庭教育指导不应该成为一种"空中楼

阁"式的教育，它应该是社会责任和社会义务的一种体现。幼儿园对家长进行指导，使家长了解并履行职责，从而构建和谐的家庭关系，实现家庭幸福。幼儿园应该认识到这一点，并在了解家长需求的基础上，运用科学的理论方法，有针对性地做出指导，为家长提供适合其家庭教育的服务。幼儿教师也要提高自身服务意识，主动开展家庭教育指导工作。教师应该熟悉家庭教育业务，具备教育学、心理学、社会学、行为科学、人际关系学、家庭教育学等多学科知识，并能熟练地运用这些知识开展家庭教育指导工作。教师可以通过自学来掌握家庭教育理论知识，也可以通过幼儿园定期邀请专家进行专题讲座，提高自身理论水平。只有教师自身理论水平提高了，才能结合自己的教学实践经验科学、正确、有效地指导家长，提高家长的家庭教育水平。

2.增强合作意识，构建家园良性互动模式

（1）转变观念，引导家长重视双方合作。随着当今社会的变化，家长和教师趋于年轻化、高学历化，他们对孩子的期望值也越来越高。而家长中不乏独生子女，独生子女指导独生子女的情况出现了，这给家庭教育指导提出了新的要求和挑战，需要双方转变观念，增强合作，共同探索新的教育理念和途径来应对这一情况。要充分重视并挖掘家长资源，引导家长参与到幼儿园的教育教学中来。虽然入园后，幼儿园成了教育孩子的主体力量，但家长也不能退出教育，仍要积极关注孩子的成长。具体而言，可以从教师和幼儿园两个层面为构建家园良性互动做出努力。教师可以通过大型活动、开放周、家长助教、家委会、志愿者等途径使家长参与到教育中来，从整体上提高家庭教育指导的效果。幼儿园可以通过家长课堂、专家讲座、家长交流会等引导家长重视孩子的身心变化，运用更科学有效的方法解决亲子难题，实现有质量的陪伴，与孩子一起成长。

（2）采用多种形式，确保家园有效沟通。在当今时代，家长大多能够顺应时代要求，改变传统的教育方法，积累了很多育儿经验。教师的角色也因时代发展由单纯的知识传授者转变为引导者、支持者和合作者，在陪伴孩子成长的过程中积累了丰富的一线经验。只有将两方的经验融合到一起，实现家园的良性沟通，才能相互配合，有针对性地解决孩子成长过程中出现的问题，及时进行教育。良好的家园沟通不仅可以加深教师与幼儿之间的感情，还能加深教师与家长之间的感情。要想实现良好的家园沟通，可以从以下几方面做出相应的努力。首先，双方要抓住沟通焦点。孩子是连接教师和家长的纽带，孩子的问题就是双方讨论沟通的焦点。双方可以通过多种形式，就孩子的教育问题进行交流。教师可以从孩子的身心发展特点方面给家长提供相对专业的指导，经

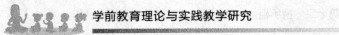

常性的交流可以取得家长的信任，使家长积极配合幼儿园的工作。其次，面对面交流。面对面交流是最常用的，也是最有效的沟通方式。一是利用家长会、家长课堂、专题讲座等形式请家长来幼儿园，这种方式既可以使家长在接受专业指导的基础上，了解孩子在园的情况及家园合作的情况，又可以加深教师和家长的互相理解；二是利用多种形式的家访走进幼儿家庭，既可以全面了解孩子的家庭情况及孩子的自身情况，便于更有针对性地指导，也可以让家长看到教师对孩子的重视和关注，更加信任教师、信任幼儿园。总之，科学的家庭教育指导理念有利于幼儿园开展家庭教育指导工作。教师应该多宣传家庭教育指导的理念，让这些理念深入人心，更好地为家长服务；同时，家长应该提高自身素质，增强合作意识，配合幼儿园的家庭教育指导工作，在遇到问题时及时和教师沟通、合作，共同为孩子保驾护航。

（二）完善幼儿园家庭教育指导的组织管理

1 建立健全家庭教育指导的相关制度

当前，幼儿园家庭教育指导工作已逐步开展，为了让指导工作更加科学规范、有章可循，幼儿园必须建立健全家庭教育指导的相关制度。比如，《家、园、社区联系制度》《家长委员会章程》《家长委员会工作制度》《家长学校管理制度》《家长意见反馈制度》《优秀家长评选制度》《家庭教育指导工作培训制度》《家庭教育指导工作管理制度》《家庭教育指导工作评估与考核制度》等，使家庭教育指导工作更加制度化、规范化。一方面，相关规章制度的制定既要全面、完整，又要具有科学性、可操作性。制度的建立应在《幼儿园教育指导纲要》及《3～6岁儿童学习与发展指南》等相关纲领性文件的基础上，结合幼儿园自身特点通盘考虑，将幼儿园、家庭、社区等统一纳入其中，使之形成一个完整的指导链条，避免出现指导上的"真空"状态。比如，完善《家、园、社区联系制度》，首先要考虑幼儿园和家庭的联系，可以通过建立家委会，定期召开家委会会议，商讨幼儿园工作；也可以通过开展丰富的亲子活动、志愿者活动等促进家园互动。其次要考虑幼儿园和社区的联系，充分利用社区教育资源开展多种形式的走进社区活动，或者邀请社区人员走进幼儿园，了解并商讨幼儿园学期工作情况。最后所制定的制度力求实事求是，要将幼儿园的办园理念和办园思路充分展示出来，不能闭门造车，也不能主观臆断。另一方面，相关规章制度要与时俱进，及时修订。随着时代的发展，幼儿园工作会日新月异，家庭教育观念也会不断更新，而家庭教育指导的深度和广度都要有所拓展，因而不能墨守成规，必须不断修订完善，以满足当下实际指导的需求。

2.建立健全家庭教育指导的组织体系

首先，组织机构的设置要体现规范化原则。要组建幼儿园家庭教育指导团队，需由园长任组长，各级部组长、骨干教师及有丰富育儿经验的家长代表为成员，组建一支相对专业、稳定、高水平的师资队伍，专人负责专项，明确职责分工、责任落实到人，为幼儿园开展家庭教育指导工作提供人才支撑。其次，工作计划要尽量详细。要制订家庭教育指导的学年、学期及月计划，再由各班的教师根据班级实际情况制订出本班的家庭教育指导目标和措施，从上到下，目标明确、措施可行、层层落实。最后，落实执行要覆盖全面，关注个体差异。对家长的家庭教育指导工作既要面向全体幼儿家庭，又要承认幼儿在发展特点、方向、速度、水平等方面的个体差异，对特殊幼儿制订特殊方案，进行特别指导，从而保证每个幼儿富有个性地成长。

3.完善家庭教育指导评估考核制度

幼儿园在开展家庭教育指导工作时，要根据教师所承担的任务制订详细的奖惩措施，充分调动教师开展家庭教育指导工作的积极性；制订相应的管理和激励措施，以提高教师对家庭教育指导的重视程度，提高家庭教育指导能力。在此基础上，还应充分培育、挖掘和提炼先进典型经验，以点带面，不断提高家庭教育工作水平。在幼儿园可开展优秀家长等评选活动，树立先进家庭典型；各地也要将家庭教育指导工作开展情况纳入本级教育督导评估工作范畴及年度绩效考核内容，明确考核指标和要求，提高家庭教育科学化、规范化建设水平。

（三）加强幼儿园家庭教育指导的师资力量建设

1.组建家庭教育指导讲师团

目前，幼儿园开展家庭教育指导的讲师主要是各班教师，有时是园长和教育理念先进的家长代表，因为没有经过系统的理论指导及技能培训，家庭教育指导的质量不高，这就迫切需要幼儿园组建一支高效、专业的家庭教育指导讲师团。讲师团中除了各班教师外，还应吸纳家庭教育指导的专家及在幼儿教育方面颇有经验的教育工作者。他们不仅有深厚的理论基础和专业修养，还有丰富的家庭教育指导实践经验，更重要的是他们愿意利用自己的所学去开展这项工作。讲师团的任务就是培训家长、培训幼儿园教师、开展家庭教育研究、学习前沿教育理论、制订培训及学习计划等。当然，组建讲师团还要考虑讲师团教师的补贴问题。按工作量给予适当的补贴才能调动他们的积极性，让他们以更大的热情投入家庭教育指导的工作，提高幼儿园家庭教育指导的质量和效果。

2.对教师进行家庭教育指导专业理论及技能的培训

幼儿园教师对于家庭教育指导的能力直接关系到家庭教育的指导效果，而现实情况却是一线教师大都没有接受过专业的家庭教育指导培训，既没有系统地学习过家庭教育及相关心理学的理论知识，也没有实践过相关技能，因而幼儿园有必要对教师进行培训，以弥补一线教师知识和技能上的不足，以期更好地推进家庭教育指导的进程。首先，要对讲师团的教师进行培训，可以请外面的专家来园培训，也可以走出去到其他幼儿园参观学习，还可以鼓励教师通过参加专业、系统的家庭教育指导培训获得家庭教育指导资格。总之，不管采取什么样的形式，目的只有一个，就是帮助教师建立起家庭教育指导的知识体系，为指导实践做准备。其次，要定期邀请专家和教师开展研讨，就家庭教育指导中出现的问题或遇到的瓶颈进行深入分析，帮助教师解决在实际的指导工作中的困惑，提升教师的指导水平。

（四）拓宽幼儿园家庭教育指导的形式

传统的幼儿园家庭教育指导主要有集中指导和个别指导两种形式。其中，集中指导主要包括家长会、家长课堂、家园联系栏、家长交流会等形式，个别指导仅限于个别咨询、电话交流、家访和幼儿成长档案四种形式。不过，随着我国发展进入新时代，国家和社会对家庭教育日益重视。近年来，全国妇联以及各部委相继颁发了相关文件，明确了关于家庭教育的方针政策，提出家庭教育是家长的法定责任；家长在家庭教育中承担主体作用；家庭教育以提升家长素质为核心、坚持儿童发展为本的方向；重视家风建设，坚持将社会主义核心价值观和中华优秀传统文化融入家庭教育；家庭教育要坚持学校、家庭、社会紧密协作的整体格局。这些都说明家庭教育在理念、目标、方法等方面均有所调整和更新，从事家庭教育指导的人员也需要紧跟时代发展的脚步，在充分发挥传统家庭教育指导形式的基础上不断拓宽指导形式，以更好地适应新时代的发展要求。

1.创编《家庭教育指导微读本》，传递家庭教育的新理念

为了让家长了解更多的育儿知识和理念，得到更多、更有效的指导，也为了保持家园一致，共同育儿，幼儿园可以依据《3～6岁儿童学习与发展指南》，结合幼儿园实际情况和家长需求，针对家庭教育中存在的共性问题及热

点问题，分级部编成《家庭教育指导微读本》并印发给家长，各级部根据孩子年龄特点编制微读内容，如小班级部编制了《怎样帮助孩子尽快适应幼儿园》《让孩子爱上幼儿园的小招数》《漫画帮你解读 3 岁孩子的世界》《别让电子产品伤害我们的孩子》等微读内容，还可以通过微读本向家长和孩子推荐阅读书籍，向育儿经验丰富的家长征集育儿小妙招，以帮助家长树立正确的家教理念，掌握科学的教育方法。

2.组建结对家庭，形成家庭影响家庭、家庭带动家庭的共同体局面

以教师为主，经过科学筛选，由家委会帮助组建结对家庭。教师根据对孩子及其家庭的了解，建议几个家庭组成结对家庭，目的是利用课外时间让结对家庭的孩子一起玩耍，免除了一个孩子周末的孤单，孩子在玩耍的同时，学会交往、学会做事；家长之间可以探讨在家庭教育中遇到的问题，家庭之间可以传授经验、优势互补，共同商量对策，齐心解决面临的问题，实现"众人一条心，黄土变成金"。此外，还需充分发挥结对家庭中的资源共享。家庭中有各行各业的精英，教师要帮助结对家庭充分挖掘这个宝贵资源，开展各种活动，丰富孩子的课程资源。比如，有的家长从事的是孩子感兴趣的职业，那就可以带领孩子体验这些不同职业的特点；有的家长拥有自己的农场、超市，就可以领着孩子体验干农活的艰辛、享受买与卖的乐趣；有的家长在景区工作，可以邀请家长带孩子领略景区美丽的风景，深入了解景点的历史；有的家长育儿经验丰富，在教育子女上有自己独到的见解和方法，可以为大家开设专题讲座，让家长学习这些宝贵经验。这些资源越积越多，越来越丰富，就可以形成资源库，用来服务全班家庭，乃至全园家庭。总之，家长中有很多人才，他们在不同的工作岗位经历了不同的成长过程，有很多教育子女的良方，我们要善于发现他们的长处，让他们为家庭教育指导服务，帮助家长有效提升家庭教育水平和能力。

3.借助网络平台，构建家园互动新模式

随着"互联网+"的发展，网络覆盖面越来越广，社会进入了网络时代，网络通信方式渐渐成为人们了解社会、沟通世界的重要方式。网络的融入让各行各业都有了新的发展态势，幼儿园教育也需要推陈出新，紧跟时代脚步，充分运用网络平台，创新家庭教育指导的新模式。

（1）运用幼儿园网站，实现资源共享。社会不断发展，家长的工作压力逐渐增大，一些家长工作繁忙，很少有时间能和教师进行细致、长时间的交流，这让很多家长对孩子在园的学习和生活情况知之甚少，对孩子成长不利。

为此，可以在幼儿园网站开设家庭教育栏目，把前沿的家庭教育理念和科学的教育方式发布到栏目中，供家长学习；开通家长交流论坛，可以由家长或教师发起一个话题，让家长之间、家长和教师之间进行交流探讨、畅所欲言；开通专家在线咨询，邀请专业的家庭教育指导师在特定时间接受家长的咨询，在线解答家长的疑问，让家长得到更加专业的指导；开辟幼儿园教育资源库，及时把幼儿园的教育资源，如教学视频、图片、课件、活动等上传，让家长了解孩子在幼儿园的学习内容、教师的教育方式等，帮助家长和幼儿园教育保持一致，在家跟随幼儿园节奏辅导幼儿。

（2）创建网络群和公众号，增进家园互动。以大众化的社交平台为基础，创建 QQ 群、微信群等，让家长之间、家长和教师之间实现高效的、便捷的，甚至是面对面的双向互动交流；可以上传孩子在家和在园的图片、视频，以便家园双方了解孩子近况；可以上传文件、写通知，在活动开始前向家长做好宣传和做好前期准备工作，提前指导家长如何配合幼儿园开展活动。网络群主要是便于班级内家长、教师之间的联系，重点在于提供高效、便捷的交流，而公众平台则是以幼儿园为基础的互动平台，能实现多元化的功能，需要有负责后台管理和审核教师。公众平台可以设置班级动态，每个班的教师都有权限发布班级动态及照片，管理员审核后上传至平台，供家长观摩及发表评论；设置个人中心，家长和教师可以在个人中心修改、完善自己和孩子的基本信息，便于彼此间的深入了解；定期发布一些前沿的育儿知识，供家长学习；开辟睡前小故事，根据孩子的年龄特点上传好听的睡前故事，让孩子有选择地听故事；可以定期做专家直播，邀请专业的家庭教育指导师或专家，也可以是有经验的骨干教师根据家长需求就某个专题进行直播，请家长按时收听；定期布置亲子小任务，针对不同年龄的孩子分级部布置 10 分钟的家庭亲子活动，幼儿园提前以公告的形式指导家长完成。亲子小任务可以是一个亲子科学小实验，也可以是一个亲子游戏，重在家长全心全意的陪伴。

（3）利用家长微课堂，促进家长学习。先组建一个家长微信群，主讲教师根据家长需求定出一个主题，以通知的形式告知家长微课堂直播的时间，教师在群里以语音的方式向家长讲解微课内容。微课结束后，留有 20 分钟时间和家长互动，接受家长咨询。还有一种微课堂形式，即借助一个网络平台生成二维码，把微课的内容、时间和二维码以彩图的形式公布，请家长扫描二维码收听详细语音。

三、家园合作的意义

（一）家园合作能促进幼儿身心全面和谐发展

家庭和幼儿园是影响幼儿发展最重要的两个环境因素。陈鹤琴先生曾说过，幼儿教育是极其复杂的一件事情，不是家庭或者幼儿园单方面可以胜任的，需要双方共同努力才能完成。[①]幼儿园和家庭不但要行动一致，向幼儿提出同样的要求，而且要志同道合，信念一致，不管是在教育的目标、过程还是手段上，都要从同样的原则出发，不可发生分歧。[②]只有家园双方形成合力，才能使幼儿心理上获得安全感，最终实现幼儿身心的良好发展。幼儿的发展存在个体差异性，需要教育者因材施教。家园合作则为教育者提供幼儿个体特点或者差异化等信息来源，提高了幼儿教育的有效性，更有利于幼儿的成长发展。幼儿的发展呈整体性，家园双方在幼儿所处的生态环境中作为其重要影响的两个微观系统，对幼儿实施的教育是不能分割的。幼儿园对幼儿实施五大领域的教学，而家庭主要以道德教育和习惯养成为主，家园双方需要相互沟通，有达成一致的教育目标，实现教育的一致性和连贯性，更好地促进幼儿的身心全面和谐发展。

（二）家园合作能促进幼儿园教育质量的提高

家园合作并非传统意义上的"家长工作"，也不是一方主动的"配合"，而是两个同样肩负教育重任的组织或组织成员之间的携手。幼儿园和家庭是幼儿主要的学习、生活场所，幼儿发展所获得的学习经验结果主要来源于这两个场所的整合。[③]家园合作能使幼儿对来自这两个场所的学习和生活经验保持一致性、互补性和连续性。此外，在家园合作中，教师和家长建立亲密的伙伴关系，能够有效地促进幼儿社会性和情感的发展。家园合作是幼儿园和家长、家长与家长之间交流和资讯共享的平台，一方面家长或者其相关的社会关系能为幼儿园提供来自社会实际生活的教育资源，另一方面幼儿园作为专业的教育机构，拥有丰富而全面的教育资源，有利于改善幼儿家庭教育资源匮乏的状况。例如，家长根据自身的职业或者兴趣爱好等受邀来园当"老师"，或者根据家长自身的工作环境为幼儿提供参观学习的便利，这些都能弥补幼儿园教育资源的不足。再如，针对部分家长教育观念和方法上存在的问题，幼儿园凭借其专

① 陈鹤琴.家庭教育：怎样教育小孩 [M].北京：教育科学出版社，1994：280.

② 黄人颂.学前教育学 [M].北京：人民教育出版社，1997：29.

③ 汪芳.武都区幼儿园家园合作现状的调查与研究 [D].兰州：西北师范大学，2006.

业和对学前教育动态的了解，运用先进的教育观念对家长进行指导，帮助家长树立正确的教育观念。

因此，家园合作可以充分整合家园资源，在提高教育者能力的同时，提高幼儿园的教育质量。

四、促进幼儿园家园合作的建议

（一）优化社会舆论环境，规范信息公开，正面引导家园合作

1.倡导社会发挥正面导向作用

首先，传播媒体应注重促进社会舆论的正面导向。电视广播、网络媒体和报刊书籍等传播媒体应承担起正面引导的作用，其发布的内容要积极向上，提高大众的教育水平和教育素质，避免刻意使用"不能输在起跑线上""亏啥也不能亏孩子"等字眼来营造大众对幼儿教育重视的"效果"。传播媒体应该加强与幼儿教育机构的配合，建构有利于幼儿健康成长的大环境。其次，社会需要因势利导，以喜闻乐见的方式向大众宣传科学的教育理念。例如，教育部《关于印发〈3～6岁儿童学习与发展指南〉的通知》提出，为提高千万家长的育儿水平和能力，幼儿园要以通俗易懂、易于接受的形式，向家长宣传《3～6岁儿童学习与发展指南》倡导的教育理念和方法。由此可见，社会正以家长喜闻乐见的方式向其传递科学的教育理念。另外，幼儿园所在的社区应侧面向家长宣传正确的社会价值观，帮助家长树立正确的教育观念，让其认识到培养幼儿身心全面发展的重要性，最终使家长和幼儿园的教育观念与教育目标达成一致。

2.促使幼儿园建立应对舆论危机预警系统

在新媒体的时代背景下，尤其是在新闻源头、传播途径、传播内容和舆论放大等不可控的社会大环境下，幼儿园等幼儿教育机构需要未雨绸缪，建立应对舆论危机的预警系统。幼儿园可从舆论监控、舆论分析和预测、舆论预警三个环节建立应对舆论危机预警系统。[1]幼儿园舆论监控是预警系统的基础，需要幼儿园具有对社会舆论的敏锐意识，通过各种信息渠道及时收集社会大众或者家长对幼儿园的看法或者意见，从中吸取经验，并积极预防。幼儿园对舆

---

① 冯玉梅，孙璐璐.新媒体时代幼儿园教育舆情的特点、价值及利用[J].江苏第二师范学院学报，2017，33(7)：88-92.

论的分析和预测，即及时对收集的舆论信息进行分析，把握家长关心的话题，检查并改进幼儿园的工作。在幼儿园对舆论分析和预测的基础上发出舆论预警，建议幼儿园相关负责人员和教职工及时采取应对措施和行动。因此，社会舆论环境促使幼儿园建立健全严格的幼儿园管理制度，落实好日常管理工作，违者必究，对于家长的投诉、意见等做到早发现、早处理，将家园矛盾抑制在萌芽阶段，绝不让局部问题向全局转化，这样才能让家园合作持续有效开展。

3. 规范信息公开，社会第三方维护家园信息的有效发布公开

信息时代，依靠网络平台交流家园双方的信息，发挥了信息技术的强大优势。为了保证信息的适度透明，必须规范家园信息的真实性。一方面，幼儿园及时发布家园信息，针对家长的疑问，必须通过幼儿园公众号等进行说明，避免引起家长的以讹传讹，造成连锁影响；另一方面，个别家长问题个别私聊答疑，不要影响其他家长的客观判断。幼儿园适时更新家园信息，注重阶段性更新，让家长在信息需求前接受最新的信息，并给家长一个缓冲期，让家长对信息有一个内化的阶段。

社会第三方作为家园双方信息交流的桥梁和评价系统，应维护家园信息的有效发布公开。第三方首先是与幼儿园和家长都没有任何联系的权威专家团队，可在他们教育观念发生分歧时，以专业的身份介入，指引家长正确认识自身的偏差。另外，第三方专家团队还可以对家长进行网络评价，并及时公开评价信息，就家长的参与度、态度和沟通等进行评价，对于过度干涉家园工作正常开展的家长进行私聊沟通，减少家园双方正面沟通的摩擦。

（二）强化幼儿园顶层设计，夯实家园合作的基础

1. 积极宣传引导，推进政策建设

在家园合作的过程中，幼儿园需要准确地解读相关的法规，执行政策，维护幼儿园师生的合法权益，厘清家园双方的权利和义务，使园合作工作开展有的放矢。

同时，幼儿园应该发挥教育机构的主导作用，担负起向家长大力宣传国家教育指导方针的责任，指导、帮助家长树立正确的教育理念。例如，2001年，教育部颁布的《幼儿园教育指导纲要（试行）》指出家园合作的含义，以及幼儿园与社区的密切关系。2016年，《幼儿园工作规程》第九章提出，幼儿园应对家长科学育儿提供指导，并对家园联系、家长开放日和家长委员会等工作提出要求。这些文件需要幼儿园正确解读并积极向家长宣传家园合作的内涵和具体工作，争取家长的支持和配合。2012年，《3～6岁儿童学习与发展指

南》中的"教育建议"不但适合教师学习运用，也有助于家庭教育，让家长根据教师在园的教育，在家庭中进行有针对性的教育，达到家园教育的一致性。还有 2011 年教育部印发的《关于规范幼儿园保育教育工作防止和纠正"小学化"现象的通知》、2018 年教育部办公厅印发的《关于开展幼儿园"小学化"专项治理工作的通知》等文件通知也适合幼儿园向家长宣传和引导，帮助家长认识到幼儿园"小学化"教育的弊端，提高家长正确的科学教育理念。

幼儿园有责任向政府提出建议，促进政策建设。目前，众多的学前教育法规的文件中基本是针对幼儿园如何开展家园合作的，甚少从家长的角度和社会的角度去进行立法。另外，虽然我们一直倡导幼儿园依靠社会力量，但是目前缺少社会团体对幼儿园支持方式和引导的相关政策。

2. 整合各方资源，缓解经营窘迫

（1）幼儿园应争取政府的支持。首先，积极参与上级教育部门的相互帮扶行动，为幼儿园争取更多的教育资源，为校园环境争取更多帮助。其次，建议政府建立专业指导团队，争取指导团队对幼儿园的教育教学等方面进行专业指导。最后，争取政府的资金帮扶，适当缓解幼儿园仅靠保教费运营的窘迫。

（2）幼儿园要争取社会力量的支持。幼儿园通过家园活动向社会团体或者组织争取赞助，增加活动的运转资金，同时幼儿园要为社会团体提供力所能及的帮助，如利用幼儿园教师文艺特长的优势对赞助的社会团体提供文艺指导帮助，等等。

（3）幼儿园要善用家长资源。家长参与幼儿园课程是家园深度合作的一种良好互动方式。幼儿园根据不同家长的职业、爱好、专长等，邀请家长进校园，不但能让家长亲身体验教师的工作，能在家园沟通中增加包容度，而且能丰富幼儿课程。特别是对于父亲参与幼儿园课程来说，根据幼儿园男性教师稀缺的实际情况，父亲的参与恰好能增添幼儿园活动的阳刚之气。另外，家长委员会是幼儿园和全体家长沟通的桥梁，幼儿园通过家长委员会能很好地向全体家长传递幼儿教育的科学教育理念，也通过家长委员会及时了解全体家长的想法，及时调整幼儿园的管理工作。对于家长的投诉建议，如果比较合理，幼儿园就要及时跟进处理，避免家园矛盾恶化，影响幼儿园的发展。

3. 完善管理制度，加强统筹规划

（1）完善家园合作制度。无论是针对家长服务还是教职工的内部管理，都必须将工作制度化，以条文的形式将工作制定下来，进行规范化管理。首先，幼儿园以开放的心态，将家长作为合作伙伴，给予家长话语权，参考家长的相关建议修订家园合作制度，相互协商相关家园合作细则，共同遵守并执行制度。其次，制定各项制度的具体内容与职责，如日常性家园联系制度、家访制度、家长开放日制度、家长会制度、家委会制度、家长学校制度、网络信息交流平台制度和家园纠纷细则等，落实工作负责人，定时对家园工作进行督查，及时发现问题，积极处理，减少家园矛盾。除此之外，幼儿园管理制度还应注重家长和教师参与家园合作的激励机制，从制度上调动家长参与和教师工作的积极性。

（2）建立教师招聘管理机制和教师发展机制。一方面，建立教师招聘管理机制。首先，注重家园沟通的重要性，在教师招聘时，对应聘教师进行情商的考核和心理学知识的测试，择优录取；其次，在团队合作上对教师进行考核；最后，从教师教育背景和教学经验方面进行筛选。在聘用教师长效方案上，注重营造幼儿园文化氛围，构建教师成长方案吸引人才，并建立优胜劣汰的用人机制，使教师有危机感，积极提升自身工作创造性，增强教师团队活动。另一方面，帮助教师实现长远的可持续发展。一是幼儿园管理层需要营造良好的组织氛围，注重人文关怀、团队的组织和建设；二是转变管理风格，不能处处以家长的服务为先而忽略教师的感受，影响教师情感体验；三是为教师的成长发展设计职位晋升架构，让教师拥有看得到的发展前景，促进其提升自身的业务水平，向更高的职位延伸，从而减少教师的不合理流动。

（3）幼儿园应该加强家园合作实施的统筹规划。首先是家园合作实施前计划的制订，应综合教师和家长的意见和建议、以往的活动经验、现实的需要和幼儿的年龄特点等因素，并积极与家长商讨和修改，最终和家长达成一致，这有助于家园合作的有效开展。其次是家园合作的实施注重贯彻落实。幼儿家长和教师在家园活动中应充分认识到自身的角色，幼儿园教师积极引导家长参与家园活动，如在亲子活动中，设计家长观察记录表，表中制定观察参考细则，让家长在活动中不仅能增进亲子感情，而且能更深入地了解幼儿的发展情况，及时发现幼儿发展的差异性。同时，教师只有在家园活动中做到用心、耐心和爱心，才能感动家长并激发其更多正能量。另外，家长来园参加家园活动是非常难能可贵的，幼儿园应该及时肯定家长的参与，鼓励家长持之以恒，真正贯彻落实家园合作工作。最后是家园合作实施后进行反思和反馈。幼儿园应该制定家长调查问卷，在家园活动实施后，让家长填写。此外，幼儿园还可以成立反馈小组，按年级分组，由级长牵头反思家园活动的开展情况，取长补短，结合家长的反馈情况汇总到园长，园长根据活动监督反馈的实际情况进行有针对性的整改。

另外，幼儿园还需要均衡拓展家园合作的内容。研究者从对家长和教师的访谈中了解到，绝大部分教师和家长都是幼儿出现问题时才进行交流，或者沟通家长喜好的幼儿饮食健康和学习情况等内容，这种无计划、内容单一的沟通难以促进幼儿全面均衡的发展。

因此，幼儿园应该积极主动引导幼儿家长参与幼儿心理、个性、兴趣爱好、性格、品德以及行为习惯等内显行为的交流，并深层次地参与幼儿园的课程和园务管理等工作，这样才能让家园合作的内容丰富多彩、形式多样，切实促进幼儿全面均衡发展。

4.提供教育培训，助力教师成长

注重加强教师培训。家园合作中，教师与家长的沟通接触频繁，日常工作中教师有责任对家长进行指导，因而提高教师的专业素养已成了亟须解决的问题。幼儿园应在"请进来""送出去"两个方面双管齐下，一方面邀请专业领域的专家学者来园对教师进行师资培训，杜绝教师单向接收，让教师在实际操作中学习，反复练习，积累相关专业知识。同时，幼儿园应清楚地认识到培养教师是幼儿园教育管理的一部分，是家园合作的关键。幼儿园应该密切留意园外的学习资讯，为教师创造更多的学习机会，切勿以幼儿园工作忙为由，剥夺教师外出学习的机会。除此之外，幼儿园组织园内教师相互观摩学习，取长补短，以"老带新""结对子"等方式让教师在实际工作中互助成长。

《幼儿园工作规程》第九章明确指出，幼儿园应该帮助家长创设良好的家庭教育环境，为家长提供科学育儿指导，与家长共同担负幼儿教育的任务。这就需要幼儿园在家园合作中，从幼儿家长的实际情况出发，运用最新的教育理念对家长进行有针对性的指导。例如，在培训教育频率上，幼儿园可以一个月组织一次针对全园家长的讲座学习、家长学校学习、家长经验交流会或者家长沙龙等，由园长或者邀请学前教育领域的专家学者培训、指导家长学习。另外，教师在家园合作实践中不断提升自身专业技能和理论修养，利用幼儿园日常生活的一切教育契机对家长进行育儿指导；还可以通过家长微信群，每周一次向家长发布教育学习知识。在培训教育的内容上，幼儿园可以向家长开展关于幼儿年龄特点、幼儿敏感期、幼儿学习关键期、亲子沟通、亲子阅读技巧等领域的培训。无论园长还是教育专家的培训都应该结合幼儿家长受教育的背景，培训内容以实际案例结合理论为主，并提前做好家长动员的工作，促使家长积极参与。

（三）教师的专业化成长是实现家园合作的关键

1. 更新观念，提高职业认同感

教师应该转变观念，以开放的心态积极提高自身的学习能力，广泛吸收专业知识，不断在工作中继续学习，向专家、同行前辈、园长、家长、幼儿学习，将知识融会贯通，充分运用在日常工作中。另外，教师还应该摒弃"高级保姆"等负面情绪，以正能量的心态面对自身的职业，积极思考如何提升自身的价值；通过不断的学习，知识的积累，能力的提高，在工作中积极合理地指导家长，透过幼儿表面的问题，跟家长分析其背后的原因，共同探讨解决的方法。这样不仅能帮助幼儿成长，还能取得家长的认同和信任。在幼儿园工作中，除了提高学习和工作能力，教师还应提高自身的职业道德水平，本着对幼儿、家长和幼儿园负责的态度，按照幼儿园工作程序，不突然离职给幼儿园正常的保教工作带来负面影响。最后就是提高职业意识，应对压力时，教师要做好心理准备，调适自身的情绪，客观看待压力，通过不同的方式合理地排解压力。

2. 自主学习，成为学习型教师

《中小学教师职业道德规范》中提到，终身学习是教师专业发展的不竭动力。学习型的社会和信息化时代赋予幼儿园教师自主学习的使命，自主学习是提高幼儿园教师培训质量的措施，更是教师达到实现自我的内在需要。[①]结合幼儿园教师的实际学历情况，即绝大部分的教师都是专科学历，或者是专科函授取得的本科学历，同时基于我国学前教育专科更注重技能技巧的学习，弱化理论知识的习得，教师需要不断学习，并在实践中赋予其理论支撑，能用专业理论去剖析问题，让家长感受教师的专业性。因此，自主学习是教师学习的必经之路，教师要有"我要一直学习"的思想，在不断学习的过程中，还要懂得灵活运用，如发现比较合理的教育文章可以通过网络平台推送给家长，或者组织家长进行教育经验交流，关注家长对家庭育儿的看法，适当与不同家长进行家园沟通，提高沟通效果。总之，教师需要在学习—实践—再学习的道路上一直成长下去，成为学习型教师，以行动影响幼儿和家长，共同学习成长。

3. 因人沟通，注重沟通技巧和艺术性

家园沟通是学前教育的必备技能，是幼儿园教师工作中的基本功，更是

---

① 蔡迎旗，海鹰. 自主学习：幼儿园教师专业发展的现实之需 [J]. 学前教育研究，2016(3)：34-40,56.

其教育观念、育儿水平、教育教学能力、社交能力的整合表现。[①]幼儿来自不同的生活环境，不同的家长对幼儿培养的目标和要求不一样，因此教师与家长的沟通也要注意因人而异，但是必须以深入沟通促进幼儿身心全面发展为最终目标。[②]无论何种沟通方式，都要注意沟通的技巧，采用先共情认同，再深入分析的方式，注意语言的谦虚和客观性。

首先是家长的背景差异。不同年龄的家长沟通方式不同，年轻一代家长对于新事物比较敏感，乐于接受，交流方向可以往最新教育理念上引导；对于年龄较大的祖辈家长，也要注意理解其教育思想，需要具体分析，耐心引导。对于不同教育层次的家长，要注意家长的接受能力，对于教育程度较高的家长应多用理论去联系实际，而对于教育程度较低的家长，需要多列举具体实例解释相关教育理论。

其次是家长对沟通方式的喜好差异。对于倾向以传统方式沟通的家长，教师需要多创造机会与其交流幼儿的身心情况，如接送孩子、家访等时可进行面对面沟通。对于倾向于新媒体沟通的家长，教师需要多利用平台，并引导其结合传统交流方式，增进面对面沟通的情感交流。

最后是家长需求差异。不同家长对于幼儿培养的需求不同，沟通的内容和侧重点也不同，对于注重幼儿健康饮食的家长，教师需要积累健康营养知识，帮助家长解决均衡饮食、营养搭配的问题。对于注重学习知识的家长，教师需要从幼儿的接受能力、兴趣和年龄特点方面跟家长分析该阶段幼儿的表现特征，结合幼儿实际情况进行分析。对于注重幼儿个性化发展的家长，教师则可以从幼儿的共性特点与个性特点相结合方面进行交流。

（四）家长自我提升和调整，积极参与，是实现家园合作的核心

1. 树立科学的教育理念

家长对幼儿的教育指导要尊重幼儿的兴趣，从幼儿的立场出发，了解幼儿的发展规律，真正以幼儿的发展为培养目标。皮亚杰指出，儿童的学习具有阶段性和连续性，不同时期会有不同的发展阶段，幼儿的发展应遵照一定顺序，每一阶段都是前一阶段的延伸，并与前一阶段形成一个整体。[③]因此，家

① 轶彦.浅析幼儿教育家园沟通的有效路径 [J].新课程研究：中旬一单，2019(6)：134-136.

② 朱薇娜.浅谈幼儿教师与家长沟通的策略 [J].现代交际，2017(24)：158.

③ 游达，刘虎.试论儿童教育的"去成人化"指导 [J].教育探索，2010(2)：15-17.

长应关注幼儿的发展整体，不应纠结于局部的发展，如幼儿的就餐问题，家长应该关注幼儿整个阶段的身体发展，而不应该纠结于一餐或者最近几天的进餐情况。杜威认为，成人应该按照儿童能够理解的形式对儿童进行指导。生活中，成人往往容易以成人的期望和能力水平来指导幼儿和衡量其学习结果，如在幼儿讲述故事时，家长觉得幼儿反复学习都不能够准确讲述，就否定幼儿，却没有以幼儿能够接受的方式进行指导，并以幼儿的学习标准衡量幼儿的学习效果。

卢梭认为，应该把儿童当儿童看，如果不按照儿童发展的顺序去指导，会使儿童思想"早熟"，失去灵性。应尊重儿童发展规律，按照儿童年龄特点创设适合其发展的活动内容，而不是拔苗助长。幼儿园阶段不应该牺牲幼儿快乐的童年而盲目追求"提前学习"，这样只会让幼儿"伤"在起跑线上。因此，家长要不断转变教育观念，提高科学育儿能力，与幼儿园的教育目标一致，共同为幼儿健康成长创造有利的环境。

观念决定行为。从教育观念上看，幼儿园的家长大致有以下几种类型：第一种家长教育观念薄弱，认为将幼儿送到幼儿园，教育就转嫁给了幼儿园，认为多缴纳费用就能让幼儿的教育得到最有力的保障，对于家庭教育的认识甚少。第二种家长是认识到家园共育的重要性，但是被动等待幼儿园的引领，认为自己不具备专业的育儿知识，希望得到幼儿园的帮助，提高教育水平。第三种家长有良好的教育观念，也掌握了相当的育儿知识，但是对于家园共育的实际操作并不了解，未能与幼儿园形成合力。因此，幼儿园需要针对不同类型的家长进行不同层次的指导，通过家长讲座、座谈会、家长沙龙、家长学校等方式对家长提供培训指导。家长必须在育儿学习活动或者家园沟通中积极请教专家、园长或者教师，共同探讨科学的育儿方式，或者在班级中跟其他家长交流育儿经验，提高育儿水平。

2.持续学习，成为学习型家长

学习型社会和信息时代的背景促使人们不断学习，终身学习。心理学家班杜拉说过，实际行动比说教更能影响孩子的行为。家长和教师都应该在幼儿的教育上投入更多精力，不断积累知识，以便在幼儿教育上达成共识。由此可见，家长不断学习、自我成长，对于家庭教育和家园共育的有效开展都是必不可少的条件。

信息网络时代，资讯的获取极为便利，家长必须借助互联网的教育信息进行育儿知识的学习。遇到育儿问题，也可以向专家、园长、教师或者有经验的家长请教，日积月累，就能在育儿的道路上走得更畅通。幼儿园是专业的教育机构，家长与教师平时的沟通实际上就是教育观念和教育知识的交流，家长需要做一个有心人，通过家园沟通反思自己的家庭教育，因为幼儿就是父母的一面镜子，家园双方共同提高幼儿各方面能力的同时，也在提高家长学习能力和自我修正能力。①

3.期望回归理性，教育目标达成一致

尽管在教育理念上，幼儿园和家长会存在不同程度的差异，但是幼儿园和家长的共同目标都是促进幼儿身心全面发展。因此，家长需要调整自身对教育的期望，让其回归理性的状态。家长积极向幼儿园提出疑问，使自身的教育目标与幼儿园的教育目标保持一致。家长通过各种途径获取科学的育儿知识，不断纠正自身的教育方式，让自身的教育预期降低，平衡其教育期望值，与幼儿园达成共识，以幼儿的全面发展为家园共同合作的最终目标。

幼儿园大部分家长的教育期望，即期望通过幼儿园的教育教学，幼儿能在智力知识和技能上取得进步，与幼儿园的教育目标——促进幼儿的全面发展是不相符的。家长需要通过网络或者线下学习了解幼儿的学习特点和发展情况，不断积累科学的育儿知识，修正其教育方法，理解幼儿教育并不是单一智能的发展，而是身心的全面发展，从而使教育期望回归理性。

4.换位思考，对教师多一点尊重和信任

家长需要积极主动地与教师沟通，换位思考，对教师多一点理解和包容。家长可通过家长老师、家长助教、家长志愿者等活动，真切地了解教师在园的工作，体会教师工作的琐碎和辛苦。教师每天面对幼儿多、幼儿小的高压工作，工作难免有疏忽，家长可以多给予幼儿园教师理解和包容。对于幼儿园日常生活中幼儿之间的矛盾冲突或磕碰，家长需要理性对待和处理。从社会交往角度看待幼儿之间的冲突是幼儿社会交往的一种表现，是幼儿成长的必经之路，家长可以与幼儿园相互配合，共同帮助幼儿培养良好的社会交往行为。家长要相信教师是爱幼儿的，会公平对待每一个幼儿，幼儿园是专业的教育场所，一切活动和课程都是为了促进幼儿的健康发展。家长遇到任何问题时都需要注意调整自身情绪，理智对待，积极平和地与教师沟通处理。

相互尊重和信任是家园沟通的基础和前提。幼儿园教师在"幼儿多、幼儿小、教师少"的实际情况下，以及在因预防幼儿安全事故发生而精神高度紧绷的状态下照顾幼儿，在完成班级工作和幼儿园工作以后，也希望得到幼儿园领导与家长的认可和肯定，这对教师也是一种鼓励和动力。作为家长，把幼儿

① 刘艳.家园合作纠正幼儿不良行为习惯的途径[J].学前教育研究，2010(6)：55-57.

送到幼儿园，认为教育幼儿是幼儿园教师的责任，但是幼儿从出生到成长，家长一直是幼儿的教师，教养幼儿是责任也是义务。教师和家长是幼儿的共同教育者，因而家长应该本着尊重与信任的原则，与教师平等交流沟通，促进幼儿身心全面发展，让幼儿园和家庭真正形成教育合力。

第四节 幼儿园、家庭和社区的协同教育策略

基于对幼儿园、家庭和社区协同教育的研究，笔者认为政府主导作用的发挥是三方协同教育的前提和基础；幼儿园主体作用的发挥是三方协同教育的关键；家庭和社区协助作用的发挥是三方协同教育的重要环节；现代背景下对网络的进一步探索和开发是促进三方协同教育发展的有效途径。基于以上理解，笔者提出了以下策略。

一、政府加强统筹管理与投入

首先，政府部门要发挥其主导作用，加强对幼儿园、家庭和社区协同教育的统筹管理。教育部的《关于幼儿教育改革与发展的指导意见》指出：要建立和完善政府领导统筹，教育部门主管，有关部门协调配合，社区内各类幼儿园和家长共同参与的幼儿教育管理体制；进一步完善幼儿教育管理体制和机制，切实履行政府职责。由此可见，政府部门加强对教育的统筹和管理是深化教育改革的基本要求和重要手段，也是幼儿教育健康开展的基础和保障。因此，政府应积极建立和完善相关法律法规和政策制度，为幼儿园、家庭和社区协同教育的发展提供一个健全的管理体制和强有力的统筹机构，为三方协同教育活动的开展提供制度上的保障。

其次，政府部门要加强对幼儿园、家庭和社区协同教育理念宣传的投入。政府部门可以利用媒体和现代信息技术，通过各种途径在社会民众中大力宣传和推广幼儿园、家庭与社区协同教育的思想以及科学育儿的理念，帮助社会民众形成对幼儿园、家庭和社区协同教育的科学认知。

最后，政府部门要加大对幼儿园、家庭和社区协同教育经费的投入。幼儿园、家庭和社区在协同教育过程中所需要的人员、场地、设施设备以及协同教育模式的创新等都离不开教育经费的支持，经费的多少直接影响三方协同教育的质量。因此，政府部门应健全教育经费投入机制，加强对幼儿园、家庭和社区协同教育的经费支持，为三方协同教育的发展提供资金上的保障。

二、幼儿园加强组织引导与沟通

首先，作为培育幼儿的专门机构，幼儿园在三方协同教育中发挥着中介和桥梁的作用。幼儿园管理者要深刻认识到，高质量的幼儿教育不能单纯靠幼儿园来进行，家庭、社区等各个方面教育资源的利用和开发已经成为当前幼儿教育面临的刻不容缓的任务。在网络技术发达的今天，很多幼儿园和家庭的资源、信息等都是通过家园共育的网络平台进行传递和共享的，幼儿园可以进一步开发已有的家园合作平台，拓展平台的服务功能和口径，寻求多元支持与配合。

其次，为了使教育一体化不流于形式，幼儿园要经常性地向家长和社区开放，请家长和社区人士直接参与幼儿园的工作。要在充分掌握家长的教育需求、了解幼儿在家学习和生活习惯的基础上，针对幼儿不同年龄层次的特点，有的放矢地组织家、园、社协同教育活动，并在活动开展之前向家长和社区人士介绍此次活动的目的和计划、家长和社区人士需要配合的方面等，让家长和社区人士知其然，也知其所以然，同时指导家长在活动过程中观察幼儿。每次活动结束后，应及时与家长和社区人士进行沟通，了解他们对活动的看法和感受，使家长和社区人士通过参加活动更新教育观念，加深对协同教育的认识。

最后，幼儿园应不定期举办家长课堂并开展社区教育培训，帮助幼儿家长和社区人士树立科学的育幼观念和协同教育的理念，促进他们自身教育水平和教育素养的提升，推动学习型家庭和学习型社区的建设与发展，为三方协同教育的有效实施打造相关条件。

三、家庭和社区加强协同合作与支持

根据耗散结构理论和生态系统理论，幼儿园、家庭和社区三者之间有着密不可分的关系，我们需要寻找幼儿园教育、家庭教育和社区教育之间的纽带，形成教育合力，推动幼儿的发展。在幼儿园、家庭和社区协同教育的过程中，若幼儿园是"主轴"，家庭和社区便是"两翼"，三者相辅相成、缺一不可。首先，家庭和社区要在人力、物力、智力和信息等各个方面为幼儿园提供支持与帮助，丰富教育资源，为幼儿园的发展提供良好的环境和条件，努力协助幼儿园提高教育质量。其次，幼儿家长要积极提升自身的教育素养和文化素养，提高家庭教育的质量。只有家庭教育的质量得到保证，家庭与幼儿园、社区协同教育的作用和目的才能充分实现。再次，在目前幼儿园教育和家庭教育已经通过网络平台实现有效衔接的基础上，为了促进社区教育与幼儿园和家庭教育的有效衔接，需要积极开发社区管理平台的教育功能，对社区的教育因素进行深度挖掘，同时推动社区教育资源的管理和开发。最后，建设连接幼儿园、家庭和社区三方的 App 互动平台。根据耗散结构理论，幼儿园、家庭和社区受到幼儿个体发展的影响，在幼儿的作用下会自发地形成相辅相成、相互配合的统一的教育体系。同时，根据网络传播学理论，幼儿园、家庭和社区通过网络建立联系是未来发展的必然趋势。因此，在移动信息发展的条件、配置和资源都成熟的前提下，结合当今移动通信工具的普及和 5G 时代的背景，可以尝试打造一个同时纳入幼儿园、家庭和社区信息的 App 互动平台。虽然 App 互动平台在教育领域的应用越来越多，但是幼儿园教育（学校教育）和社区教育（社会教育）在发展中大都是各自为政的，幼儿园大都使用的是旨在促进家园合作的"家园共育"类 App 平台，社区大都使用的是旨在方便社区居委会进行数据管理的 App 平台，且这些 App 平台缺乏政府部门的主导。将幼儿园教育、家庭教育和社区教育纳入一个网络平台中，由政府部门统筹管理，让三方进行统一运作的实践还存在着很大的空白，我们可以尝试利用 App 互动平台推动幼儿园、家庭和社区协同教育的发展。

互动平台的理念针对幼儿园、家庭和社区协同教育的现存问题，依据"创新、协调、绿色、开放、共享"五大发展理念，充分考虑幼儿园、家庭和社区的教育职责和教育资源以及幼儿园教师、家长与社区人士的角色定位，采用 Web Service 技术（一种跨编程语言和跨操作系统平台的远程调用技术），初步建立具备兼容性的 App 互动平台。建设 App 互动平台的主要目的是促进幼儿园、家庭和社区协同教育的发展，同时促进幼儿教育、家庭教育和社区教育的现代化发展。

App 互动平台由相关政府部门统筹管理，并指定部分教师、家长与社区工作人员协同管理和监督，服务对象是幼儿、幼儿教师、家长以及社区居民，使用者是幼儿教师、幼儿家长和自愿参与的社区人士。App 互动平台根据使用的主体分为"教师版""家长版"和"社区版"三个版本。它主要分为"首页""动态""消息""我"四个模块，这四个模块分别对应："资源共享功能""信息展示功能""沟通与交流功能"和"管理和调控功能"。其中，"首页"包括以下子模块：育儿课堂、亲子活动、睡前故事、精选游戏、家长宝藏、社区探秘；"动态"包括以下子模块：幼儿园动态、家长动态、社区动态、成果展示、经验交流；"消息"包括以下子模块：消息提醒、私聊、群聊；"我"包括以下子模块：通知、管理、信息监控、评价。App 互动平台通过以上四个模块，结合最新的幼儿教育理念，融合现代教育技术，调动幼儿园、家庭和社区三方的积极性和主动性，发挥各个方面的资源优势，以实现幼儿园、家庭和社区协同教育模式的新突破。

App 互动平台的系统构成及功能，如图 7-1 所示。

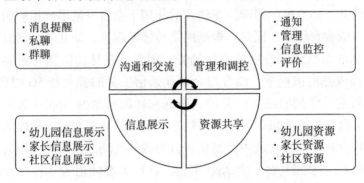

图 7-1　App 互动平台的系统构成及功能

笔者就 App 互动平台的"沟通与交流功能""管理和调控功能""信息展示功能"和"资源共享功能"做出以下详细介绍：

（1）沟通和交流功能。沟通和交流功能是网络平台的所有功能中最基础也是最重要的功能，它能够建立起幼儿园教师、家长和社区人士之间最直接的联系。该功能通过"消息提醒""私聊"和"群聊"三个部分体现出来。"消息提醒"即当使用者接收到来自个体或群组的消息时，窗口会自动弹出提醒，以保证使用者接收信息的及时性。"私聊"即使用者可以向系统通迅录中的任意对象发起聊天或进行对话，如佳佳小朋友今天在幼儿园里饮食不太好，饭菜和点心都没有吃完，食欲较差，教师便可以通过"私聊"的功能将这一情况反馈给佳佳的家长，提醒家长关注孩子的饮食和健康。"群聊"即使用者可以根据自己的喜爱或社交习惯自由拉建群组或加入群组，可以有单独的"家长群""社区群"，也可以有由教师、家长和社区人士共同组成的综合群，如小区内相邻几栋楼的住户相熟，于是相熟的这部分人组建了一个群，群里有工作很忙的孩子家长和退休在家的居民，有的孩子家长可能由于工作忙没有时间每天准时接送孩子上下学，这时候便可以在群里发条消息寻求退休居民的帮助，或者直接在群里商量，达成共识：周一至周五分别由谁负责接送。确定之后将接送计划和接送人信息告知教师，确保孩子的安全。如此一来，不仅减轻了年轻家长的负担，而且调动了社区退休居民的人力资源。

（2）管理和调控功能。无论是在现实生活中还是在虚拟的网络空间里，任何一个组织、一项活动都离不开管理和调控。联系幼儿园、家庭和社区三方的 App 互动平台也是如此，只有将管理和监督制度落实到位，才能有效地发挥平台的作用。App 互动平台的管理和调控功能分为四个部分："通知""管理""信息监控"和"评价"。该功能主要由指定的教师、家长和社区工作人员以管理者的身份进行操作，由相关政府部门和所有 App 互动平台的使用者共同监督。其中，"通知"主要是指幼儿园、家长和社区在 App 互动平台上及时发布各类通知公告。比如，幼儿园发布有关幼儿作息时间变动的通知、有关举办各类活动计划的通知、有关幼儿园各项制度规范调整的通知等，家长发布的有关家长委员会意见和建议的公告、有关家长教育资源利用情况的公告、有关家庭教育情况的调查结果公告等，社区发布的有关社区教育资源开放和利用情况的公告、有关社区人力和物力资源变动和更新的公告、有关社区教育发展情况的公告等。"管理"功能主要指政府部门以及幼儿园、家庭、社区三方的协助管理人员在后台对 App 平台内的人员、数据、信息和资源等进行及时的筛选和归类，从而对各类资源进行规范管理与合理配置，以保证各方的信息资源都得到充分挖掘和有效利用。同时，指定相关的技术人员采用一定的技术手段对 App 平台进行系统维护和信息保护，以保障 App 互动平台运行的安全性。"信息监控"功能主要是为了保证幼儿在教育一体化过程中的安全性以及 App 互动平台服务的公开透明性。"信息监控"主要集中在两个方面：一是对幼儿入园离园时的信息监控。幼儿园门口设立打卡机，所有接送幼儿的人员进出幼儿园都必须进行打卡，打卡的同时打卡机会启动摄像拍照功能，影像能够即时自动同步到 App 互动平台，并且对平台内的所有人员公开可见。如此就杜绝了社区人士在接送幼儿时出现的安全隐患。二是对幼儿在幼儿园中一日生活的信息监控。近年来，幼儿园虐童事件屡有发生，因而在幼儿园几个固定的场所，如教室、盥洗室、餐厅、操场等安装摄像头是十分必要的。将摄像头与 App 互动平台的接口连接，平台的管理人员有权限不定期查看摄像内容，以此对教师的保育工作进行一定程度的监督，同时发挥了 App 互动平台的服务和监督作用。"评价"功能对 App 互动平台的完善以及整个幼儿园、家庭和社区教育一体化的发展有着重要的导向作用。评价的方式方法由管理人员根据实际情况而定。

评价方式主要体现在两个方面：自评和互评。自评是指教师、家长和社区人士分别对自己在某一阶段、某一内容或活动中的表现进行评价，如在幼儿园举办的庆元旦活动结束之后，教师、家长和参与的社区人士对自己在活动中的表现进行评价。互评是指教师、家长和社区人士互相评价，如一学期结束的时候，教师对家长和社区人士本学期资源分享的情况进行评价，同时家长和社区人士对教师资源分享的情况进行评价。

（3）信息展示功能。信息展示是指幼儿园、家庭和社区三方将各自的动态信息和活动成果以及经验感受以文字、照片、影像的形式在 App 互动平台上进行展示和分享，简单分为幼儿园信息展示、家庭信息展示和社区信息展示。该功能主要是为了让教师、家长和社区人士对三方的动态一目了然，加强彼此之间的了解。

幼儿园、家庭和社区的各类信息动态由各方的管理人员汇总并整理后发布，同时管理人员需保证信息动态更新的及时性。幼儿园信息展示可以分为"园所风貌"和"幼儿成长"两个部分。"园所风貌"主要包括园所活动、教师风采、班级新闻等，如端午节开展的"悠悠民族风，浓浓端午情"活动；毕业班开展的"倒计时刻，走进小学"活动；教师特色技能展示；教师玩教具比赛优秀作品展示；班级活动视频展示；班级教育教学规划和进度展示等。"幼儿成长"主要包括每周菜谱、一日生活小视频等。其中，每周菜谱中详细介绍幼儿周一到周五每天的早点、主食、菜、汤、午点、水果等；一日生活小视频主要指由教师不定期地拍摄幼儿在进餐、午睡、活动时的视频，以方便家长对幼儿在园的一日生活有进一步的了解。

家庭信息展示包括家庭教育情况的展示、家长职业信息的展示和家长个人风采的展示等。家庭教育情况展示主要是指家长新颖的教育理念的分享，家长关于家庭教育启示或育幼心得的分享，家长与幼儿共同体验的有意义的亲子活动的记录，幼儿在家庭中各种优秀表现的展示，等等。家长职业信息展示是根据家长自愿的原则将家长的职业信息在 App 平台上进行展示。家长个人风采展示主要是指家长展示自己的兴趣特长、才艺技能、先进事迹等，如雕塑功底深厚的家长展示自己的作品、获得各类优秀奖项或称号的家长分享自己的事迹和经历等。

社区信息展示包括社区历史文化的介绍、社区人文景观的介绍、社区风土人情的介绍、社区服务志愿者的介绍、社区公共设施的介绍、社区新闻等。

社区新闻包括社区建设方面的新闻、社区服务方面的新闻、社区活动方面的新闻、社区生活方面的新闻、社区人物方面的新闻等。社区服务志愿者介绍主要是对在社区教育和社区服务中表现好、参与度高的社区志愿者进行简短的介绍和先进事迹的描述，以此来壮大社区志愿者的队伍。社区公共设施介绍是指对社区内各类公共设施，如医疗卫生设施、教育设施、文化娱乐设施、行政管理设施、体育设施、社区服务等进行全面的介绍和图片展示，以加强社区居民对自己所生活的社区的认识和了解。

（4）资源共享功能。幼儿园、家庭和社区三方的资源共享是实现幼儿园、家庭和社区教育一体化的首要条件。只有三方充分发挥各自的资源优势，合理地进行资源整合，才能实现教育一体化的最大价值。

资源共享功能是 App 互动平台的核心功能，对应的是 App 互动平台"首页"的模块。该模块从不同的角度展示了幼儿园、家庭和社区的资源，力图发挥三方资源的最大作用。幼儿园资源主要通过以下四个部分体现："育儿课堂""亲子活动""睡前故事""精选游戏"。"育儿课堂"主要包括科学育儿理念和方法的科普以及一些关于幼儿的文章和新闻的推送，并且为了使其快速吸引读者的注意力，要尤其注重推送标题的新颖性和独特性，如关于幼儿睡眠的知识科普——"各年龄睡眠时间表出炉！你家孩子睡得好吗？"关于幼儿身体健康的知识科普——"注意！十大儿科医生的联合忠告，别让细节伤了孩子！"；关于科学育儿的知识科普——"家长的这种行为影响孩子的一生！""亲子活动"主要是指一些有助于拉近亲子关系、促进亲子情感的活动介绍和技巧讲解，如活动介绍——"我和爸爸妈妈的秘密"，活动介绍——"小企鹅学走路"，亲子沟通技巧——"拉近亲子关系的五大妙招"。"睡前故事"主要是推送一些优秀绘本读物和漫画，这些故事是由教师针对不同年龄段幼儿的心理特点和认知水平精心挑选的，并对适合的阅读年龄进行了标注，如3～4岁睡前小故事——《小熊不刷牙》，4～5岁睡前小故事——《猜猜我有多爱你》，5～6岁睡前小故事——《书本里的蚂蚁》。家长和社区人士可根据需求为幼儿选择适合的故事，同时自己可以多看多读，学会理解幼儿的思维，并从幼儿的角度看世界。"精选游戏"主要是为了提高幼儿的发展水平而推送的小游戏，这些小游戏往往带有一定的思考性和策略性，能够锻炼幼儿某些方面的能力或开发某些方面的潜能。比如，训练观察力、注意力和记忆力的图片类游戏，下跳棋、走迷宫等开发儿童思维能力的游戏，画画、拼图、建构等提高幼儿想象力、创造力和动手能力的游戏。这些小游戏符合幼儿的兴趣且成本低，方便家长在家中与幼儿一同操作。

家庭资源通过"家长宝藏"这一板块体现。家庭资源可以分为人力资源和物力资源。人力资源主要是指家长根据自己的职业特征采用自愿报名的方式或班级家长会推选的方式成为"助教家长"，参与到幼儿园的课程建设当中。家长在 App 互动平台上的"家长宝藏"这一板块录入可以进行助教的领域、内容、时间等信息，教师根据当下教育教学的主题和情境适时邀请"助教家长"入园进行助教工作。比如，教师发现班级里不少孩子不爱吃蔬菜，于是在"秋天的蔬菜"主题活动中邀请一位从事厨师工作的助教家长入园，助教家长不仅能够给孩子讲解每种蔬菜的功效和外形特征，还可以展示自己蔬菜雕刻的绝活，激发幼儿对蔬菜的兴趣。物力资源主要是指家长自愿提供的可以为幼儿园所利用的物品或设施，如家中闲置的玩具、图书、纸箱、工具材料等。家长可以将自己认为有用的资源通过文字描述或图片的形式发布到"家长宝藏"这一板块上，教师根据教育教学活动的需要通过 App 互动平台自行与家长进行联系。

社区资源通过"社区探秘"这一板块体现。社区资源除了包含与家庭资源类似的人力资源和物力资源之外，还包含了丰富的自然资源。社区的人力资源除了有职业的社区居民还有无职业的社区老人，有职业的社区居民可以与家长一样，根据自己的职业特征自愿报名参与幼儿园的助教工作，无职业的社区老人可以凭借自己丰富的生活经验、劳动经验或时间自由的优势为幼儿园和家长提供资源，社区管理人员可以协助这些老人将他们所能提供的资源信息录入 App 互动平台的"社区探秘"这一板块。比如，幼儿园开展"茶叶"的主题活动，正好有老人会采摘并制作茶叶，教师便可以邀请老人入园为幼儿讲解茶叶的制作过程，丰富幼儿的认知；有的老人对戏曲文化特别了解，幼儿园在开展地区特色课程时，可以邀请这些老人入园给幼儿介绍本地特色的戏曲文化，使幼儿学会感受和欣赏戏曲艺术；有的老人时间充裕且身体状况良好，主动报名成为接送幼儿入园离园的志愿者等。社区的物力资源除了社区人士可以与家长一样自愿提供闲置的物品之外，公共设施和场所也可以加以利用。比如，社区的公园、医院、超市、邮局、餐馆、书店等都是幼儿生活学习的活教材，可以作为物力资源录入"社区探秘"这一板块。

除此之外，社区还拥有非常丰富的自然资源。比如，社区里有一片菜园，总是能看到勤劳的居民在菜园里种菜收菜，App 互动平台的管理人员便可以与相关居民商量，将这片菜地作为社区的自然资源录入"社区探秘"板块，以便教师带领幼儿走进菜园观察各种蔬菜生长的过程；社区里的花草树木很多，这些花草树木同样可以作为自然资源录入"社区探秘"板块，教师可以利用社区树多的特点，组织幼儿开展认领小树的活动，每个幼儿认领一棵小树，与家长一起清除小树周边的杂草和垃圾，以此让幼儿养成爱护花草树木和保护环境的好习惯，既对幼儿进行了环保教育也美化了社区的环境。

第八章　赢在未来：高校学前教育专业的设置与人才培养

第一节　我国学前教育课程模式的演变

一、中国特色学前教育课程模式的初步构建

（一）园本课程开发热潮下，我国自主研发课程模式的多样化发展

在知识和人才、民族素质和创新能力成为一个国家综合国力主要标志的新时代，加快培养创新人才和高素质劳动者，提高国家创新能力，是提高我国综合国力的重要举措。基于国家长远发展的需求，满足新时代对高素质创新人才的迫切渴望，1999年第三次全国教育工作会议制定颁布了《中共中央 国务院关于深化教育改革全面推进素质教育的决定》，拉开了不断调整人才培养目标、改变人才培养方式、提高人才培养质量的新一轮基础教育改革序幕。

作为基础教育的起始阶段，我国学前教育事业在此次基础教育改革大潮中始终挺立潮头，探寻发展，力图构建具有中国特色的幼教体系。课程作为教育教学改革的关键，受到教育主管部门、幼儿教育工作者和幼儿教师的高度关注和参与。在《幼儿园教育指导纲要（试行）》的指导下，我国学前教育课改工作立足于本国本土本园实际和幼儿发展的需要，不断借鉴国外先进学前教育课改经验，积极开发和创造新课程，一些特色课程模式相继涌现，如福建省厦门市思明实验幼儿园开发的"主题探究活动课程"、厦门市第十幼儿园开发的"开放教育课程"、浙江省宁波市梅山中心幼儿园开发的"田园课程"、浙

江师范大学杭州幼儿师范学院附属幼儿园开发的"蛛网式主题活动"、苏州高等幼儿师范学校附属花朵幼儿园开发的"游戏课程"、南京市实验幼儿园开发的"综合教育课程"、华东师范大学教授以及上海幼教专家和幼儿教师合作开发的"多元整合幼儿园活动课程"、广西直属机关第三幼儿园开发的"情境体验课程"、成都市机关第二幼儿园开发的"情感课程"、北京师范大学实验幼儿园开发的"发展课程"等。

学前课程模式的多样化发展加强了课程本身的生活性、文化性和适宜性，使得我国学前教育课程实践活动尽显欣欣向荣之态。新兴课程模式类别众多，其中，主题探究活动、渗透式领域课程和生态式融合课程最具代表性（表8-1）。对以上三种课程模式的深刻分析可以揭示出这一时期我国特色学前教育课程模式的典型特征和发展态势。

表8-1　三种新兴主流课程模式

课程模式	主题探究活动	渗透式领域课程	生态式融合课程
理论基础	陈鹤琴"活教育"理论、瑞吉欧"方案教学"、皮亚杰"建构主义"等。	陈鹤琴"五指活动"、多元智能理论、"核心经验"等。	自然主义教育思想、人文主义教育思想等。
概念	以幼儿生活为轴心，以游戏和活动为主要形式，以幼儿自主的探索学习为主的综合性、活动性的课程。	以儿童生活为中心，立足于领域间的渗透，且通过话题形式呈现出来的课程。	从主题入手，以审美教育为突破口，用"爱、美、生命"的人文主义精神启迪幼儿心灵，激发幼儿的内在潜能，实现幼儿真善美和谐统一发展的课程。
课程目标	以幼儿自身发展为本，着眼于幼儿的长远发展，强调幼儿想象力和创造力的发展，情感、态度和能力等各方面的培养。	不同领域的内容相互渗透，从不同角度促进幼儿情感、态度、能力、知识与技能各方面的发展。	保持与发展幼儿主体性的本真状态。
课程内容	贴近幼儿生活实际，能激发幼儿学习兴趣的内容；符合幼儿发展水平，具有教育可行性的内容；能利用幼儿直接经验、体验学习的内容；有利于"五大领域"目标的落实且含有多方面教育价值的内容。	贴近幼儿生活，满足幼儿需求，全面性和启蒙性的五大领域。	课程内容相融合，形成社会（培养爱心）、科学（体悟生命意义）和艺术（体验美好事物）三大领域。

续 表

课程模式	主题探究活动	渗透式领域课程	生态式融合课程
课程组织与实施	（1）发现问题——通过多种活动帮助幼儿发现和确定问题，形成主题。 （2）探究问题——通过引导幼儿动手操作和亲身体验，教师予以适时适宜的帮助，让幼儿进入具体的探究过程。 （3）展示交流阶段——向同伴、父母和教师展示作品，相互学习，让幼儿体验成功，增强自信心。	（1）熟知不同领域内容。 （2）寻找生活化的话题。 （3）寻找话题间的联系，实现领域间的渗透。 （4）一日生活、学习活动和游戏等各个教育环节间的渗透。	通过主题的形式开展社会、科学和艺术三大领域的活动，让不同领域经验儿童亲自感受生命、关爱生命、表现生命。
课程评价	行为目标评价和表现性目标评价相结合，重视儿童多方面的综合发展。	行为目标评价和表现性目标结合，重视儿童的全面发展。	表现性目标评价和生成性目标评价相结合，强调儿童内在精神的发展。
课程试验	厦门市思明实验幼儿园等。	南京师范大学赵寄石、唐淑等人研发、试验的课程。	南京师范大学与江苏省部分幼儿园合作开展的课程实验。

以上三种由我国自主研发的学前课程模式在不同教育理念的指导下形成了不同的课程结构，体现出鲜明的时代特征。

1.课程目标完整化

从目标所反映的内容来看，以上三种课程模式的课程目标由单一目标向兼顾多种目标扩展，在幼儿身体、认知、情感和社会性等各个方面都有所要求，兼顾儿童的全面发展。主题探究活动课程和渗透式领域课程以主题或单元和领域的形式整合被分科课程模式分化的学科，促进幼儿的整体发展。生态式融合课程尤其重视幼儿情感和社会性的发展，最终目标就是通过审美教育启迪幼儿的心灵，实现幼儿真善美和谐统一发展。21 世纪初，我国的学前教育课程模式已由对学科和教学的关注转移到对幼儿本身的关注，从对儿童认知发展的关注转移到对儿童知情意行全面发展的关注。总而言之，我国学前课程模式均以实现儿童的全面发展和终身发展为努力的最终指向。例如，小班音乐主题活动"来把门儿敲"的总目标是学唱歌曲，能边演唱边表演。在做客游戏情境中，学习基本的做客礼仪并有礼貌地与同伴进行交流。除了学会演唱歌曲，掌

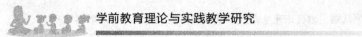

握节奏性具体的、可操作的行为目标外，还有教幼儿懂礼貌的表现性目标。

2.课程内容生活化

从以上三种课程模式的课程内容来看，21世纪的课程模式加强了与儿童生活的联系。源于生活的课程内容更易引起幼儿求知的欲望，而在生活中的课程才能使幼儿在不断获得、改造经验的同时自由而真实地表现自我个性。① 不同于过往的分科教学重视儿童对系统知识的掌握，学科课程内容往往远离儿童生活实际，忽视了儿童学习兴趣和社会性的发展，主题探究活动课程在设计活动主题时就将儿童的周围生活作为课程的设计基础，将促进儿童社会性发展、儿童与自然环境的互动、儿童认识自我等接近儿童生活的内容作为活动主题。生态式融合课程亦是强调从儿童的生活出发，让儿童在真实、丰富的生活情境之中体悟生命的美好。

除了以上三种典型课程模式外，现今多数课程模式都进一步发展了课程的生活化和情境化，课程的主题、材料、实施场所等均源于幼儿生活，让幼儿在真实的学习情境中自主活动，通过自己的感受、经验来建构知识，体验情绪和情感。例如，生态式融合课程中班主题活动"秋来了"，以幼儿真实生活为活动来源，让幼儿观察秋天里的变化，如秋天的树叶，在调动幼儿原有经验的基础上，帮助幼儿调动各种感官感知和体验秋季的到来，培养幼儿主动观察和探索的习惯，以及对生命和自然的热爱之情。

3.课程组织与实施整合化

三种课程模式的课程组织重视加强课程知识的联系性，强调通过实施整合性的课程培养"完整人格"的儿童。主题探究活动以主题为明线、领域为暗线，围绕指定主题构建系统性的课程；渗透式领域课程以领域为明线、主题为暗线，构建横向联系的领域知识。虽然两种课程模式在内容的组织方式上有所差异，但均强调不同领域的整合，强调构建一个相对完整的课程体系，促进幼儿的整体性发展。

生态式融合课程从主题入手，也强调社会、科学和艺术三大领域课程的融合，不同之处在于这类课程模式更加注重学前教育对儿童内在层面发展的影响。例如，大班主题活动"蚯蚓为什么会在这里？"是由科学活动"我发现了蚯蚓""蚯蚓的踪迹"，科学和社会融合活动"让蚯蚓爬出来"，科学活动"对比实验结果"，科学和语言融合活动"资料分享"，科学和社会融合活动"我

---

① 王春燕.中国学前课程百年发展与变革的历史研究[M].北京：教育科学出版社，2004：190.

带来了蚯蚓"，艺术、科学和语言融合活动"蚯蚓来到我身边"，将不同领域的内容整合成一个完整的主题活动，力图为幼儿提供一种全面、丰富、益于发展的学习经验。在课程实施上，三种课程模式更加强调课程的经验性、创生性和潜在性，改变分科课程强调通过集体教学活动完成课程目标的状况，主张结合集体教学、自我探索、游戏等活动，全方位发挥课堂、一日生活、区域活动等各个教学环节的教育价值。

4. 课程评价质性化

2000 年以前，理论界对幼儿园课程评价的关注是极少的。我国的学前教育课程评价更多的是目标取向的评价。通过以上三种课程模式的评价特征可以看出，课程模式趋向于采取过程取向和主体取向的质性评价。[①] 评价类型由片面重视行为性目标评价到强调结合行为性目标、表现性目标和生成性目标，将课程实施整个过程中的所有情况和课程实施后儿童的各种改变都纳入评价的范围。评价方式实现了由传统的观察法、测试法到档案袋评定法、学习故事评定法的更新。评价内容以儿童发展结果为唯一衡量标准到对课程方案本身、课程实施过程的综合评价；评价主体由单一的教师或园长的评价到教师、幼儿、同伴、家长和管理人员多方主体的参与，强调儿童作为评价主体的自我反思和自我评价。总之，该课程模式主张通过多种途径收集、整理和分析有关儿童、教师和教学丰富的资料，用描述性的语言从多个方面对儿童的发展、教师的教学和课程方案本身做出真实且全面的评价。

（二）国外新兴学前教育课程模式的引进与本土化发展

随着教育交流活动的频繁开展，中国引入了更多国外先进的学前教育课程理论和实践经验。其中，瑞吉欧方案教学、华德福教育课程、光谱方案等受到国际的普遍认可，受到了我国学前教育界的欢迎。近两年，国际上新兴的新西兰学习故事课程、国际 IPC（Intennational Preparatory 先进的学前教育课程模式是提高我国学前教育质量、促进学前教育事业发展的必然途径。然而，每一种课程模式的形成背后都具有一定的时代特性和文化区域特色，只有在中国具体文化中开展本土化的研究，才能让幼儿真正从这些先进教育理念的实践过程中受益。[②] 以 21 世纪以来在我国幼教界广受欢迎的瑞吉欧教育方案、光谱方

① 庞丽娟. 中国教育改革 30 年：学前教育卷 [M]. 北京：北京师范大学出版社，2009：145.
② 杨影. 蒙台梭利课程本土化的个案研究：基于幼儿园的蒙台梭利教育实践 [D]. 长春：东北师范大学，2015.

案和华德福教育课程为例，回溯其引进和本土化改造历程，希冀对当今学前教育工作者构建中国特色学前课程模式产生一定的价值。

1. 瑞吉欧方案教学

瑞吉欧教育是在意大利教育家马拉古兹带领下由瑞吉欧艾米利亚市的学前教育工作者、幼儿家长和社区成员共同开发的一套独特的、具有变革性的幼儿教育体系。它根植于意大利本土文化，以杜威的进步主义教育、皮亚杰和维果茨基的建构主义、费雷内合作性教育为理论指导，以方案教学为主要的课程内容和组织方式，意在促进幼儿健康、愉快、幸福地成长。① 方案教学作为瑞吉欧学习的主要运行形式，是一种具有动态性、灵活性、开放性的"生成课程"。活动开展前，以幼儿的兴趣为主要出发点，确定课程的主题，并以此为中心向外扩展，形成主题网络。活动开展中，幼儿在教师精心布置的、强调互动性、丰富性和审美性的环境中进行自主探究，获得相关知识和解决问题的能力，教师则观察记录幼儿的探究过程，对幼儿各方面的发展进行过程性评价，并在此基础上不断修正、调整教学活动。

1999 年，北师大博士朱细文《"最先进"幼儿学校——意大利瑞吉欧课程模式简述》一文首次对瑞吉欧教育理论体系进行了较为详细的介绍。他"尊重儿童""师生互动共建课程""儿童自主探索""家园深入合作"等先进理念与 21 世纪初我国幼教改革主旨不谋而合，迅速吸引了学前教育工作者的关注，各地在不同程度上掀起了一阵研究和学习瑞吉欧的热潮，越来越多的瑞吉欧幼儿园在国内开办。起初，这些幼儿园单纯地引入瑞吉欧方案教学、教具配备和环境布置等。由于学前教育工作者对瑞吉欧教育理念把握不足，在实施过程中片面地将瑞吉欧教育方案、方案教学和主题网络相等同，终日苦于主题网络的构建，使各个活动牵强相连，儿童依旧在成人想法的控制下被迫接受学科知识。对此，学前专家和实践者在思索我们究竟应该向瑞吉欧学习什么，如何构建自己的"瑞吉欧方案教学"等问题的基础之上，不断调整教育实践活动，并取得了一定成效。例如，在课程设置上，北京瑞吉欧双语艺术幼儿园除开设瑞吉欧项目教学特色课程外，同时开设数学、识字等传统学前课程。在教育内容上，海口市东方瑞吉欧幼儿园将中国传统文化融于教学，开展围棋课、国学课等。在活动组织上，武汉市海军工程大学幼儿园将方案教学和立足本土的学前教育课程相结合，使小组活动和集体活动、整合性活动和单科性教学、课堂探

① 霍力岩，孙蔷蔷.西方经典学前教育课程模式及运用 [M].北京：北京师范大学出版社，2016：176.

讨和实地参观、活动区和工作坊相结合，取得了较好的效果。[①]

2. 光谱方案

光谱方案是一种以加德纳多元智能理论和费尔德曼非普遍性理论为指导，肯定教育对儿童特定潜能开发的课程模式。它将课程内容与评估相结合，以评价活动为起点，根据 8 个智力领域（运动、语言、数学、科学、社会理解、视觉艺术、音乐、工作风格）共 16 个评估标准延伸出 8 类关键能力（运动、语言、数学、机械和建构、自然科学、视觉艺术、音乐、社会理解）为教师的评估标准。为了提高教师评估的针对性，在 8 个领域为教师提供了不同类型活动的样板，每个知识领域有 15 ～ 20 组活动，每组活动又由自由游戏和结构化活动组成。教师观察儿童在各类领域活动中对不同材料的直接操作所表现出来的学习兴趣、优势智力领域和学习风格，设计具有针对性和个性化的教育方案，以最适宜的方式来促进优势智力领域的迁移，实现所有儿童的全面发展。

近年来，多元智能理论和光谱方案在我国学前教育领域得到了较为广泛的应用。从 1999 年《多元智能》中译本的出版开始，全国出版了多种正式的以多元智能理论为指导的幼儿课程方案和教材。[②] 在课程理论方面，21 世纪伊始，我国幼教界成立了多个多元智能理论和光谱方案实践研究的课题组，开展了不同层次的研究课题，如 2001 年江苏省启动了"多元智能理论与和谐发展的幼儿教育"课题；北大国家软实力研究院成立多元智能课题组，打造中国学前教育多元智能情境评估标准；清华大学洁华幼儿园园本课题"在多元智能理论下整体化和个性化教育"等。在教育实践中，各类品牌加盟的多元智能幼儿园在我国多个城市招生运营，但明确提出全面实施多元智能教育的幼儿园仍属于小众部分。尽管如此，多元智能理论和光谱方案对丰富我国学前教育理论体系产生了较大影响，特别是在原有"综合性和谐发展的幼儿园课程方案"的基础上注入了较为先进的教育理念。

3. 华德福教育课程

华德福教育课程是根据奥地利教育家鲁道夫·斯坦纳自创的以人智学（人有身体、心灵、精神三种存在方式，教育应助人实现三者的统一，成为"完整的人"）为主的理论体系所构建的一种学前教育课程模式。华德福教育课程模式不开展任何形式的学术智力活动，没有读书识字、算术推理等正规课程，而是以艺术活动、节日庆典活动和游戏活动为主要课程内容，通过呼吸式教学

---

① 田立黎.浅议本土化方案活动的教学策略 [J].当代学前教育，2011（2）：27-28.

② 闫芳.多元智能理论中国化研究 [D].天津：天津师范大学，2013.

（华德福教育课程蕴含着两类活动：一类是呼出式活动，即以游戏为主的幼儿自由活动；另一类是吸入式活动，即有计划、有组织且需要幼儿集中精神的集体活动。以呼出式活动为主，两类活动交替进行，使得幼儿在一呼一吸、松弛有序的各类活动中体会自身状态的变化，逐渐形成自身内部韵律系统，在有序的环境中慢慢成长）、艺术化教学方式、主题整段式教学和混班制教学四大教学方式让幼儿拥有敏锐的情绪和对真善美的认知，成为身心意协调发展的人。在课程评价上，华德福教育课程欲让幼儿在一个没有竞争压力和学习负担的轻松环境中保持本真、愉悦成长，避免采用任何正式的评估方法，用个别化、动态化和多元化的评定方式对幼儿的成长状况做出动态的、全面化的描述性评价，幼儿作品收集册的制作与展示便是其典型的评价方式。

华德福教育课程模式旨在探索人类本质，寻求生命的内在价值与意义，这一思想符合时代契机和课改诉求。[①]据统计，从 2004 年黄晓星夫妇在成都创办我国第一所华德福幼儿园到 2014 年，全国范围内已建立起华德福幼儿园 300 多所，其受欢迎程度非同一般。[②] 但是，由于华德福学前教育存在着幼小衔接缺失、师资短缺且理论吸收不到位、家长支持度低、资金匮乏等一系列问题，其办园存在着一定挑战，受众群体仍属于小众。

二、我国特色学前教育模式初步构建时期的演变特征

（一）"国际化"与"本土化"的共生

借鉴国外与本土化探索相结合是我国学前教育课程模式变革的主线。自1903 年我国第一所幼儿教育机构——湖北幼稚园建立以来，我国学前教育工作者一直积极学习国外先进的教育理论和实践经验。随着教育全球化时代的到来，我们将继续引进和借鉴国外学前教育理论和实践研究的新成果，并根据我国的实际情况进行本土化的改造工作。除了上文所介绍的主题式探究活动、渗透式领域课程和生态式融合课程外，其他学前教育课程模式都是"国际化"和"本土化"相结合的产物，如"情境体验课程"是在建构主义的情境教学观的基础上，结合幼儿园自身特点构建而成的；"田野课程"是在吸收皮亚杰建构主义、生态主义教育观、瑞吉欧方案教学后自主研发而得的；"开放课程"则

① 高艳.华德福幼儿园课程本土化的研究：基于山东省几所华德福幼儿园的课程实践 [D].
济南：山东师范大学，2017.
② 同上。

是瑞吉欧"生成课程"、美国"呼应课程"同陈鹤琴"活教育"、陶行知"生活教育"等课程思想结合的成品。一方面，各类国外学前课程模式的引进推动了我国学前教育课程模式的多元化发展。另一方面，我们必须清楚地认识到学前教育课程模式本土化改造是一项极其复杂的工作，舍弃对国外学前课程模式的盲从，构建能进入国际视野的中国特色学前课程模式的任务仍然艰巨，是当前学前教育工作者为之奋斗的长期目标。

（二）课程模式"融合化"发展

中华人民共和国成立之初，教育领域向苏联的学习体现在学习其分科课程和直接教学法上。长此以往，分科教学割裂了学科间的联系，忽视了儿童的整体性发展、小学化倾向严重等问题越发严重。对此，加强知识领域的联系，使知识贴近幼儿生活的课程融合便成为我国学前教育课程模式改革与发展的重要内容。纵观我国学前教育课程模式十余年的发展历程，无论是我国自主研发的特色课程模式抑或是从国外引进的先进课程方案，虽然名目繁多，各有各的理论基础、课程体系和教育实践，但其发展实质都是走向融合的。

课程模式的融合有两种：一种是某类课程模式各组成部分间的整合，另一种则是不同课程模式间的融合。更多的学前教育工作者意识到，任何一种课程模式都不具备绝对的适宜性。我国大多数幼儿园实行的都是多种课程模式并存的教育形式，并根据幼儿园自身发展定位、儿童发展需要有所侧重，希冀在突出幼儿园特色的同时实现各种课程模式的优劣互补，促进幼儿和谐发展。

第二节　学前教育专业艺术综合实践课教学

一、艺术综合实践课教学形式遵循的原则

（一）知识技能的综合性原则

艺术综合实践课运用知识技能的综合性原则，以幼儿音乐故事创编表演

为载体，把各个艺术课程的知识技能融合在一起，全面提高学前教育专业学生的综合艺术素质，使得一直以来高校学前教育专业艺术课程教学中存在的各课程知识技能学习过于独立，不能相互渗透、融合，不利于知识技能结构的整体优化，不能快速形成符合幼儿艺术教育实战要求的一体化素质及能力的问题得以顺利解决。

（二）平等前提下的交流合作原则

平等是艺术综合实践课的前提，在艺术综合实践课的整个教学过程中，教师与学生之间、学生与学生之间都要保持一种相互平等的关系，教师要放下权威，用平等交流、探讨建议的方式来完成对学生的教学；创编表演小组的成员为了共同的任务和目标学会相互合作、相互交流，学会以平等、友善的心态去对待小组中的其他成员。

（三）以激励为目的的竞争性原则

艺术综合实践课教学形式在进行课堂教学时，会把全班分成几个创编表演组，有意识地平均各组实力。然后要求各创编表演组在规定的时间内把同一首幼儿歌曲创编成内容不同的幼儿音乐故事并表演出来，最后评出最佳创编表演组。这种在艺术教学中平等基础上的竞争手段能够强烈激发学生的斗志，提升竞争意识，增强其学习的积极性，督促创编组内部成员积极配合，加强团结，密切合作，迅速提高每一个成员的综合实战能力。

二、艺术综合实践课教学形式的层次阶段及操作流程

我们在幼儿园的实践工作调查中了解到，幼儿园真正需要的是具有较高的综合艺术素质和实践能力的专业幼教人才。这就促使我们幼教专业的艺术教学必须摒弃以提高学生单项艺术技能为主要目标的陈旧思想，转向以使学校艺术教学更有效地提高学生的综合艺术素质和实践能力，直接服务于幼儿园工作为目的。这就是笔者一直在探索的一门新型课程——艺术综合实践课。下面笔者将对课程教学形式的层次阶段和操作流程进行详细介绍。

（一）层次阶段

需要强调的是，有些人认为高校幼教专业艺术教学的分科教学是学生毕业以后适应不了幼儿园工作的根本原因，因而反对分科教学，而号召把各科专业课整合成一门艺术课，认为幼教专业的学生将来就是在幼儿园哄孩子，不需

要太专业的艺术水平，这是不对的。因为在 21 世纪，我们要培养的是适应现代社会发展的新型学前教育专业的教师，他们应该具有较高的综合艺术素质、较强的幼儿艺术教学能力，这样才能符合当代幼儿园工作的要求。各个艺术课程有着不同的课程特点，学好每一项技能都需要专门的教师用足够的时间去传授。没有哪个教师能够同时精深地掌握多种不同课程的技能技巧，也没有哪个学生能在一节课上同时练就不同课程的扎实基本功。因此，盲目整合课程只能使学生囫囵吞枣，似乎什么都在学，可到最后却什么也学不会，就更不要说提高综合艺术素质了。笔者认为，像这样的"整合艺术课"只能让学生失去系统学习专业知识技能的机会，让学生一无所获。新型的艺术综合实践课是在分科教学的基础上分阶段由浅入深、由少及多地把各科艺术课程的知识技能逐渐融合到一起，形成真正的综合艺术素质的。

接下来，我们对开展艺术综合实践课的三个阶段的具体要求进行详细的说明。

1. 课程准备阶段

它是在分科教学进行到第二年开设的艺术综合实践课初级形式，也是艺术综合实践课正式开课之前的准备形式。目的是通过这种形式将学生在声乐课上所学到的发声技巧和在舞蹈课上学到的幼儿舞蹈技巧初步综合运用于幼儿歌曲表演，即幼儿歌曲演唱。这就要求声乐、钢琴、舞蹈等各科艺术教师加强联系与交流，相互配合，在特定的教学时间内多个课程用同一内容进行艺术教学。比如，对同一个班，声乐、钢琴、舞蹈课可以同时用一首儿歌《洋娃娃和小熊跳舞》进行教学，只不过声乐课是教学生唱这首歌，钢琴课是教学生如何为这首歌伴奏，而舞蹈课是对这首歌进行幼儿舞蹈创编。这样，经过一段时间的学习，学生对这首歌就非常熟悉了，唱、跳、弹相互配合，形成一种"幼儿歌曲表演唱"的形式，这就使得各个艺术课程的知识技能相互融合，提高了学生的综合艺术素质。

2. 初级课程阶段

它是在分科教学进行到第三年第一学期开设的艺术综合实践课初级形式，这就需要学生根据歌曲内容进行合理想象，创编出简单的故事情节，并根据情节的需要，在原歌曲的基础上创编出新的歌词，分出不同的几个角色，同时根据不同的角色和剧情创编出不同的舞蹈表演动作，制作出不同的道具，也就是简单的幼儿音乐故事创编。比如，儿歌《种瓜》的教学，我们要求学生创编一个适宜幼儿园中班孩子表演的简单艺术故事，某个实验班的学生就编出了

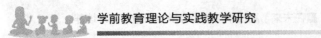

薇薇一家和丽丽一家春天到菜园种瓜的艺术故事，故事通过薇薇和丽丽两人分别展示自己家种的各种不同瓜果，教孩子认识黄瓜、南瓜、西瓜等不同瓜果种子的形状，让孩子在表演过程中既能够学会歌曲旋律，又能够在快乐的游戏中学到一些知识和生活常识。实验班的学生需要自己编配歌曲伴奏，制作不同瓜果种子的道具，分出不同的角色，创编出不同角色的幼儿舞蹈，并根据故事情节创作演唱不同的歌词，如开场齐唱："春天来到了，万物复苏了，天气真晴朗，小草发芽了，花儿笑，鸟儿叫，小小菜园真热闹，小朋友们来到了，撒下种子，种瓜要趁早。"黄瓜籽的演唱："我是黄瓜籽小小黄瓜籽，白白的小脸蛋细小的身子，种在地下长出来，结出一根根嫩黄瓜，嫩黄瓜呀嫩黄瓜，绿色外衣，苗条又美丽。"

3.高级课程阶段

它是在分科教学进行到第三年第二学期开设的艺术综合实践课高级形式，这需要学生创编出的故事情节中存在着一定的矛盾冲突，并可以在原歌曲旋律的基础上创编出新的旋律，而角色、表演动作、道具等也可以相应复杂化，也就是复杂的幼儿音乐故事创编。比如，儿歌《五只小鸭》的教学，某实验班的学生就创编出了艺术故事《小鸭历险记》。故事中，五只小鸭偷偷跑到森林里去玩，一个个都被大灰狼抓走了，最后鸭妈妈利用巧计打败大灰狼，成功救出五只小鸭。表演中，学生手工制作出大树、小草、房子等舞台背景和漂亮的角色服饰、头饰等道具，并根据情节需要创作出新的旋律和歌词，如鸭妈妈寻找小鸭时的一段演唱："我的孩子们哪里去了？我到处找也找不到。森林处处有凶险，这可怎么好。"

经过两个学年的艺术综合实践课培训，学生通过幼儿音乐故事创编及表演，大大提高了学习热情，充分发挥了积极性和创造性，主动综合运用所学知识技能，学生为了共同的目标相互配合，在模拟幼儿艺术教学的环境中，不断掌握幼儿艺术教学的各种手段要领，从而在毕业时很快就能够适应幼儿园工作，全身心地投入幼儿艺术教育事业。

（二）操作流程

特定的教学形式一定会有特定的、专属的操作流程，绝不会随意去套用其他教学形式的操作步骤或程序，高校学前教育专业艺术综合实践课教学形式同样如此。这种以幼儿音乐故事创编表演为载体、以迅速全面提高学前教育专业学生综合艺术素质为教学目标的特定教学形式，通过师生相互平等交流、小组内和小组间分工合作的教学方式达到高校教学向幼儿园实践工作顺利过渡的最终教学效果。它采用了与其他教学形式相对不同的操作流程（简称"六步教学法"）。

1.情趣式歌曲学习导入

高校学前教育专业的艺术综合实践课教学形式的教学内容是幼儿音乐故事创编及表演，所以课程的开始一定是幼儿歌曲的学习。当然，这种歌曲学习绝不会是教师教唱一句旋律，学生跟学一句旋律的。本课程是在高校学前教育专业的三年级开始开设的，学生已经积累了一定的读谱知识，也掌握了一定的视唱和演唱技能，在教师用视频或音频让学生欣赏一遍歌曲后分配学习任务：根据歌曲的句子多少把全班学生分成若干组，每组负责演唱歌曲的一句到两句谱子。在自由视唱准备三分钟后开始视唱接龙游戏，当每一组都成功完成自己的视唱任务并能与其他组顺利接龙后，各组自愿通过协商互换句子，然后继续接龙。当大家把所有的旋律都唱会后就加入歌词演唱。这种视唱接龙游戏能够有效地激起学生的学习兴趣和视唱积极性。首先，任务量并不大，不会给学生造成压力，每组只负责一句；其次，这种接龙形式带有更多的游戏、竞争及合作的性质，趣味性很强。这就使得让高校学前教育专业学生一直很痛苦的高难课程——视唱课能够以一种轻松有趣的方式融入艺术综合实践课。

2.问题式歌曲歌词分析

当学生把幼儿歌曲的旋律、歌词都练习熟练以后，艺术综合实践课的教学开始进入歌曲歌词分析阶段。这种歌曲歌词分析并非简单地朗诵歌词，而是把很多音乐理论和教学理论隐含其中的对歌曲的深层次挖掘（例如，歌曲的某一句歌词为什么会配上这样的旋律走向？换成别的旋律可不可以把歌词的意境表现得更好？这就为第三环节中随着故事情节的发展，学生需要在原有旋律的基础上继续创编出新的旋律和新的歌词预设了玄机。比如，歌曲歌词讲述的这个小故事可能会在什么样的场景或在什么背景下发生？在这个小故事背后会不会隐藏着更大、更有趣的故事呢？这些问题就直接引发了第三个环节的故事情节创编）。这种挖掘往往是通过教师提出问题或者学生提出问题然后由学生自己思考或同学之间相互讨论得出答案的。

这些问题往往不会有唯一的答案，也就是说不会有绝对的正确与错误之说，其目的是引发学生的发散性思维，产生创造性的、想象性的思考，由此为课程的第三个环节埋下伏笔。值得注意的是，在学生思考问题答案的时候，教师尽量给学生预留出足够的想象创造空间，一定不要去拿教师自己预先想好的答案引导学生的思维向自己预想的方向行进，这其实是对学生思维的一种干扰。永远不要低估学生的思维，不要低估他们的想象能力和创造能力，他们得出来的答案很可能是教师自己根本想不出来的，甚至学生想出来的东西要比教师的思维结果高明很多。因此，在第二个环节中，教师一定要让学生的思考过程在和谐的、民主的、平等的、协商的、鼓励的教学环境中进行，只有这样才有可能得到最令人满意甚至最令人意想不到的思考结果，也只有在这样的过程中学生的想象能力和创造能力才能得到有效的提升。

3.幼儿音乐故事创编

当带着问题的思考在学生的头脑中有了各自不同的答案后，第三个环节的幼儿音乐故事创编就开始了。教师首先要把全班学生有意识、有目的地重新分组，划分原则是使每一组的成员都由平时学习成绩和能力好、中、差三个级别的学生共同组成，同时兼顾性别比例及性格比例，并使每一组的平均实力都差不多。这样分组的好处在于：①不同思维方式的学生在一起交流讨论，更容易产生更宽更广的思路，集思广益，更容易撞击出智慧的火花，创作出优秀的故事情节；②为了出色地完成创编任务，优等生会主动地帮助差等生，使其能够迅速地提升自己，以很快适应自己的角色，顺利完成自己的任务；③让性格内向的学生有机会表现自我，让他们与性格外向的学生共同合作；④不同能力特点的学生能够按照自己的特点得到适合自己的任务，如平时唱歌好的学生可以在幼儿音乐故事表演中担任歌唱任务较多的角色，钢琴水平高的学生可以担任幼儿音乐故事表演中钢琴伴奏的角色，舞蹈功底比较不错的学生可以在幼儿音乐故事表演中担任舞蹈表演任务较多的角色，由爱朗诵的学生读幼儿音乐故事表演的画外音，而平时手工制作能力比较强的学生则为整个幼儿音乐故事表演制作背景、为每一个表演的同学制作道具；⑤各个创编小组的实力均等，更容易在平等的环境中激发学生的斗志，提升竞争意识，增强学习的积极性，督促每个创编组内部的每个成员更加积极地配合在一起，加强团结，密切合作，使每一个成员的能力都能迅速提高。

分组完成后，各组就开始了正式的幼儿音乐故事创编工作：首先，小组成员各抒己见，在平等、民主、和谐的气氛中表达自己对故事情节创编内容的设想，然后由组长牵头，共同创作出自己认为最完美的故事情节（当然，对于故事情节好坏的标准，教师要提前说明。比如，优秀的幼儿音乐故事创编，其故事情节应该是符合幼儿的年龄阶段的，是幼儿容易理解的，是幼儿喜爱的；是对幼儿的道德、行为和生活有正面引导意义的，是能让幼儿从中受益的）。当故事情节敲定后，接着就是幼儿音乐故事的细化创编，包括旁白与对白编写，不同故事角色的创造，角色道具和表演背景的设计，为了剧情需要而编写的新的歌词，甚至是新的旋律。当然，所有的创编难度都不宜过大，由于是课堂表演，整个故事情节表演的时间应该保持在五分钟左右。

4. 幼儿音乐故事表演前的准备

创编工作完成后，就开始了幼儿音乐故事表演前的准备工作。首先是故事角色的分派，组长根据每个成员的不同特点（如性别、形象、特长、性格等）分配不同的故事角色，确定伴奏人员和美工人员。一切安排妥当后，开始表演前的排练工作。伴奏人员开始练习钢琴伴奏，美工人员开始制作道具。在幼儿音乐故事表演前的准备过程中，组内所有成员一定要学会平等看待他人，不歧视、不嘲笑他人，要学会看别人的优点，取人之长，补己之短，学会相互帮助、共同提高，学会配合，学会团结，学会合作。而这个看似杂乱无章的准备工作的过程，正是教师锻炼自己眼力的时候。整个过程中，教师最需要的是仔细且不动声色地观察每一个创编组的准备情况，观察每一个成员的动向，要不断地穿插于每一个创编组之间，发现问题立即解决。在这个过程中，组内成员可能会发生分歧，也可能会发生冲突，组与组之间也可能由于某种原因发生摩擦，教师必须及时发现，找到问题症结，及时解决矛盾。在准备过程中，每个组或是每个成员都可能随时需要教师的帮助，解决技术性难题，教师的指导要尽量做到细致而不张扬，不能影响其他人的排练，真正做到"随风潜入夜，润物细无声"。

5. 幼儿音乐故事表演

一切工作准备就绪，接着就是真正的幼儿音乐故事表演了。在一个表演组表演的时候，其他的表演组要学会认真观察，仔细揣摩；学会分析优缺点，找到其他组表演中自己的可借鉴之处，以便提升自己表演的水平；能够看到其他组表演的不足之处，在表演时加以避免。教师在学生表演时更要学会用心去观察，从整体上把握幼儿音乐故事的表演效果，从细微处观察每个学生在表演过程中的状态。教师要学会在学生表演过程中记录更多的细节，如旁白的语气、情感是否到位，是否能够引领观众进入剧情；演唱的同学在演唱过程中哪一句没唱好，是演唱技术的深层问题还是临时性的由于情绪激动而发挥失常，又或是由于演唱的同时表演动作过大影响了歌唱器官的机体控制；担任钢琴伴奏的同学，其伴奏的音量是否过大或过小，他与演唱者的配合是否密切，其伴奏织体是否符合歌曲要表达的内在情感，其背景音乐设计是否符合故事情节所涉及的情境；学生在表演时其表情是否与歌词内容保持一致，其表演动作是否符合幼儿舞蹈的基本动作，是否已经超出幼儿舞蹈的范畴，在表演唱时表演与唱的比例如何搭配，是提升了演唱的表现力还是影响了演唱的效果；表演者的道具是否美观、恰当，表演背景是否符合剧情等。这一切都是为给下一环节的教学评价及总结做好铺垫。

6.教学评价及总结

各组表演完毕后就进入最后一个环节——评价与总结。首先要说明的是，这个评价与总结环节必须是在民主、平等的前提下，教师与学生之间、各个创编表演组之间、学生与学生之间以一种互提建议的方式进行的。

第一步，自评。由各组组长陈述本组幼儿音乐故事创编的故事梗概；分析故事情节所蕴含的意义，能够给观看故事的幼儿带来哪些启迪和帮助；故事的创新点和趣味点在哪里；评价本组幼儿音乐故事的表演效果，分析本组成员在表演过程中的表现，如是否配合默契，是否做到了团结协作、互相尊重、互相帮助，共同提高；总结本组成员在创编表演过程中都学到了什么。

第二步，互评。由其他组成员从观赏者的角度对本组的幼儿音乐故事创编表演进行评价。值得注意的是，这种评价不要带有攻击性，不要有嘲笑、挖苦、讽刺或贬低的意味。对别的创编组创编表演的评价一定要持客观的态度，本着善意的、友好的、尊重的态度给别人提出带有帮助性的个人观点。

第三步，教师的建议。当每个创编表演组的自评与互评结束后，教师就开始了平等的对话式自我观点的阐述。教师在尊重学生的劳动成果的基础上用讨论式的语言提出自己的建议，采用比较的方式对原方案和新方案进行对比，最终由学生决定采用原方案或新方案，或者是讨论出更加优秀的方案。教师的建议可以是多方面的，可以是面对全体的，也可以是面对个人的，语言要形象、生动、直接，抓住要害，必要时可以亲自去展示、示范，要一针见血，让学生心服口服地采纳。

第四步，教师的总结。教师发言时，语言以鼓励性语言为主，内容以表彰性内容为主，包括在整个课堂教学过程中出现的正面的事件、人物，包括过程中提出的优秀的、新颖的观点。教师通过这些鼓励性语言和表彰性内容进一步激发学生学习的积极性和主动性，使学生能够把本次课上产生的好的东西带到以后的学习当中。当然，教师还要把本次课上出现的明显失误和错误言行提出来，让大家注意，不能在以后的学习当中重复出现。

总之，高校学前教育专业艺术综合实践课教学形式的主体框架主要体现在它的操作流程上，其教学方式、教学内容和教学思想在其整个操作流程中也有着最直接的展示。

当然，任何教学形式的操作流程也不会死板到一成不变，高校学前教育专业艺术综合实践课教学形式的操作流程也会在相对稳定的基础上根据具体教学内容和特定的教学环境的变化进行微调。

三、艺术综合实践课教学形式的评价探讨

随着艺术综合实践课的展开，研究设定一套有效的课程评价标准对课程的进一步顺利发展，对教师的教学能力、学生学习能力的提高都有着极其重要的意义。制定课程评价标准首先要有依据，那么，我们艺术综合实践课程评价标准的制定需要依据什么呢？

2011年，教育部制定的《义务教育艺术课程标准》中指出："综合艺术教育中，从一门艺术学科的学习切入，连接并融入其他艺术门类的学习，不仅可以用其他艺术门类的体验刺激、扩展和强化一门艺术的学习，使之更快速、更有效，而且借此扩展了学生视野，刺激学生对各门艺术的兴趣，在以后的生活中自行将它们联系起来。"

《义务教育艺术课程标准（2011年版）》在评价建议板块中指出："艺术课程对学生的评价要坚持两方面原则——全面发展性原则和注重差异性原则；对教师的评价要针对教师的事业心、对学生的爱心、教学态度和教学创意等进行评价；对课程体系的评价要分析课程目标是否能反映现代社会对具有艺术素质的综合性人才的需求，课程内容的组织是否具有合理性、延续性、完整性，课程内容和教材设计是否具有创意，是否适合学生的兴趣和能力，课程设计是否关注到地区的差异；艺术课程对学习内容的评价是否结合艺术与生活、艺术与情感、艺术与文化、艺术与科学课程目标的四方面内容来进行。"

若以《义务教育艺术课程标准（2011年版）》作为评价标准的依据，什么样的艺术综合实践课才能算是一节成功的、高质量的艺术综合实践课呢？

第一，从教师的角度讲，要完成一节高质量的艺术综合实践课，需要注意到以下几点：

（1）能否为艺术综合实践课选择适合的幼儿歌曲。作为艺术综合实践课能够使用的幼儿歌曲曲目应该从内容和思想上具有进一步扩展的空间和余地，具有再创造的价值和意义。比如，一些祝福性歌曲，像儿歌《生日歌》，或是一些赞颂性歌曲，像儿歌《颂祖国》，由于其不具有故事创作的空间，我们就无法把其选为艺术综合实践课的创作材料。而幼儿歌曲《小青蛙你唱吧》，这是一首教育孩子们爱护小动物、热爱大自然的儿歌。在歌曲的歌词中有一句："它见我们走来很害怕。"这就会使得我们发问：小青蛙见到我们为什么会很害怕呢？于是，我们就可以鼓励学生充分发挥自己的想象力和创造力，大胆创

编出属于自己的音乐故事。某个实验组就创编出了《小青蛙找妈妈》的感人音乐故事：青蛙妈妈带领两只小青蛙在池塘里玩耍，这时岸上来了两个人，小青蛙向他们友好地打招呼，没想到却引来了那两个人的追捕，青蛙妈妈隐藏好两只小青蛙，自己却被坏人抓走了。这时明明和亮亮来到池塘边，小青蛙非常害怕，想躲起来，明明和亮亮唱着歌告诉小青蛙，他们是来保护小青蛙的，愿意和小青蛙做朋友并帮助他们找妈妈。最后，经过明明亮亮及朋友们的不懈努力，终于从饭店中救回了青蛙妈妈，两个不法商贩也受到了教育。

（2）相关课程教师之间能否达成默契，密切配合，集体备课。艺术综合实践课的准备需要声乐、键盘、舞蹈，甚至手工教师的共同参与、相互配合，设计出整体教案的框架，分别在各自的专业课上对应指导，施加影响，并将指导结果在每四周一次的艺术综合实践课创编展示课上加以呈现。

（3）课上对学生的启发诱导能否做到恰如其分。在艺术综合实践课上学生的主体地位应得到足够的展示。教师的言语要以调动学生的学习积极性、鼓励学生充分发挥想象力、进行自主创作为主。教师对音乐故事创编的内容、思想、方向，不必言辞过多、过于具体。

（4）对于学生的创编结果，教师能否做出客观公正的评价。教师在艺术综合实践课上，对学生的音乐故事创编结果应进行全面而细致的分析。例如，学生作品的故事情节是否符合幼儿的欣赏心理，内容对幼儿是否容易接受、是否有意义，是否在知识技能方面或生活常识方面对幼儿有帮助，表演是否能够更趋于幼儿舞蹈化，演唱技巧是否更能让幼儿接受，歌词创编与旋律创编是否符合故事情节发展等。

第二，从学生的角度看，评判一节艺术综合实践课是否成功需要注意到以下几点：

（1）能否积极主动地参与幼儿音乐故事的创编及表演。由于艺术综合实践课是一种新型课程，一些学生开始对课程可能不太理解，对故事创编会持一种消极的态度，不认真对待。还有部分学生由于没有表演经验，而且整个故事从演唱到动作都是由非自己年龄段的幼儿表演模仿的，所以一开始总是适应不了，出现羞涩、放不开，甚至是不知所措、动作混乱等状态，导致整体表演的失败。这种对表演从心理上的畏惧造成了这部分学生对幼儿音乐故事表演的被动态度与逃避。

（2）故事创编中情节、语言等创编能否做到最大限度地幼儿化，让幼儿接受。

①音乐故事创编中的情节创编内容必须能够让幼儿理解，适合幼儿表演

和欣赏，能够引起幼儿的兴趣，从而让幼儿能够积极地融入故事表演。而部分实验组在创编音乐故事时思维还是偏于复杂，甚至让故事情节趋于成人化，我们应该大胆创新，充分发挥创造力和想象力，但也要时刻记得我们是在给幼儿编故事。

②音乐故事创编中要强调幼儿化的语言、歌词。在故事表演过程中，学生往往习惯于用自己的语言去表达故事情节，有人甚至会不知不觉地使用自己的家乡话，这就需要学生不断加强自己的语言训练，并进一步熟悉幼儿语言的特点。否则，再好的故事情节对于幼儿来说也只能是看别人表演，而没有能力去亲身体会。

③音乐故事创编中要展示幼儿式表演动作。舞蹈创编往往是艺术综合实践课上学生感觉最头疼的事，在表达一定的情节时，很多学生一时都很难想出合适的动作，有时加上了也不贴切。这说明学生幼儿舞蹈的基础还不到位，幼儿舞蹈动作在大脑中的储存量还远远不够。

④音乐故事创编中的旋律创编应展示幼儿歌曲旋律特点。节奏明快，旋律线条简洁，音域跨度不大，这些都是幼儿歌曲的旋律特点。部分学生在进行旋律创编时往往只注意到旋律好听，却考虑不到旋律的演唱者不是自己，而是几岁的幼儿。

（3）音乐故事表演的过程能否充分综合运用各种专业知识技能。创编音乐故事的目的就要把音乐故事作为一个载体，让学生把学到的声乐、键盘、舞蹈、手工及幼儿心理学等各种知识技能融会贯通。因此，如果我们的故事表演形成了一种只有对白没有演唱的小型话剧形式，或是一种只有演唱没有表演的清唱剧形式，那我们的创编就应该算是失败的，因为它达不到提高学生综合音乐素质的总体目标。

（4）音乐故事的创编及表演过程中学生能否做到高效的组织配合。音乐故事的创编及表演过程是一个群体行动过程，要想达到群体行动的成功，行动的每一位参与者都必须积极充分地发挥自己的力量，不等不靠；同时协调好自己与他人、个人与群体之间的关系，一切以群体利益为重，在创编表演过程中，一定要做到严整有序地组织创编、合理迅速地分配任务以及和谐有效地配合表演。

（5）对于不同实验组对同一题目产生的不同创编结果，学生能否进行有效的自我评价和相互评价，并结合教师的指导意见对创编结果进行完善和提高。

综上所述，我们对高校学前教育专业艺术综合实践课教学形式进行一个总体性分析：

（1）从教学形式的功能性维度来看，艺术综合实践课教学形式在教学上具体表现在综合性和实践性两个方面。

①综合性：此教学形式通过对儿歌的音乐故事创编表演，把儿歌演唱教学、儿歌即兴伴奏教学、幼儿舞蹈创编教学、美术手工教学和语言教学有机地融合在一起，使学生的各项专业技能得到综合性的全面提高，这是任何其他艺术课程单科教学都无法做到的，而这也正符合《义务教育艺术课程标准（2011年版）》中对艺术课程综合性的要求。

②实践性：此教学形式在经过对幼教学生进行从准备到初级，再到高级三个阶段的教学培训后，他们的幼儿园艺术教学工作实践能力会迅速提高，为将来的幼儿园艺术教学工作打下良好的基础。而艺术综合实践课的教学内容也是专门为幼儿园艺术教学实践而设立的，与其他专业课教学内容相比，具有更强的针对性和实践性。这也正是《教师教育课程标准（试行）》中对教师培养的要求。

（2）从教学形式的操作性维度来看，艺术综合实践课教学形式在教学上具体表现在程序的易操作性、过程的趣味性和评价的多元性三个方面。

①程序的易操作性：此教学形式在不断实践的过程中逐渐形成了较为完整和稳定的结构框架和活动程序，对学生的培养分为准备、初级到高级三个阶段，教学过程基本可分为情趣式歌曲学习导入—问题式歌曲歌词分析—幼儿音乐故事创编—幼儿音乐故事表演前的准备—幼儿音乐故事表演—教学评价及总结六个步骤，步骤之间逐层深入、环环相扣，无论是对教师还是对学生都比较容易操作。

②过程的趣味性：由于此教学形式是由学生按自己的意图把儿歌改编成音乐故事进行表演的，最大限度地刺激了学生学习的积极性和主动性，在分角色表演的过程中，大家各司其职、相互配合，使得艺术学习过程变成了一个充满快乐和童趣的娱乐过程，这也是其他艺术课程枯燥的专业学习所做不到的。

③评价的多元性：此教学形式的评价不再以最后的学习结果为唯一标准，它更注重过程，更强调教学过程中学生多方面能力的变化，鼓励学生综合艺术能力的提高。

第三节　学前教育学生专业认同与就业选择对策分析

学前教育本科生的专业认同不仅会影响他们的学习态度，更会直接影响他们的职业选择以及职业规划。本节针对影响学前教育本科生专业认同的影响因素，结合生态系统理论、人职匹配理论以及成果导向理论提出相应的对策，多方合作，以提高学前教育专业本科生的专业认同，促进其在学前教育相关行业就业，进而提升学前教育师资队伍质量。

一、提升学生专业认同与合理就业选择的基本条件

微系统作为直接参与学前本科生生活的环境系统，要为学前教育本科生专业认同与合理进行就业选择营造积极氛围，提供基本的条件。

（一）深入剖析个体，慎重选择

1.志愿填报慎重仔细，掌握选择权

专业认同是建立在对学前教育专业充分了解、认识的基础上的，是个体发自内心地对专业热爱的表现，也是行动与态度上双重肯定的表现。在目前的教育制度下，学生个体高考完成之后就应该投入专业的认识当中。对于将要选择的专业志愿，学生个体的工作很大程度上就是与这个专业相关联的。学生个体可以从以下几方面来提升自己的专业认同与合理进行就业选择：

首先，在填报志愿时，应对填报的专业有充分的了解。在完成考试之际，学生个体应对将要学习的专业进行初步的了解。学生可以利用互联网寻找相关专业的宣传片，奠定专业学习的基础。其次，在进行专业志愿的选择时，学生个体应掌握更多的选择权，父母朋友的意见仅供参考，要结合自身的意愿进行选择。同时，在志愿填报的时候应认真严肃地对待每一个填报的志愿，避免最后录取的是随机的专业。

2.深入剖析，全面认识自己

个体首先需要对自己有全面清晰的认知。个体对自己的认知包含两个方

面：一个是生理的自我，生理的自我指的是客观外在的，如个体的身高、体重、外貌等。另一个是心理的自我，心理意义上的自我是自身的兴趣爱好，个性特征等。全面地认识了解自己，可以从以下几方面来做：首先，个体认识自我不仅是单纯的外表认识，更应从心理上分析。对自我外表与内部的充分了解才是真正意义上的认识自己，是认识自己的重要方式。忽视生理自我的认识会导致目标盲目，忽视心理的自我会使个体心理紊乱。只有二者结合才能使得个体自我认识清晰。其次，可以借助相应专业的性格测试量表来了解自己。对于个体自身的具体情况，个体也可能存在模糊的地方。通过专业的方式来了解自己，将模糊的地界变得清晰更有利于个体的决策。最后，遵从自己的内心。个体在清晰地认识自己、了解自己之后，就要遵从自己内心的真实想法。

3.调节自身心态，努力提高学习成绩

学习成绩影响着学生的专业认同与就业选择，提高学生的学习成绩，专业认同也会随之提升，在选择就业的时候也会更加倾向于学前教育相关行业。首先，要调整自身的心态。选择了专业，且无法更改时，就要认真对待。调整自己的态度，主动了解专业的相关知识。同时，热爱是铸就成功的基石。只有热爱、用心学习才会收获成功的喜悦。其次，做好学习规划，努力付出。在学习的过程中，有目的地做好规划也是必不可少的。课前预习、课后复习，同时拓展专业知识，进行专业领域内的名著阅读……一步一步地积少成多，努力付出就会有收获。最后，给予自己积极的心理暗示。心理暗示可以使人快速地接受学习的知识，也可以使人在学习的过程中获得更高的自我效能感，促使学习的结果更加令人满意。

（二）父母应更新思想观念，营造和谐家庭氛围

家庭是个体温暖的港湾，是个体面对生活困境与职场风波的避风港。家庭成员之间相互关心、理解、支持会促使学生的职业发展更加顺利，同时学生获得成功的概率也会增加。

1.父母改变自身固化观念，期待合理化

基于父母对子女的物力财力投入，他们期待有相关的回报是正常现象。父母合理的期待会增加子女取得成功的信心，促进亲子关系的健康发展。但是过分的期待会给子女带来巨大的心理压力，结果往往也不会令父母子女双方满意，反而会使双方矛盾加剧。因此，父母对于子女的期待应该合理化。首先，父母应该认识子女个体的独立性。子女不是依附于父母而存在的，他们是独立的个体，拥有独立的思想意识。父母承认子女的独立性，才不会将自身的想法

强加于子女，子女才拥有选择的能力。同时，承认子女的独立性，父母则不会对子女的选择与发展抱有过多的期待，从而使期待合理化。其次，父母子女双方应加强沟通。通过沟通交流，父母子女双方清楚地表达自己的想法，理解双方的意图。在这个过程中，父母应放手让子女去闯荡，给予子女更多的建议与支持。最后，父母应主动了解子女的工作内容。只有真正了解学前教育行业的工作内容，承认学前教育的价值才会理解学前教育工作者的伟大。因此，父母主动了解子女工作内容与性质，才会给予子女更多的理解与支持。

2.营造和谐愉悦的家庭氛围

学前教育从业者本身背负了来自社会、幼儿园家长等多方面的压力，再加上长时间的工作使得身体超负荷运转，身心的双重受损会磨灭他们对于学前教育事业的热情。因此，来自家庭的支持，尤其是家庭其他成员的支持，可以重新点燃学前教育从业者的热情。具体可以从以下几方面来做：第一，从行动上体现对于学前教育从业者的支持。家庭其他成员可以多分担一些家务，以减少学前教育从业者的身体疲劳。第二，从精神上支持学前教育从业者。家庭成员之间营造温馨以及充满爱的氛围，让学前教育从业者感受来自家庭的温暖。家庭成员可以在学前教育从业者下班之后给予其温暖的拥抱。第三，可以建立家庭谈心时间。家庭成员集中在一起，每次设定固定的时间，分享自己最近的烦恼，大家一起想办法解决。这样不仅能促进家庭成员的感情，而且能解决家庭成员的烦恼。

（三）合理设置课程，加强高校硬件设施与学科建设

作为一线人才输送的摇篮，培养学前教育教师的基地——高校承担着培养人才的重任。同时，避免学前教育教师的不合理流失应从高校的职前培养开始。高校应增强学生为学前教育事业奉献的专业情感，培养学生的教育责任感，加强学生的专业认同，推动学前教育事业向前迈进的步伐。

1.加强学科专业建设，打造一流学科

高校要加强学科的专业建设，首先要打造优质的师资队伍，吸引学生投身学前教育事业。师资队伍是专业软实力的重要体现，师资队伍的专业背景同样会反映教师的专业素养。学前教育专业学生对于专业的认识与情感最初都是来自学前教育教师的专业价值观。专业情感较强的师资队伍对提高学生的专业认同有着巨大帮助。

打造优质师资，高校应从以下几方面来做：第一，招聘具有学前教育专业背景的教师。学前教育专业的教师都应具备学前教育专业的相关知识。换句

话说，学前教育专业的教师都应了解幼儿，知道幼儿身心发展的基本特点与知识。学前教育专业教师的直接教学对象都是成年的大学生，间接教育对象是幼儿。他们教给学生的知识、教育学生的方式都会传递到幼儿身上。学前教育专业的学生走上工作岗位后，把在高校中学习到的教育方式进行实践。如果学前教育专业的教师没有相应的幼儿发展知识，那其教授学生的方式方法则会偏离幼儿接受的轨道，创作出的环境也是不适合幼儿成长、幼儿不能够理解的。学生运用到工作中的方式方法也会不被工作单位所认可，造成理论与实际脱节的问题。因此，学前教育专业教师应具有与幼儿发展相关的知识储备。第二，招聘高学历教师。高学历教师经过更多的教育教学训练，知识储备也更丰富。

2.合理安排高校课程

为提升学生的专业认同感，满足用人单位的要求，同时将培养的人才成功输送到一线，高校应合理安排课程。首先，调整理论与技能课程的比例。专业理论知识促使学生在工作岗位上能运用科学的方法教育幼儿，但技能课程也存在不可替代的作用。例如，在教育环境创设方面，学生的手工、绘画等技能学习的结果可以得到充分的展示。因此，革新观念，专业理论课程与技能课程并重。其次，实践课程安排应合理，确保学生有机会将理论知识运用到实际中。高校应联合实习基地确保学生实习的收获。学生的实习不仅是学生完成学校任务的过程，更是了解与参与幼儿教育的重要机会。因此，高校应与实习单位联手管理，确保学生不是走马观花地完成任务，而是真正参与到幼儿教育的过程中。此外，学生的就业指导应联系现实情境，落后陈旧的理论知识应丢弃。

3.就业指导教师要帮助学生做好职业规划

建立专业情感可以从以下几方面来做：第一，就业指导教师不仅要时刻关注国家政策的动向，还应基于学生的现状分析就业状况。客观分析就业的优势与劣势，并且提出操作性强的建议。第二，教师可以邀请往届的毕业生，建立就业沟通平台。学生可以了解往届学生的去向，并且相互交流就业看法，让求职的学生充分了解就业市场以及学前教育专业就业前景，增强学生对学前教育事业的从业热情。

二、提升学生专业认同与合理就业选择的有力保障

中系统层面提升学生专业认同可以从以下两个方面来做：一是搭建平台，加强家校联系；二是增加渠道，注重专业宣传。

（一）创建互动平台，加强家校联系

中系统是各个微系统关系的组成，各个系统并不能"独善其身"地发挥教育作用。提升学前本科生的专业认同，可以从以下几方面来做：首先，搭建平台，加强各个中、微系统之间的联系。高校与家庭之间可以开发利用手机App、微信小程序等搭建独立的家校联系板块。学校将学生在校期间的表现上传至平台，家长可随时查看学生的在校状态。同时，家长将学生在家的情况上传至平台，学校可以对学生的平时表现增加了解。微系统之间的紧密联系可以加强学生家庭、学校等中系统对学生动态的掌握。对于学生出现的不良行为，各微系统可以及时联合纠正。其次，传递积极向上的正能量信息。微系统之间和谐的关系可以给学生营造良好的学习氛围，形成良好的竞争环境，同时传递关于学前教育专业的正能量，提高学生的专业认同，使得学生选择学前教育相关职业就业。

（二）增加渠道，注重专业宣传

社区与家庭对于学前教育专业的不认同往往是他们不了解学前教育专业，对学前教育缺乏正确的认知与理解。我们要增强中系统之间的家庭与社区、学校与社区之间的联系，形成教育合力，宣传学前教育专业。首先，可以利用小区的通知公告栏。小区的通知公告栏是社区与校区之间的信息传递点，可以运用公告栏宣传学前教育的相关知识，普及教育的方式方法。在帮助家庭获取育儿知识的同时宣传学前教育，还能增强家庭与社区之间的联系。其次，可以利用社区活动室的音频设备。社区人员可以运用社区活动室开展相应的活动，宣传学前教育。例如，可以开展有奖竞答的活动，运用音频设备传递国家关于学前教育的文件政策。在拉近社区与家庭距离的过程中也宣传了学前教育专业。最后，学校可以利用大学生社会实践活动到社区宣传学前教育专业，如开展微讲座、公益活动、创新创业活动等。大学生可以运用自身的专业知识，在社区中开展活动。这样既能锻炼学生的实践能力，又能宣传学前教育专业，还能让社区成员学到科学的育儿知识和方法。

三、提升学生专业认同，为合理就业选择奠定基础

学生个体成长过程中虽然没有直接接触父母的工作环境，但父母的思想观念会被工作环境与自身的经济收入所影响。

（一）把握经济收支度，养成良好消费习惯

外系统层面因素多来自家长与校方管理等。提升学前本科生的专业认同与就业选择可以从以下几方面来做：首先，从小养成良好的消费习惯。不论家庭经济情况如何，良好消费习惯的培养都必不可少。培养学生良好的消费习惯，需要对家长学生提供的经济水平把握有度。家长应在家庭经济情况允许的条件下，让学生养成不过度消费也不过于吝啬的消费习惯。其次，培养吃苦耐劳的精神。现代经济发达，家庭经济条件也较好，父母在养育子女的过程中会提倡富养。富养条件下成长的学生缺少对金钱的概念，也缺乏对劳动的正确认知，更没有吃苦耐劳的精神。同时，富养的学生在生活中会呈现一定的"洁癖"，不善于处理工作中存在的问题。学前教育专业的学生的教育对象是幼儿，他们身体发育不完全，对于身体的控制能力还不成熟，他们的生理需求也需要教师的帮助，如上厕所擦屁股。富养的"洁癖"学生因为这样的原因拒绝从事学前教育，甚至对学前教育专业不认同。因此，应加强对富养学生的劳动教育。最后，让学生体验教师的职业幸福，加强职业情感信念的培养。

（二）树立正确劳动观，追求精神富有

父母在利用自身的工作环境教育学生个体时，要注意让学生个体树立正确的劳动观念。各行各业都有自身的价值，父母要为学生个体传递正确的思想观念，提供正确的职业价值取向。父母与学校要对学前教育专业的本科生加以引导，让他们了解除了物质需求之外，我们生活中也有精神的追求与职业理想。在物质基础能够保障我们的生活条件的情况下，我们应更多地思考个人价值的实现，如在学前教育专业领域实现自身价值，树立远大的专业理想抱负，在这个平凡的岗位上，奉献一己之力，不断积累学习，推动个人专业乃至整个学前教育的发展。

四、为学生专业认同与合理就业选择提供正向引导

政策法规的制定不仅是对教师的有力保障，还能够吸引更多优秀的学前教育专业的学生投身于学前教育事业，从而保证学前教育师资队伍健康发展，促进学前教育高质量发展。

（一）政府加强市场监管，保证政策落实

积极健康的市场是吸引人才入场的基本条件，学前教育市场的健康发展

离不开政府教育单位的监管。学前教育教师风评不佳也与政府教育部门的监管不严有关。为改变当前学前教育市场的混乱局面，教育部门应担起责任，保护教师，保护幼儿。首先，政府联合教育主管部门严查学前教育机构的办学资质。对于无资质办学的相关机构，督促其严格履行办学机构的相关手续，对于拒不履行手续的办学机构予以取缔，从办学资质上打击不合格的办学机构。其次，对办学机构负责人及主要管理人员进行定期培训。学习国家相关的法律法规，有条件的还可以举行知识竞赛，从思想上普及法律知识，同时建立责任意识。最后，建立办学机构档案并出台相关奖惩政策。定期检查办学机构的从业人员是否达到国家相关标准水平，如教师持证上岗。对不达标的办学机构，予以警告处理、记入档案并提出相关的惩罚措施。三次不达标的办学机构，取消其办学资格并将其主要负责人以及管理人员列入失信人员名单，整顿学前教育相关行业的风气。

习近平曾指出：让教师成为人人羡慕的职业。然而实际情况中，许多学前教育教师拿着不到三千元的工资，基本的生活都无法保障，教书育人的教育情怀也被生存的焦虑所磨灭。作为基础教育的基础，学前教育教师的薪资待遇实际"劝退"无数在校学前人。我国著名教育家陶行知先生曾指出，国家民族命运与复兴以及人类的发展走向是掌握在教师手里的，因为教师手里掌握着幼年人的命运。我国学前教育事业起步晚、赊账多。国家大力扶持发展学前教育事业，但迫于教师待遇得不到保障，人才流失严重。想要人才"留得住"，基本待遇问题就得到保障。国家应将财政投入向学前教育倾斜，解决学前教育教师的生存问题，使学前教师能将身心全情投入学前教育事业当中去，推动学前教育事业高质量发展。

（二）消除社会偏见，给予幼儿教师客观评价

人的本质属性是社会性，我们生活的社会环境会影响我们对职业的认知以及观念。人们的偏见与社会媒体的舆论更是会将学前教育专业的学生推离学前教育相关行业。

1.打破偏见，给予幼儿教师尊重

打破社会偏见，关键在于学前教育的宣传教育。人们对于自身不了解的事物，判断好坏的标准是参考社会环境中的他人评价。而他人评价更多是基于传统的观念，并未革新自身的知识体系，从而形成恶性循环。正因为传统观念中对于学前教育存在误区，社会大众对于学前教育行业的认知建立在错误的基础上，因而对学前教育的认识是歪曲的，对于学前教育教师的认识更是妖魔化

的。要想使社会大众对于学前教育以及学前教育教师拥有正确的认识，就要加大对学前教育的宣传。通过宣传片的方式，使得社会大众对于学前教育有正确的认识，对于学前教育教师工作有清晰的认知，从思想根源上改变社会大众对于学前教育以及学前教育教师的刻板印象，建立起自身的科学判断标准，从而客观地评判学前教育教师。

2.秉持公正理念，引导社会客观评价

社会媒体对于学前教育群体形象滑坡是需要承担一定责任的，部分社会媒体为了获得新闻点击率，赚取流量，故意挑起社会大众与学前教师群体的对立关系。无良媒体抓住幼儿家长的焦虑心理，丑化放大幼儿教师的负面形象，以寻求媒体的曝光度以及单位的知名度。这样无下限地用牺牲学前教育教师群体的形象来博眼球的方式加剧了社会大众对于学前教育教师群体的敌意。为了为学前教育教师群体正名，社会媒体应承担相应的责任。首先，社会媒体应该秉承公正的理念，客观地报道新闻事件事实。遵守新闻媒体的职业道德，不得为博关注而歪曲客观事实，不得为吸引注意力而在媒体文案中进行误导。其次，对于各社交媒体的搜索引擎热度榜单加以管控。社交媒体的搜索引擎热度榜是社会群体了解社会事件的重要渠道，也是青年群体获取信息的重要媒介。媒体应加强对搜索引擎热度榜的管控，对于榜单的热度词条应聚焦事件本身，拒绝绑定事件不相关词条。最后，出台相应的媒体规范制度政策。严厉惩治恶意污名学前教育教师群体的媒体平台，对于含有误导性报道学前教育教师群体的媒体予以禁言处罚，规范地管理社交平台媒体，构建良好的网络环境，引导社会大众客观评价学前教育教师。

参考文献

[1] 尼尔森.正面管教：如何不惩罚、不娇纵地有效管教孩子[M].玉冰，译.北京：京华出版社，2009.

[2] 陈奎熹.教育社会学研究[M].台北：师大书苑有限公司，1980.

[3] 董奇，陶沙.动作与心理发展[M].2版.北京：北京师范大学出版社，2004.

[4] 哈姆斯，克利福德，戴比·克莱尔.幼儿学习环境评量表[M].周欣，译.上海：华东师范大学出版社，2014.

[5] 黄人颂.学前教育学[M].北京：人民教育出版社，1989.

[6] 教育部基础教育司.《幼儿园教育指导纲要（试行）》解读[M].南京：江苏凤凰教育出版社，2017.

[7] 李克建.中国托幼机构教育质量评价研究[M].北京：北京师范大学出版社，2017.

[8] 刘晶波.社会学视野下的师幼互动行为研究：我在幼儿园里看到了什么[M].南京：南京师范大学出版社，2006.

[9] 刘晶波.师幼互动行为研究：我在幼儿园里看到了什么[M].南京：南京师范大学出版社，1999.

[10] 刘晓东，卢乐珍，等.学前教育学[M].南京：江苏教育出版社，2004.

[11] 柳倩，周念丽，张晔.学前儿童健康学习与发展核心经验[M].南京：南京师范大学出版社，2016.

[12] 宋文霞，王翠霞.幼儿园一日生活环节的组织策略[M].北京：中国轻工业出版社，2012.

[13] 孙爱莲，张晓玲，郭学毅.学前教育原理[M].兰州：甘肃文化出版社，2015.

[14] 陈玉佩.建构亲密与控制情绪：幼儿教师的情感劳动研究：以北京市3所幼儿园的田野调查为例[J].妇女研究论丛，2020(2)：45-62.

[15] 崔亮，董利亚．中学课堂教学互动的实证研究：以初中数学课堂为例 [J]．电化教育研究，2017，38(5)：123-128.

[16] 范海霞，卢清．基于师幼平等视角下的师幼互动 [J]．幼儿教育：教育科学，2010(1)：34-37.

[17] 冯婉桢，洪潇楠．美国三种师幼关系改进模式比较与借鉴 [J]．中国教育学刊，2019(4)：84-88.

[18] 傅维利，张恬恬．关于师生互动类型划分的研究 [J]．教育理论与实践，2007，27(3)：29-32.

[19] 郭良菁．德国研制《儿童日托机构的教育质量：国家标准集》的启示：兼论我国制订质量评价标准体系的若干问题 [J]．学前教育研究，2004（9）：58-60.

[20] 韩春红，周兢．课堂互动评估系统评介及应用展望 [J]．全球教育展望，2013，42(11)：29-38.

[21] 韩春红．国际学前教育质量研究新动向 [J]．全球教育展望，2016，45(9)：92-99,128.

[22] 黄娟娟．集体学习活动中积极有效师幼互动模式构建的研究 [J]．教师教育研究，2012，24(3)：79-84.

[23] 黄娟娟．师幼互动类型及成因的社会学分析研究：基于上海50所幼儿园活动中师幼互动的观察分析 [J]．教育研究，2009，30(7)：81-86.

[24] 黄娟娟．幼儿园半日活动中师幼互动类型及成因的社会学研究 [J]．上海教育科研，2009(2)：43-46.

[25] 姜勇，庞丽娟．幼儿园师生交往类型的研究 [J]．心理科学，2004，27(5)：1120-1123.

[26] 蒋路易，郭力平，吕雪．CLASS 视角下师幼互动研究的元分析：基于中国14省市892名教师的师幼互动质量评估结果 [J]．学前教育研究，2019（4）：32-44.

[27] 蒋雅俊，刘晓东．儿童观简论 [J]．学前教育研究，2014(11)：3-8，16.

[28] 李晨晨．幼儿园中班角色游戏师幼互动存在的问题及解决策略 [J]．陕西学前师范学院学报，2019，35(1)：53-58.

[29] 李辉，李进江．基于核心素养的幼儿园健康领域：独特价值与实现路径 [J]．教育理论与实践，2020(5)：62-64.

[30] 李静，白鹭．重庆市幼儿园安全教育现状调查 [J]．中国学校卫生，2010，

31(3)：353-354.

[31] 李伟，郑蓓君，史升艳.教师情感能量的特性与影响因素 [J].教育发展研究，2020，40(20)：70-78.

[32] 梁秋立.城乡幼儿园一日活动情境中的师幼互动研究：基于 CLASS 评估系统的观察分析 [D].桂林：广西师范大学，2015.

[33] 聂懿.幼儿园小班生活活动中师幼互动研究 [D].保定：河北大学，2011.

[34] 任清兵.幼儿园生活活动中的师幼互动研究 [D].鞍山：鞍山师范学院，2014.

[35] 汤浪.城区小型幼儿园晨间户外活动中师幼互动行为研究 [D].南充：西华师范大学，2018.